U0908934

《资本论》政治哲学的新时代价值

李福岩——著

本书为中央高校基本科研业务费项目『《资本论》政治哲学及其新时代价值研究』（项目编号：N2213006）结题成果

辽宁人民出版社

图书在版编目（CIP）数据

《资本论》政治哲学的新时代价值 / 李福岩著. 沈阳：辽宁人民出版社，2024. 11. -- ISBN 978-7-205-11296-7

Ⅰ. A811.23

中国国家版本馆CIP数据核字第2024V17J42号

出版发行：辽宁人民出版社

地址：沈阳市和平区十一纬路 25 号　邮编：110003

电话：024-23284325（邮　购）　024-23284300（发行部）

http://www.lnpph.com.cn

印　　刷：辽宁新华印务有限公司

幅面尺寸：170mm × 240mm

印　　张：14

字　　数：190千字

出版时间：2024年11月第1版

印刷时间：2024年11月第1次印刷

责任编辑：董　喃

装帧设计：留白文化

责任校对：吴艳杰

书　　号：ISBN 978-7-205-11296-7

定　　价：78.00元

目　录

第一章　《资本论》中的所有权与自由问题新解

近代西方文艺复兴、启蒙运动与“双元革命”的解放力量逐渐终结了欧洲中世纪王权与神权专制统治的漫漫长夜，徐徐拉开了资本主义的新时代帷幕。人性取代神性，人权取代王权，资本与金钱成为世界的新主宰。在现代资产阶级社会、资本主义的理性千年王国中，极少数资产阶级新贵族的财富与自由同绝大多数无产阶级新臣仆的贫困与被奴役在资本与劳动的矛盾对抗中愈益撕裂地增长着。然而，左右资本主义新时代精神的最强音却是财富与自由，私人财产权利与自由成为近代西方自由主义理论家们心中的潜台词与神圣法则，为此论证阐发持续不断。权利与自由也由此成为近现代西方政治哲学探索中的一对孪生姐妹。所有权、财产权、财富与自由的关系问题是古典政治经济学及近代西方政治哲学探索的核心问题，也是马克思展开政治经济学批判，以及《资本论》及其手稿政治哲学批判的核心问题。

一、所有权与自由关系的近代自由主义言说

在近代西方理论家的各种自由主义言说中，都有对所有权与自由关系问题的论证或阐释，其中较为典型的理论家有配第、斯密、洛克、卢梭、贡斯当、密尔、康德与黑格尔等。被马克思高度评价为现代政治经济学创始人、“政治经济学之父”的配第率先提出了劳动创造价值、劳动是财富源泉的观点。配第在《赋税论》一书中区分了商品的自然价格与市场价格，并把自然价格等同于价值，认为“自然价值的高低，决定于生产自然

必需品所需要人手的多少”。[①]这其中蕴含着劳动创造价值、价值由劳动时间决定的宝贵思想资源。配第还提出“土地为财富之母，而劳动则为财富之父”[②]这一古典政治经济学价值理论的标志性论断。英国古典政治经济学之父斯密率先创立古典政治经济学体系，系统阐述价值理论以及资本—利润、土地—地租、劳动—工资“三位一体”的学说，并认为“劳动所有权是一切其他所有权的主要基础”[③]，是神圣不可侵犯的。斯密还说明了“奴隶要比自由劳动者‘更昂贵’”[④]。法国重农学派的思想先驱魁奈与杜尔阁强调“土地是财富的唯一源泉”[⑤]，只有农业及其生产劳动能够增加财富。

被马克思和恩格斯称为“自由思想之父”、英国资产阶级革命“妥协的产儿”的洛克，率先提出“人生而自由”的天赋人权与自由观念，其政治哲学主题是确立私有财产的权利与自由，其基本政治主张是维护公民个人的财产权利与自由，积极倡导私有财产神圣不可侵犯的法权原则。为维护资产阶级革命成果，论证这一新兴资产阶级的自由法权原则，洛克也提出劳动创造价值的观点。他认为，“劳动在万物之母的自然所已完成的作业上面加上一些东西，这样它们就成为他的私有权利了。”“正是劳动使一切东西具有不同的价值。……在绝大多数的东西中，百分之九十九全然要归之于劳动”。[⑥]即是说，在主观想象的自然状态中，是劳动而非契约创造了自然物品的附加价值，从而确立了私人所有权。因而，私人财产权利与自由是遵从自然与理性的天然结果，是神圣不可侵犯的，政府的首要

①[英]配第：《配第经济著作选集》，陈冬野等译，商务印书馆1981年版，第88页。

②[英]配第：《配第经济著作选集》，陈冬野等译，商务印书馆1981年版，第66页。

③[英]斯密：《亚当·斯密全集》第二卷，郭大力、王亚南译，商务印书馆2014年版，第121页。

④[德]马克思：《剩余价值学说史》第二卷，郭大力译，上海三联书店2009年版，第59页。

⑤[法]魁奈：《魁奈经济著作选集》，吴斐丹、张草纫选译，商务印书馆1979年版，第340页。

⑥[英]洛克：《政府论》下篇，叶启芳、瞿菊农译，商务印书馆1964年版，第19、27页。

目的就是保护公民个人的私有财产权利与自由。因此，施特劳斯说：“洛克的财产学说，实际上差不多是他政治学说中最核心的部分，当然也是其中最具特色的部分。”[①]马克思一针见血地指出，洛克想要证明“怎样才能通过个人劳动创造个人所有权，尽管自然是公共所有物”。[②]“洛克是同封建社会相对立的资产阶级社会的权利观念的经典表达者；此外，洛克哲学成了以后整个英国经济学的一切观念的基础，所以他的观点就更加重要。”[③]

法国哲学家卢梭也设想了抽象自由平等的自然状态，接受了洛克私有制建立在劳动基础上的观念，在《论人类不平等的起源和基础》一书中卢梭认为“不可能撇开劳动去设想新生的私有观念”。[④]而且，他在《论政治经济学》一书中还进一步指出财产是政治社会的真正基础、公民事业的真正保证，“财产权的确是所有公民权中最神圣的权利，它在某些方面，甚至比自由还更重要”。[⑤]在《社会契约论》一书中，他还对最初占有者的权利，即财产的原始取得进行了论说，认为“唯有在财产权确立之后，才能成为一种真正的权利”[⑥]。与洛克不同，卢梭没有把私有财产权看成天赋人权，而是把其视为私有制的产物，进而批判了过度的私有制及贫富悬殊所导致的经济政治新奴役，呐喊出“人生而自由，却无往不在枷锁之中”的响亮口号。

在此基础上，法国政治哲学家贡斯当为解决现代资本主义个人自由与社会自由、公民自由关系的难题，提出古代人的自由主要是一种政治自

①[美]施特劳斯：《自然权利与历史》，彭刚译，生活·读书·新知三联书店2003年版，第239页。

②《马克思恩格斯全集》第二十六卷第一册，人民出版社1972年版，第391页。

③《马克思恩格斯全集》第三十七卷，人民出版社2019年版，第272页。

④[法]卢梭：《论人类不平等的起源和基础》，李常山译，商务印书馆1962年版，第123页。

⑤[法]卢梭：《论政治经济学》，王运成译，商务印书馆1962年版，第25页。

⑥[法]卢梭：《社会契约论》，何兆武译，商务印书馆2003年版，第27页。

由，现代人的自由主要是一种个人自由，还进一步划分了公权领域与私权领域，以使资产阶级社会的权力与权利的矛盾关系得以和解。此后，英国自由主义、功利主义理论家密尔在《论自由》一书中进一步界说公民自由、社会自由与个人自由的关系，认为个人行为只要不涉及他人的权益，个人就有完全的行动自由，他人不得干涉；当个人行为危害到他人的利=权益，个人应当接受社会或法律惩罚。密尔积极倡导个人自由、减少政府干预，呼吁贸易自由、自由竞争，以适应处于优势地位、上升时期的自由竞争资本主义发展的需要。根据贡斯当与密尔对权利与自由的论说，现代英国政治理论家伯林进一步概括阐发了积极自由与消极自由的自由主义法权观念。

不同于英法理论家对自然状态、自然权利与社会契约的理论虚构，德国古典哲学家从康德到黑格尔都以理性思辨的方式论证了所有权与自由的关系问题。康德以先验哲学改造英法理论家的所有权与自由观念，他虽然也同意对财物“临时”、优先占有的天赋权利，但对财物的“临时”、优先占有只有在文明社会的法律法则和道德法则规范下才能够得到“绝对”的确认[①]。财产权最终确认的依据是先验的实践理性，只有在先验道德法则规范下的自由才是真正的、内在的、积极的自由。而且，康德还以财产、财富的标准来区分积极公民与消极公民，即有无平等的社会政治权利与自由。黑格尔精神哲学把人视为理性、自由的存在，把哲学的使命视为实现主客观统一的自由学说，并在《法哲学原理》中具体阐述了所有权与自由的关系问题。他提出“人唯有在所有权中才是作为理性而存在的”。“从自由的角度看，财产是自由的最初定在”，“人把他的意志体现于物内，这就是所有权的概念”[②]。黑格尔把所有权视为主观自由客观化的第一个环节、最初的定在，然而它作为此岸的“事实王国”，距离彼岸的

①[德]康德：《法的形而上学原理》，沈叔平译，商务印书馆1991年版，第78页。

②[德]黑格尔：《法哲学原理》，范扬、张企泰译，商务印书馆1961年版，第54—59页。

“真理王国”“理想世界”中的自由境界还太遥远[①]。最终，黑格尔以唯心史观的方式，把财产权这一定在中的自由超越性地安放在精神哲学否定之否定永不停息的旋转之中。

从经济领域到政治领域及其主导的观念文化领域，从古典政治经济学到近代西方政治哲学，近代西方社会生活各领域到处弥漫着自由主义的所有权与自由，即财富与自由的观念。由此一来，“私有财产神圣不可侵犯”便成了近现代西方资产者及其理论家们共同传唱的似乎可以永恒的歌谣，成了现当代世界的强势价值观念与话语。三四百年来，伴随着资本主义物质生产、政治军事、科技文化霸权在世界范围内的野蛮生长，以及资本家集团对利润与剩余价值贪得无厌的攫取，这一现代所有权与自由永恒的神话故事也在全球流传开来。借助现代广大社会下层民众、弱者以及知识界等渴望权利、自由与公正的抽象想象，英、德资产阶级新贵族为宣扬其私有财产神圣不可侵犯的合法性，编造了“风能进，雨能进，国王不能进”的虚假故事，至今还在流传，还在蒙蔽着人们。然而，早在19世纪40年代到90年代，面对所有权、财富与自由的近代自由主义喧嚣，马克思和恩格斯就开启了对现代所有权与自由问题的批判研究，并深刻批判揭示了资本与劳动矛盾斗争中的所有权与自由关系问题的本质。

二、马克思对所有权与自由关系批判研究的轨迹

在近代西方启蒙理性与自由精神的熏陶激荡下，大学读书期间的马克思起初在诗歌文学及康德哲学领域中追寻着浪漫的先验抽象自由，后转向黑格尔精神哲学领域探索理性精神的自由、“定在中的自由”[②]。此时，处于理性自由主义思想发展阶段的马克思，虽未把自由问题的思考与财产权问题联系起来，但与黑格尔不同的是，为使自由变为现实即“在定在

①[德]黑格尔：《法哲学原理》，范扬、张企泰译，商务印书馆1961年版，第360页。
②《马克思恩格斯全集》第一卷，人民出版社1995年版，第50页。

之光中发亮”，马克思“正在从事性质完全不同的政治和哲学方面的研究”[①]，即开始把对自由问题的哲学探索与现实问题紧密联系起来，有了实践自由观的初步萌芽。

步入社会生活实践舞台后，作为报刊撰稿人及《莱茵报》主编的马克思，充分利用报刊批判封建专制特权，呼吁言论、新闻出版自由等现代政治国家界限内的政治法律自由，同时在哲学本体论、认识论与价值论上把自由视为人的本质、普遍的权利，即“自由确实是人的本质”[②]。在理性自由主义学说及现代政治国家界限内，马克思肯定了近代西方启蒙思想家对理性、自由与人权的呐喊，赞扬了“自由的推究哲理的法国人本杰明·贡斯当”[③]。马克思尤其注意到，广大下层民众贫苦的生活状态与现代国家学说所宣扬的“合乎人性的”、自由与人权的理想生活状态相差遥远，“人们为之奋斗的一切，都同他们的利益有关”[④]。这表明，马克思已开始从形上的理性自由之思，走向现实物质利益维度的自由之思。

马克思对所有权与自由关系问题的批判研究起始于《克罗茨纳赫笔记》。1843年7—8月，从社会退回到书房的马克思在克罗茨纳赫专研法国革命史与黑格尔的法哲学等著作，并做了5本摘记。其中，关于“所有制及其后果”部分内容的摘记表明，马克思已开始关注并研究所有制问题，并由此“开始思考财产和政治法律之间的内在联系及其影响等问题，而且他采取的也是一种历史式的研究方式，即研究所有制的产生和发展以及在历史上表现的主要形式”。[⑤]由此开始至1844年，通过对黑格尔法哲学即近代西方政治经济学“副本”与法国大革命史的深入批判研究，马克思走

①《马克思恩格斯全集》第一卷，人民出版社1995年版，第103页。

②《马克思恩格斯全集》第一卷，人民出版社1995年版，第167页。

③《马克思恩格斯全集》第一卷，人民出版社1995年版，第235页。

④《马克思恩格斯全集》第一卷，人民出版社1995年版，第187页。

⑤王旭东、姜海波：《马克思〈克罗茨纳赫笔记〉研究读本》，中央编译出版社2016年版，第5页。

出了近代西方理性自由主义与激进民主主义的思想局限，开始批判天赋自由与人权观念，指出“贵族的秘密是动物学”。[①]

通过对市民社会、古典政治经济学“原本”的初步解剖，马克思在1844年初发表的《〈黑格尔法哲学批判〉导言》《论犹太人问题》中洞悉到了资本主义时代的脉动，即“工业以至于整个财富领域对政治领域的关系”这一“现代主要问题之一”[②]，从而站在人类解放的历史唯物主义新世界观高度深刻批判近代西方政治自由、政治解放的乌托邦。他指出，以法国《人权宣言》、美国宪法与法律中的人权自由条款为标志，近代西方政治革命与政治解放所实现的只是普遍的信仰权利与自由、少数人的财产权利与自由、市民社会中利己主义的人权，即“同其他人并同共同体分离开来的人的权利”。“自由这一人权的实际应用就是私有财产这一人权。”[③]私有财产权利是一种“自私自利的权利”，即市民社会成员——利己主义的人普遍彼此撕裂、互为手段的单子般的自由。

恩格斯发表在《德法年鉴》上的论文《国民经济学批判大纲》，被马克思誉为“批判经济学范畴的天才大纲”，进一步促发了马克思对政治经济学的批判研究，以及对所有权与自由关系问题的探索。在《国民经济学批判大纲》中，恩格斯站在工人阶级立场上，把对古典和庸俗政治经济学的批判研究与其对资本主义工商业的实践经验和观察思考紧密结合起来，提出“国民经济学”在本质上是“一个成熟的允许欺诈的体系、一门完整的发财致富的科学”[④]。进而，恩格斯批判揭示资本主义私有制造成资本和劳动的分离，以及人类分裂为资本家和工人，指出“资本是劳动的结果”，“劳动是生产的主要要素，是‘财富的源泉’，是人的自由活

①《马克思恩格斯全集》第三卷，人民出版社2002年版，第132页。
②《马克思恩格斯全集》第三卷，人民出版社2002年版，第204页。
③《马克思恩格斯全集》第三卷，人民出版社2002年版，第183页。
④《马克思恩格斯文集》第一卷，人民出版社2009年版，第56页。

动”。[1]这直接为马克思在《1844年经济学哲学手稿》中探索资本与劳动矛盾斗争中的所有权与自由关系问题提供了思想启发。

在《1844年经济学哲学手稿》的3个笔记本中，马克思以大量篇幅专门探讨了私有财产与异化劳动的关系，正式开启对所有权与自由关系问题的批判研究。马克思从当前的经济事实出发，针对工资、利润与地租“三位一体”的国民经济学教条，及其所论说的私有财产神圣不可侵犯这一理论前提展开批判分析。按照国民经济学的理论逻辑，资本主义私有制及财富分配具有天然合理合法性，资本主义社会是一个充分肯定劳动与创造、充满财富与自由、整体幸福与和谐的永恒人间天堂。然而，事实却是整个社会日益贫富两极分化，少数资本家与广大工人处于越演越烈的敌对斗争之中，“整个社会必然分化为两个阶级，即有产者阶级和没有财产的工人阶级”。[2]这一对抗性的阶级矛盾斗争，即资本与劳动的敌对关系，源于资本主义私有制，源于私有财产与异化劳动、劳动是私有财产的本质这一严酷事实。由于资本是积蓄的劳动、物化劳动的凝结、对他人劳动产品的所有权，因此，私有制及少数资本家的财富与自由，是建立在工人异化劳动基础上的，工人的异化劳动为资本家创造了财富与奇迹，却为工人自身产生了赤贫与被奴役。从而把广大工人的生命创造活动贬低为动物活动、机械运动，进而把人的自主、自觉、自由的类本质活动贬低为非人的手段，而且在工业资本占统治的时代，私有财产对人的普遍统治成为世界历史性的力量。现代资本社会根本没有普遍的财富与自由，只有无产者的贫困与被奴役！唯有通过工人解放这种政治形式，实践变革私有财产与异化劳动的关系，消灭私有制、新的奴役制，才能实现普遍的人的解放。马克思相信，“劳动和资本的这种对立一达到极端，就必然是整个关系的顶

①《马克思恩格斯文集》第一卷，人民出版社2009年版，第70、72页。

②《马克思恩格斯全集》第三卷，人民出版社2002年版，第266页。

点、最高阶段和灭亡”。[①]作为人的自我异化的积极扬弃运动，共产主义实践就是以扬弃私有财产为中介的人道主义，“对私有财产的扬弃，是人的一切感觉和特性的彻底解放”[②]，也是实现人的解放的历史必然性环节。这就是人类社会发展历史之谜的解答。

在1845年2—3月公开出版的《神圣家族》《英国工人阶级状况》两部著作中，马克思和恩格斯站在以工人阶级为代表的广大人民群众的立场上，从人类物质生产实践活动出发，继续批判探索人类社会历史发展之谜，并继续批判研究所有权与自由的关系问题。他们肯定了蒲鲁东对私有财产、所有权这一国民经济学理论基础与前提的批判，及其在变革国民经济学中所作出的科学贡献[③]，同时也发现蒲鲁东没有把劳动理解为私有财产的本质，并没有真正走出古典政治经济学的窠臼，无法消除异化劳动，“蒲鲁东还是以国民经济学的、因而也是充满矛盾的形式恢复了人的权利”。[④]马克思和恩格斯还批判青年黑格尔派所呐喊的精神自由只不过是戴着锁链的囚徒所想象的自由而已。恩格斯通过对英国工人阶级悲惨状况的调查研究，直接批判指出自由竞争的资本主义社会状态，就是一切人反对一切人的战争状态的现实版本，从表面上看，无产者是自主、自由的，但实际上是奴隶，整个资产阶级的奴隶。恩格斯尖锐地指出，“无产者在法律上和事实上都是资产阶级的奴隶，资产阶级掌握着他们的生死大权”。“这种奴隶制和旧式的公开的奴隶制之间的全部差别仅仅在于现代的工人似乎是自由的，……他不是某一个人的奴隶，而是整个有产阶级的奴隶。”[⑤]

虽然说从《1844年经济学哲学手稿》到《神圣家族》《英国工人阶级

①《马克思恩格斯全集》第三卷，人民出版社2002年版，第283页。

②《马克思恩格斯全集》第三卷，人民出版社2002年版，第303—304页。

③参见《马克思恩格斯文集》第一卷，人民出版社2009年版，第255—256页。

④《马克思恩格斯文集》第一卷，人民出版社2009年版，第270页。

⑤《马克思恩格斯全集》第二卷，人民出版社1957年版，第360、364页。

状况》，马克思和恩格斯对所有权与自由关系问题的批判研究还有着费尔巴哈人本学唯物主义、“实证的人道主义”思想影响的痕迹，未对国民经济学展开深入系统批判研究，更未能对蒲鲁东的所有权与自由观念展开深入批判研究。但是，此时的马克思已开始跳出国民经济学的窠臼，并以逐渐确立并敞开的唯物史观新视野去批判研究所有权与自由的关系问题。

1845年春到1846年5月的《关于费尔巴哈的提纲》《德意志意识形态》两部手稿表明，马克思已完成他原计划要创作的《政治和政治经济学批判》系列著作的前提性工作，已完成对包括费尔巴哈在内的旧唯物主义的批判，确立起历史唯物主义的新世界观。在清理好政治经济学批判的理论地基之后，马克思站在新的历史地平线上开始深入批判研究所有权与自由的关系问题。马克思从现实的个人、人的物质生产生活实践活动出发，以生产力与交往形式交互作用关系理论，去考察分工与所有制、私有制真实的历史变迁，批判分析现代国家这一虚幻共同体中的阶级斗争、贫富对立、资本与劳动之间的分裂，指出唯有消灭私有制与异化的社会生产关系及其社会制度，联合起来的个人共同占有全部生产力并把生产置于共产主义的调节之下，才能实现人的自主活动、人的解放这一世界历史进程。在马克思看来，私有财产、财富与自由的抽象观念只不过是资产阶级统治的普遍化表现形式，现代国家是完全虚幻的集体，所实现的只是资产阶级的自由，个人自由、人的自由全面发展只有在真正的集体中才能实现，“在真实的集体的条件下，各个个人在自己的联合中并通过这种联合获得自由”。[①]在对“真正的社会主义者”施蒂纳主观臆造的政治自由主义、社会自由主义、人道自由主义批判过程中，马克思批判了当时流行的“劳动自由”观念，指出“现代国家、即资产阶级的统治，是建立在劳动的自由之上的。……劳动的自由是工人彼此之间的自由竞争。……劳动在所有

①《马克思恩格斯全集》第三卷，人民出版社1960年版，第84页。

文明国家中已经是自由的了；现在的问题不在于解放劳动，而在于消灭这种自由的劳动”。[①]马克思指出，人只能“在现有的生产力所决定和所容许的范围之内取得自由”[②]。进而，马克思批判施蒂纳所谓“正当获得的权利”“人权”，不过是对资产阶级财产权的神圣化幻想；指出资产阶级发财致富与其国家政权密不可分，被雇佣剥削的现代工人阶级除了赤贫，毫无个性与自由，“在现代，物的关系对个人的统治、偶然性对个性的压抑，已具有最尖锐最普遍的形式”[③]。人的自由全面发展这一世界历史性事业唯有在共产主义社会才能变为现实，经济条件、人类的团结一致以及个人的共同活动方式等个人间的紧密联系是实现人的自由全面发展的前提性条件。此外，《德意志意识形态》已开始对蒲鲁东的所有权与自由观念进行批判。

从1847年至1849年，在《哲学的贫困》《雇佣劳动与资本》《关于自由贸易问题的演说》《共产党宣言》等著作中，马克思对政治经济学的批判研究取得突破性进展，对所有权与自由关系问题的批判研究进一步深入。《哲学的贫困》一方面批判蒲鲁东滥用以李嘉图为代表的古典政治经济学的价值理论，胡乱编造其所谓价值理论的新科学发现“构成价值”，混淆了商品价值与劳动价值，错误地把工资等同于劳动价值，掩盖了资产阶级的剥削与阶级对抗。进而，马克思初步阐发了自己的价值学说——劳动价值论，指出工人劳动创造的价值与其从资本家那里获得的工资有一个差额，这就是资本家积累财富的源泉。另一方面，批判蒲鲁东拙劣搬弄黑格尔哲学，结果却把辩证的方法变成了庸俗的“好”“坏”变戏法，以一种唯心主义、形而上学的思维方式来阐述政治经济学。进而，马克思初步阐发了政治经济学批判研究的方法论——唯物史观与辩证法。站在小资产

①《马克思恩格斯全集》第三卷，人民出版社1960年版，第223—224页。

②《马克思恩格斯全集》第三卷，人民出版社1960年版，第507页。

③《马克思恩格斯全集》第三卷，人民出版社1960年版，第515页。

者立场上的蒲鲁东认为“经济贫困是人类的观念体系所造成的”[①]，把无产阶级贫困的根源归结为缺乏头脑、思想与观念。马克思批判指出，推动社会形态、社会机体不断向前发展的动因是生产力与生产关系的矛盾运动，而非什么观念、永恒理性，“社会关系和生产力密切相联。随着新生产力的获得，人们改变自己的生产方式，随着生产方式即保证自己生活的方式的改变，人们也就会改变自己的一切社会关系。手工磨产生的是封建主为首的社会，蒸汽磨产生的是工业资本家为首的社会”。[②]这是唯物史观的首次公开表述。由此，站在工人阶级立场上的马克思深刻揭示了无产阶级贫困的资本主义私有制根源，指出工人阶级解放的条件就是要消灭一切阶级，创造一个消除阶级和阶级对立的新社会联合体。

1847年12月下半月，马克思在布鲁塞尔德意志工人协会发表演说，这一演说经整理后，以《雇佣劳动与资本》为题发表在1849年4月的《新莱茵报》上。虽然马克思还未十分明确区分劳动与劳动力两个重要概念，但已指出二者的根本差别，即工人向资本家出卖的东西不是“劳动”，而是“他们的劳动力”[③]，进而揭示出工资并非工人劳动创造价值的全部，而只是劳动力这种特殊商品价值的货币表现形式即价格。“劳动力并不向来就是商品。劳动并不向来就是雇佣劳动，即自由劳动。”[④]到了资本主义社会，雇佣工人为了生活被迫把劳动力出卖给资本家，被迫把展现自己生命活动的劳动出卖给资本家，使劳动变成了挣钱维持动物般生存的谋生手段，以及牺牲自己生命活动的异化劳动。这就是雇佣劳动的本质。资本的本质并不是物，而是一种社会生产关系、资产阶级社会的生产关系，其“实质在于活劳动是替积累起来的劳动充当保存并增加其交换价值的手

①[法]蒲鲁东：《贫困的哲学》上卷，余叔通、王雪华译，商务印书馆2011年版，第336页。

②《马克思恩格斯全集》第四卷，人民出版社1958年版，第144页。

③《马克思恩格斯文集》第一卷，人民出版社2009年版，第713页。

④《马克思恩格斯文集》第一卷，人民出版社2009年版，第716页。

段”。[①]结果，“自由工人”的所谓自由劳动无非就是一方面在为资本家创造并积累财富与所有权，一方面也在为工人自己制造更重的金锁链、更深的奴役，导致工人阶级被迫日益从属于资本家阶级。资本家与工人之间的社会鸿沟迅速扩大，资本支配劳动的权力随之扩大，雇佣劳动与资本之间的截然对立关系日益全面深化。因此，现代资本的所有权、财富与自由同现代工人的赤贫与被奴役在尖锐对立中增长着。在《哲学的贫困》的基础上，《雇佣劳动与资本》初步揭示了资本主义剥削的秘密，进一步揭示了劳动价值论与剩余价值论，深刻揭示了雇佣劳动与资本的尖锐对抗关系，为剩余价值论的创立奠定了科学基石。

1848年1月9日，马克思在布鲁塞尔民主协会召开的公众大会上发表《关于自由贸易问题的演说》，批判当时资本主义正极力宣扬的神圣教条——自由贸易的虚假本质。马克思指出，“到底什么是自由贸易呢？这就是资本的自由。……这是资本所享有的压榨工人的自由”。[②]同时，马克思也表达了他在自由贸易制度加速社会革命、促成社会政治革命与工人解放的意义上，才赞成自由贸易的思想立场。

1848年2月，马克思和恩格斯在《共产党宣言》这一科学社会主义的纲领性文献中，进一步明确指出现代社会日益分裂为资产阶级与无产阶级两大直接对立斗争的阶级阵营，资产阶级的生存及其在经济、政治与文化上的统治的根本条件是财富在私人手里的积累，即资本的形成与增殖是建立在雇佣劳动基础上的。在现代资产阶级社会，雇佣劳动制度把工人变成了自由买卖的商品、机器的单纯附属品与新型奴隶，造成工人日益贫困与资本家财富不断增长的两极分化对抗；自由成了自由买卖、自由贸易的代名词，“资本具有独立性和个性，而活动着的个人却没有独立性和

---

①《马克思恩格斯文集》第一卷，人民出版社2009年版，第726页。

②《马克思恩格斯文集》第一卷，人民出版社2009年版，第756—757页。

个性”。[①]马克思和恩格斯还提出了解决现代社会阶级对抗、贫富两极分化，实现每个人的自由全面发展之道，即消灭资本主义私有制、消灭阶级，指出“正是要消灭资产者的个性、独立性和自由。……共产主义并不剥夺任何人占有社会产品的权力，它只剥夺利用这种占有去奴役他人劳动的权力。”“每个人的自由发展是一切人的自由发展的条件”。[②]至此，马克思关于所有权与自由关系批判研究的重要观念已基本确立起来。

从1851年到1882年，马克思在伦敦深入系统批判研究政治经济学，写下了政治经济学批判系列手稿，公开发表《工资、价格和利润》的演说，出版了《政治经济学批判（第一分册）》《资本论》第一卷，完成了对所有权与自由关系问题的系统批判研究。在《1857—1858年经济学手稿》与《1861—1863年经济学手稿》两大手稿中，马克思建立起科学的劳动价值论与剩余价值论，明确区分了“劳动”与“劳动力”两个重要概念，“彻底弄清了资本和劳动的关系”[③]，揭开了资本家对工人剥削的秘密，从而科学揭示了所有权与自由的关系问题。

1858年4月2日，马克思致信恩格斯探讨政治经济学批判的写作纲要，批判资产阶级社会的等价交换规律之下的所谓美妙图景，讽刺指出“这就是自由、平等和以‘劳动’为基础的所有制的王国”。“通过劳动来占有，等价交换，在这一范围内就表现为占有规律。”[④]在《1857—1858年经济学手稿》中，马克思批判指出，资本主义所有权是建立在对雇佣工人劳动活动产品的所有权、劳动力商品特殊使用价值基础上的，“劳动=创造他人的所有权，所有权将支配他人的劳动”。[⑤]从而，一方面，诚如斯密所说，雇佣劳动与奴隶劳动、徭役劳动一样始终是令人厌恶的、“外在

①《马克思恩格斯文集》第二卷，人民出版社2009年版，第46页。

②《马克思恩格斯文集》第二卷，人民出版社2009年版，第47、53页。

③《马克思恩格斯文集》第三卷，人民出版社2009年版，第460页。

④《马克思恩格斯〈资本论〉书信集》，人民出版社1976年版，第135页。

⑤《马克思恩格斯全集》第三十卷，人民出版社1995年版，第192页。

的强制劳动”，与之相对的不劳动却是“自由和幸福”；另一方面，马克思认为，只有当劳动的“外在目的失掉了单纯外在自然必然性的外观”，成为主体的内在需要与目的，“被看作自我实现，主体的对象化，也就是实在的自由，——这种自由见之于活动恰恰就是劳动”的主客观条件具备的情况下，劳动才能“成为吸引人的劳动，成为个人的自我实现”[①]。“真正自由的劳动”并不是娱乐消遣活动，而是非常严肃紧张的、具有社会性与科学性的人的自主活动，“关键在于，满足绝对需要所必需的劳动时间留下了自由时间”[②]。马克思还批判把自由竞争视为人的“自由个性在生产和交换领域内的绝对存在形式”的错误看法、荒谬观念，指出在自由竞争中自由的并不是个人而是资本，自由竞争只是与资本生产过程相适应的形式，“断言自由竞争等于生产力发展的终极形式，因而也是人类自由的终极形式，这无非是说资产阶级的统治就是世界历史的终结——对前天的暴发户们来说这当然是一个愉快想法”。[③]现代资本主义的所有权、自由、平等观念，只不过是以新的“三位一体”所重新言说的现代资产阶级社会永恒论。实质上，这个新的“三位一体”所反映的是资本主义私有制对劳动的支配奴役权，即“私有制的规律——自由、平等、所有权——，即对自己劳动的所有权和自由支配权，转变成了工人没有所有权和把他的劳动让渡出去，而工人对自己劳动的关系，转变成了对他人财产的关系，反过来也一样”。[④]

在1859年的《政治经济学批判（第一分册）》中，马克思系统分析了资本主义财富元素存在的日常生活形式“商品”，从详细分析商品所蕴含的资本主义社会基本矛盾入手展开政治经济学批判研究，提出劳动二重性

①《马克思恩格斯全集》第三十卷，人民出版社1995年版，第615—616页。
②《马克思恩格斯全集》第三十卷，人民出版社1995年版，第616—617页。
③《马克思恩格斯全集》第三十一卷，人民出版社1998年版，第44页。
④《马克思恩格斯全集》第三十一卷，人民出版社1998年版，第70页。

学说，进而为系统科学揭示所有权与自由的关系问题奠定了理论基石。

在《1861—1863年经济学手稿》中，通过对所有权的历史考察，马克思指出人类最初是以家庭、部落和共同体的形式共同占有自然界的，私有制只是文明社会的产物，而“无所有权的劳动者”这一状态，只是资本主义生产这一特定历史阶段上特殊的生产方式对私人劳动所有权“剥夺”的产物，并不是人类社会的基本原则与一般占有规律[①]。建立在生产资料私人占有、“工人的人身自由之上”[②]的雇佣劳动与资本主义生产方式，造成资本主义财富所有者与劳动者始终处于对抗斗争之中。虽然说生产资料、不变资本与可变资本、雇佣工人都是生产的必要条件，共同构成国民财富的要素，但财富最终“不过表现为人的活动”，财富最终是社会劳动对象化活动创造的结果，资本家无偿占有的剩余价值是雇佣工人劳动创造的，利息、利润、地租也是雇佣工人劳动创造的剩余价值的不同转化形式。即财富与自由在资本家间循环周转、瓜分享乐，贫困与被奴役统治在雇佣工人间循环周转、分担煎熬。资本主义私人占有规律、私有制的后果是贫富两极分化、资本与劳动的尖锐对立，自由只是资本、资本家的自由，雇佣工人的生命活动被变成了为自己制造锁链的活动，绝对剩余价值生产与相对剩余价值生产造成劳动从形式到内容完全从属于资本的统治。泯灭工人个性与自由的现代工厂制度造成资本与劳动关系的契约形式——“双方形式上的自由也没有了”[③]，在温和的监狱、现代自动工厂中，“自动机”成了“专制君主”[④]，剩余劳动时间侵占了工人的精神与肉体生活，侵占了工人的生命活动与发展空间。“货币形式的资本的积累，决不是劳动的物质条件的物质积累，而是对劳动的所有权证书的积累。”[⑤]

①《马克思恩格斯全集》第三十六卷，人民出版社2015年版，第256页。
②《马克思恩格斯全集》第三十六卷，人民出版社2015年版，第322页。
③《马克思恩格斯全集》第三十七卷，人民出版社2019年版，第159页。
④《马克思恩格斯全集》第三十七卷，人民出版社2019年版，第166页。
⑤《马克思恩格斯全集》第三十七卷，人民出版社2019年版，第179页。

而且，与活劳动相异化的劳动的客观条件、自然力与科学等统统表现为一种武器，变成了“资本的权力，而且完全成为敌视工人、统治工人、为了资本家的利益而反对每个工人的权力”。[①]资本不创造科学，但它通过利用、占有科学而发财致富，“科学对于劳动来说，表现为异己的、敌对的和统治的权力”[②]。资本主义生产完全抛弃掉为生活而生产的形式，变成了为贸易而生产、为生产而生产，即为资本增殖、为资本家发财致富而生产。在对资本主义私有制与异化劳动批判的同时，马克思还提出彻底变革私有制、克服劳动异化的建设性方案。马克思指出，要达到为人的生命生活而生产的目的，就必须改造资本主义私有制成为新的个人所有制，“资本家对这种劳动的异己的所有制，只有通过他的所有制改造为非孤立的单个人的所有制，也就是改造为联合起来的、社会的个人的所有制，才可能被消灭”。[③]

在《1863—1865年经济学手稿》中，马克思进一步完善对所有权与自由关系问题的批判研究。马克思批判死劳动对活劳动的统治、物对人的统治、资本家对工人的统治等异化的社会关系，实际上只是资本主义生产过程，即“人本身的劳动的异化过程”的产物。历史地看，“这种颠倒是靠牺牲多数来强制地创造财富本身，即创造无情的社会劳动生产力的必经之点，只有这种无情的社会劳动生产力才能构成自由人类社会的物质基础”。[④]在此过程中，雇佣工人所创造的剩余价值养活了资本家，成了资本财富积累的源泉，资本的增长与无产阶级的增加成为密切相连的两极，表现为居于统治地位的资本财富与贫困依附的工人同样按比例发展起来[⑤]。与奴隶制、农奴制、臣仆制等奴役制相比，雇佣劳动对资本的从属

①《马克思恩格斯全集》第三十七卷，人民出版社2019年版，第199页。

②《马克思恩格斯全集》第三十七卷，人民出版社2019年版，第204页。

③《马克思恩格斯全集》第三十七卷，人民出版社2019年版，第300页。

④《马克思恩格斯全集》第三十八卷，人民出版社2019年版，第72—73页。

⑤参见《马克思恩格斯全集》第三十八卷，人民出版社2019年版，第147页。

关系只是在形式上发生了转化，但本质未变，即雇佣劳动在形式上较自由些，但在生产过程中劳动对资本的从属与被统治日益加深了，雇佣工人毫无自由时间，因此丧失了生命活动的空间。

在1865年5—6月《工资、价格和利润》的演讲中，马克思扼要而通俗地阐述了工资的实质与剩余价值的形成，清晰揭示了资本家剥削工人的秘密，为在《资本论》中科学完整揭示所有权与自由关系问题铺平了理论道路。马克思直接指出，“工人出卖的并不直接是他的劳动，而是他的暂时让资本家支配的劳动力”。[①]地租、利息与利润只不过是资本家直接榨取工人创造的剩余价值的不同名称与形式，这就是资本、财富及整个资本主义所有权的秘密。同时，马克思批判指出：“时间是人类发展的空间。”[②]而无节制的资本却毫无顾忌、毫不留情地剥夺雇佣工人的自由时间，把雇佣工人变成了连牲畜都不如的、一架单纯生产财富的机器，造成整个工人阶级身心的极端退化。

三、《资本论》对所有权与自由关系的批判揭示

伴随1867年马克思《资本论》第一卷以及1885年《资本论》第二卷、1894年《资本论》第三卷的出版问世，马克思对所有权与自由关系问题的批判揭示以系统完整而具体的科学理论形式展现出来。《资本论》从资本的生产、流通与资本主义生产总过程三个维度系统完整地批判揭示了所有权与自由的关系问题；进而具体批判揭示了现代社会财富、资本所有权与资本主义私有制的内在关系，揭开了流行于现代社会的劳动自由观念的神秘面纱。《资本论》以历史唯物主义的新方式，对所有权与自由关系问题的批判揭示富有革命性与建设性。

首先，《资本论》对所有权与自由关系问题作出了系统完整的批判揭

①《马克思恩格斯文集》第三卷，人民出版社2009年版，第54页。
②《马克思恩格斯文集》第三卷，人民出版社2009年版，第70页。

示。《资本论》系统完整阐发了剩余价值理论，进而对所有权与自由关系问题作出了系统完整的批判揭示。《资本论》第一卷7篇、25章系统阐发了劳动价值论、剩余价值论与资本积累论，深刻揭示了剩余价值是从哪里来的，即资本家的财富、财产所有权是从哪里来的。《资本论》第二卷3篇、21章系统阐发了资本的循环、周转与社会总资本的再生产和流通，重点阐释产业资本扩大再生产的形式与条件，深刻揭示了剩余价值是怎样实现的，即资本家的财富、财产所有权是怎样实现的。《资本论》第三卷7篇、52章系统阐发了产业资本家、商业资本家、银行业资本家与地主对剩余价值形式利润、利息和地租的具体瓜分，深刻揭示了剩余价值是如何分配的，即资本家集团是怎样瓜分财富、财产所有权的。

从而，《资本论》以科学的剩余价值论系统完整地批判揭示了财富与财产所有权从哪里来、怎样实现、如何分配这一系列关键性问题，并由此深刻批判揭示了现代社会雇佣劳动与资本、无产阶级与资产阶级的对抗性矛盾，从总体上批判揭示了现代资本主义社会的财产所有权与自由关系问题。一方面，《资本论》告诉我们，现代资本主义社会财富、财产所有权是雇佣工人剩余劳动创造的，结果却被资本家无偿占有了，雇佣工人所获得的工资只是其劳动力价值的货币表现形式，只是勉强维持其劳动力再生产所必需的生活资料价值；伴随资本扩大再生产，财富与所有权在产业、商业、银行资本家集团之间循环周转、再分配，财富、资本所有权越来越积聚、集中到少数大资本家手中，广大雇佣工人日益积累的是贫困化。另一方面，《资本论》告诉我们，现代资本主义社会的自由实质上只是有产者的自由，无产者除了“自由劳动”即自由出卖自己的劳动自由之外毫无自由可言；广大无产者、雇佣工人在生产过程中，在社会生活各领域，如同奴隶般屈从于资本家集团的剥削与奴役，贪得无厌追求剩余价值的资本主义私有制及其生产方式使工人阶级完全丧失了生命创造活动的自主时间与空间，所形成的是资本所有权与自由，资本实现了对整个现代经济、政治与社会的全面控制、统治与新奴役。“原来的货币占有者作为资本家，昂首前行；劳动力占有者作为他的工人，尾随于后。一个笑容满面，雄心勃勃；一个战战兢兢，畏缩不前，像在市场上出卖了自己的皮一样，只有一个前途——让人家来鞣。”[①]这就是《资本论》对现代资本主义社会中资本家与工人、所有权与自由关系问题的深刻刻画与辛辣讽刺。

其次，《资本论》具体批判揭示了财富、所有权与资本主义私有制的秘密。《资本论》第一卷从分析财富入手，即从分析商品入手展开对资本主义生产方式的批判研究。马克思在《资本论》第一卷的开篇就说：“资本主义生产方式占统治地位的社会的财富，表现为‘庞大的商品堆积’，单个的商品表现为这种财富的元素形式。”[②]通过对商品二因素与劳动二重性的分析，马克思指出，商品的价值“只是无差别的人类劳动的单纯凝结”[③]，即在生产上耗费、积累起来的人类劳动；劳动虽然不是形成商品“使用价值即物质财富的唯一源泉”[④]，但正如配第的“劳动是财富之父，土地是财富之母”学说所说，劳动是形成财富的重要源泉与因素。

进而，《资本论》第一卷通过第二篇至第六篇的剩余价值论，具体批判揭示了资本所有权问题。在资本主义社会，当劳动力成为商品、货币转为资本后，资本家用货币资本购买各种生产资料和劳动力这种特殊商品，开启了具体的劳动过程，即绝对剩余价值与相对剩余价值的生产过程，资本物质财富与资本社会关系的生产过程。在剩余价值生产过程中，工人的劳动不仅完全从属于资本家，而且工人所直接生产的产品也是“资本家的所有物”[⑤]。资本家的灵魂化作了资本的灵魂，它利用所占有的生产资料、不变资本驱使并贪婪地吮吸劳动力、可变资本的剩余劳动，不断创造

①《马克思恩格斯文集》第五卷，人民出版社2009年版，第205页。
②《马克思恩格斯文集》第五卷，人民出版社2009年版，第47页。
③《马克思恩格斯文集》第五卷，人民出版社2009年版，第51页。
④《马克思恩格斯文集》第五卷，人民出版社2009年版，第56页。
⑤《马克思恩格斯文集》第五卷，人民出版社2009年版，第216页。

剩余价值，不断增殖自身的财富，“资本是死劳动，它像吸血鬼一样，只有吮吸活劳动才有生命，吮吸的活劳动越多，它的生命就越旺盛”。[①]因而，当财富与商品生产按其内在规律历史地发展成为资本主义的财富与商品生产后，“商品生产的所有权规律也就越是转变为资本主义的占有规律”。[②]就是说，资本主义的私人占有规律与商品生产规律都并非永恒的，而是历史形成的，即从财富、商品生产演化发展而来的。如此看来，蒲鲁东认为永恒的商品生产所有权规律同资本主义所有制相对立，并想以此消灭资本主义所有制，确实是令人惊讶的唯心史观与形而上学谬论。

从而，《资本论》第一卷通过第七篇资本积累论，具体批判揭示了财富、所有权与资本主义私有制的内在关系。资本主义私有制形成并确立起来之后，财富、商品的生产完全转变成了资本家财富与所有权的生产与增长，商品、货币、资本成了世界的新主宰，完成了对整个社会从经济到政治、再到精神文化的全面统治。对此，有学者曾指出：“资本主义最重要的要素之一，就是永不停歇、贪得无厌地榨取财富的强烈需要。之所以会产生这种无穷欲望，是因为财富与权力是不可分割的。资本在很大程度上具有指挥他人和让他人服从的力量，这就是权力。”[③]资本主义国家政权不过是管理整个资产阶级事务的委员会而已，其法律不过是资产阶级这个统治阶级意志的体现、资本所有权与所有制的保护工具而已，用兰盖的话说，“法的精神就是所有权”，而非孟德斯鸠唯心史观所臆造的“法的精神”[④]。资本社会财富不断增长的事实状况已被英国政客格莱斯顿不小心说漏了嘴，即“财富和实力这种令人陶醉的增长……完全限于有产阶

①《马克思恩格斯文集》第五卷，人民出版社2009年版，第269页。

②《马克思恩格斯文集》第五卷，人民出版社2009年版，第678页。

③[美]海尔布隆纳：《资本主义的本质与逻辑》，马林梅译，东方出版社2013年版，第19页。

④《马克思恩格斯文集》第五卷，人民出版社2009年版，第711页。

级”[1]，而广大工人阶级贫困的极端程度在不断增长。

资本家的第一桶金子，即资本的原始积累则更加进一步暴露了资本的罪恶，以及财富、所有权与资本主义私有制内在关联的秘密。资本原始积累的方式方法绝不是近代西方政治经济学以田园诗般所描绘的通过正义和劳动途径致富的，其本来的面目，即在真正的历史上是采用暴力方式发财致富的。一方面，资本以对外殖民征服、奴役、劫掠、杀戮等方法获得财富，新英格兰的清教徒疯狂无耻屠杀北美印第安人，英国东印度公司对印度的殖民掠夺，英国对中国的鸦片贸易及鸦片战争，等等，就是资本对外暴力殖民掠夺发财致富的典型历史实证。另一方面，资本以对内残酷剥削压榨雇佣工人剩余劳动的经常普遍性方法发财致富，从封建社会经济结构中破茧而出的资本主义社会经济结构，在把生产者从农奴地位和行会束缚下解放出来的同时，也完全剥夺了生产者的生产资料所有权与生存保障，并把生产者转化为只能自由出卖自己劳动力的雇佣工人，“这种剥夺的历史是用血和火的文字载入人类编年史的”。[2]在资本主义新贵族统治的时代，“货币是一切权力的权力”。[3]资本主义国家政权、法律制度这一暴力统治工具转化为货币与资本权力的神圣外衣，成了保护资本所有权、剥削压迫雇佣工人的国家机器，英国圈地运动对农民土地“神圣所有权”的无耻暴力凌辱剥夺，法国大革命风暴一开始对工人刚刚争得的结社权的剥夺，等等，就是资本对内暴力剥削压榨发财致富的典型历史实证。因此，《资本论》第一卷深刻指出：“资本来到世间，从头到脚，每个毛孔都滴着血和肮脏的东西。”[4]资本主义私有制及其生产方式是通过对“靠自己劳动挣得的私有制”的排挤、把独立劳动者与生产资料完全分离，“对直

①《马克思恩格斯文集》第五卷，人民出版社2009年版，第751页。
②《马克思恩格斯文集》第五卷，人民出版社2009年版，第822页。
③《马克思恩格斯文集》第五卷，人民出版社2009年版，第825页。
④《马克思恩格斯文集》第五卷，人民出版社2009年版，第871页。

接生产者的剥夺，是用最残酷无情的野蛮手段，在最下流、最龌龊、最卑鄙和最可恶的贪欲的驱使下完成的”。[①]这正如现代英国历史学家、社会学家汤普森所研究揭示的，“光荣革命”百年后的英国，“出现了一个土地与商业财产联合的寡头统治。从本质上说，它更腐败，而卖官鬻爵、官官相护的现象也更严重”，“商业扩张、圈地运动和早期工业革命都是在绞刑架的阴影下进行的”。[②]资本主义私有制已成为私有制历史发展的极端形式，它完全建立在剥削他人劳动基础上，只保留了自由的劳动这一虚饰的外壳。资本主义社会财富、所有权的秘密在于资本主义私有制及其生产方式。

此外，《资本论》第三卷通过对剩余价值的分配，尤其是对资产阶级政治经济学新“三位一体”的财富分配公式展开了批判，指出其中蕴藏着资本主义社会生产过程的一切秘密。通过对资本主义生产方式及其分配关系的科学分析，马克思指出，资产阶级政治经济学把年产品的分配，即把工资、利润与地租的分配公式歪曲为事实是错误的，力图以此证明资本主义生产方式的永恒性更是荒谬的。马克思还证明，生产资料的资本主义私有制决定了产品的分配，“资本主义生产方式是一种特殊的、具有独特历史规定性的生产方式”，与其相应同一的生产关系，以及表现生产关系的分配关系也都具有“历史的暂时的性质”[③]。

再次，《资本论》具体批判揭开了劳动自由的虚伪面纱。针对现代资本家集团把雇佣工人的雇佣劳动编造成“自由工人”的“自由劳动”“劳动自由”的谎言，《资本论》第一卷从分析劳动力成为商品入手，逐步具体揭开了劳动自由的虚伪面纱。劳动力成为商品的前提条件是劳动者既没有生产资料也没有生活资料，除了自由出卖自己的劳动力之外，一无所

①《马克思恩格斯文集》第五卷，人民出版社2009年版，第873页。

②[英]汤普森：《英国工人阶级的形成》上，钱乘旦等译，译林出版社2013年版，第10、54页。

③《马克思恩格斯文集》第七卷，人民出版社2009年版，第994页。

有。为了生存，劳动者被迫把劳动力出卖给资本家，与资本家签订形式自由的契约，这就是雇佣工人、“自由工人”“劳动自由”的起点——形式自由、实质不自由。对此，马克思深刻批判、辛辣讽刺：“劳动力的买和卖是在流通领域或商品交换领域的界限以内进行的，这个领域确实是天赋人权的真正伊甸园。那里占统治地位的只是自由、平等、所有权和边沁。自由！因为商品例如劳动力的买者和卖者，只取决于自己的自由意志。他们是作为自由的、在法律上平等的人缔结契约的。契约是他们的意志借以得到共同的法律表现的最后结果。”[①]正如有论者所理解，“劳动力成为商品，不只是一个经济学的命题，更是一个哲学—政治学的命题。这一事实揭穿了自由、平等的意识形态，揭穿了劳动的人类学与伦理学的幻象，真实地表现了人在资本逻辑的统治中所处的地位。”[②]“在货币转化为资本的过程中，对于资本来讲，人权是剥夺劳动力的特权；对于劳动者来讲，人权是其自由地出卖劳动力的权利”。[③]

在紧接下来的剩余价值生产过程中，这种形式的“劳动自由”变成了彻底的不自由，不仅使雇佣工人的劳动完全从属于资本家，而且连形式的“劳动自由”也不见了。一是在资本主义生产过程中，雇佣工人的劳动活动完全在资本家的监督与劳动纪律约束下进行，计时工资、计件工资、克扣工资等现代工厂制度的奖惩奴役手段，以高效的形式取代了奴隶制对身体的皮鞭惩罚。《资本论》引用恩格斯《英国工人阶级状况》的话语批判指出：“资产阶级用来束缚无产阶级的奴隶制，无论在哪里也不像在工厂制度上暴露得这样明显。在这里，一切自由在法律上和事实上都不见了。”[④]二是现代资本主义大机器自动化生产把雇佣工人固定在高强度的

①《马克思恩格斯文集》第五卷，人民出版社2009年版，第204页。

②仰海峰：《〈资本论〉的哲学》，北京师范大学出版社2017年版，第199页。

③苗贵山等：《〈资本论〉手稿人权思想研究》，中央编译出版社2017年版，第139页。

④《马克思恩格斯文集》第五卷，人民出版社2009年版，第489页。

劳动平台上，这种强制劳动使雇佣工人的生命创造活动成为现代化生产线上的一个环节，把雇佣工人变成了为资本家创造剩余价值、发财致富的自动机。《资本论》批判指出：“英国这个机器国家，比任何地方都更无耻地为了卑鄙的目的而浪费人力。”[①]“机械的采用使工资奴隶制度永久化”[②]。三是现代资本主义大机器自动化生产不仅剥夺了雇佣工人的剩余劳动时间、自由发展时间与空间，而且还夺去了雇佣工人妻子儿女整个家庭的娱乐时间、生活时间、自由发展时间与空间。“从前工人出卖他作为形式上自由的人所拥有的自身的劳动力。现在他出卖妻子儿女。他成了奴隶贩卖者。”可在童工调查委员会的报告中，资本主义的伪善者却把这种兽行称之为“劳动自由”[③]。现代大机器自动化生产使现代家庭奴隶人数激增，这就是“机器的资本主义应用获得了多么辉煌的结果”！[④]愈演愈烈的英国矿山惨祸有时一次竟牺牲200～300名工人的生命，“这就是‘自由’资本主义生产的美妙之处”！[⑤]

总之，“在资本主义社会里，一个阶级享有自由时间，是由于群众的全部生活时间都转化为劳动时间了”。[⑥]“罗马的奴隶是由锁链，雇佣工人则由看不见的线系在自己的所有者手里。他的独立性这种假象是由雇主的经常更换以及契约的法律拟制来保持的。”[⑦]资本的原始积累，如英国的圈地运动更是以暴力强迫“劳动自由”的原始血证。为使广大农民成为雇佣劳动者、自由劳动者、自由工人，被圈地运动“暴力剥夺了土地、被驱逐出来而变成了流浪者的农村居民，由于这些古怪的恐怖的法律，通过

---

①《马克思恩格斯文集》第五卷，人民出版社2009年版，第453页。

②[德]马克思：《剩余价值学说史》第2卷，郭大力译，上海三联书店2009年版，第517页。

③《马克思恩格斯文集》第五卷，人民出版社2009年版，第455页。

④《马克思恩格斯文集》第五卷，人民出版社2009年版，第514页。

⑤《马克思恩格斯文集》第五卷，人民出版社2009年版，第576页。

⑥《马克思恩格斯文集》第五卷，人民出版社2009年版，第605—606页。

⑦《马克思恩格斯文集》第五卷，人民出版社2009年版，第662页。

鞭打、烙印、酷刑，被迫习惯于雇佣劳动制度所必需的纪律”。[①]资本主义私有制、雇佣劳动生产方式，就是建立在“剥削他人的但形式上是自由的劳动”[②]基础上的。

1881年8月，恩格斯在《必要的和多余的社会阶级》一文中指出，劳动者阶级“这个阶级的名称、社会地位有过变化，农奴代替了奴隶，后来本身又被自由工人所代替，所谓自由，是摆脱了奴隶地位的自由，但也是除自己的劳动力外一无所有的自由”。[③]对于资本与劳动自由的近代西方自由主义谎言，从列宁到毛泽东都曾一针见血地批判揭露过。列宁指出：“资本家总是把富人发横财的自由和工人饿死的自由叫做‘自由’。”[④]毛泽东指出：“有了剥削阶级剥削劳动人民的自由，就没有劳动人民不受剥削的自由。”[⑤]一些国外学者也作出了近似正确的理解，如马尔库塞理解说：“这一问题不是劳动的解放，是因为劳动已成为‘自由’，自由的劳动就是资本主义社会的成就。”[⑥]福柯把《资本论》中所描绘的资本主义生产劳动理解为对劳动者的肉体生命的规训与惩罚，即现代资本权力对人的生命与自由权利的规训与惩罚。他说：“劳动一直具有三重功能：生产功能，象征功能，‘驯服’或者说惩戒功能。”[⑦]“资本主义经济的增长造成了规训权力的特殊方式。”[⑧]就连批判马克思政治经济学的鲍德里亚也理解说，“资本主义体系就建诸在这一自由之上，即这种劳动力形式

①《马克思恩格斯文集》第五卷，人民出版社2009年版，第846页。

②《马克思恩格斯文集》第五卷，人民出版社2009年版，第873页。

③《马克思恩格斯全集》第二十五卷，人民出版社2001年版，第534页。

④《列宁选集》第三卷，人民出版社1995年版，第696页。

⑤《毛泽东文集》第七卷，人民出版社1999年版，第208页。

⑥[美]马尔库塞：《理性和革命》，程志民等译，上海人民出版社2007年版，第250页。

⑦[法]福柯：《权力的眼睛——福柯访谈录》，严锋译，上海人民出版社1997年版，第164页。

⑧[法]福柯：《规训与惩罚》，刘北成、杨远婴译，生活·读书·新知三联书店2003年版，第248页。

上的解放”[①]。温迪·林恩·李理解说：“‘自由’劳动在经历了从创造一个‘世界’（如历史性）到再生产生存条件的转换之后，现在它要么必然成为一种胡说，即不再是真正自己的劳动；要么根据这种新的社会关系被重新定义。劳动者具有维持生存（如果不是生活的话）的‘自由’，资本家具有剥削劳动者的生存条件的‘自由’。”[②]

可见，《资本论》是在批判、否定的意义上使用了“劳动自由”概念，是从政治经济学批判、新的历史科学角度对劳动与自由关系的批判揭示，实现了对自由的哲学认识论探索到生产劳动实践论探索的转换。正如有论者所指出，对劳动与自由的关系的探讨不能局限于认识论中的自由观研究，“马克思主义的自由观的一个主要之点和根本之点是，用劳动说明人的自由——不仅说明自由的意义和特征，而且说明自由的发生和发展”。[③]但是，有些国内学者却没能对《资本论》中劳动与自由的关系作出正确理解，把马克思在《资本论》及其手稿中批判的、近代西方自由主义所虚饰的“劳动自由”，强加到马克思的劳动观与自由观中。

在20世纪90年代，在我国推进国企改革与市场化发展进程中，有学者从所谓“主人翁”没有主人的行为“悖论”出发，提出“确立个人经济自由权利是发育劳动力市场和建立整个市场制度的根本前提”，“当务之急是确立劳动力的个人所有权，尽快把个人（劳动力）推入市场”，进而质疑马克思关于劳动力成为商品的第二个根本条件，认为“劳动力的个人所有权既是劳动力变成商品的必要条件，也是充分条件，此外无需别的条件。马克思的分析并没有穷尽各种可能”。[④]这种把国企职工推向市场，以实现自由出卖自己劳动力——所谓“劳动力的个人所有权”的改革思

①[法]鲍德里亚：《符号政治经济学批判》，夏莹译，南京大学出版社2009年版，第90页。
②[美]温迪·林恩·李：《马克思》，陈文庆译，中华书局2002年版，第32页。
③苏绍智、廖晓义：《马克思主义与自由》，《马克思主义研究》1987年第4期。
④张曙光：《个人经济自由权利与劳动力市场》，《江苏社会科学》1993年第3期。

路，实质上是近代西方经济学所虚饰的抽象“劳动自由”的理论翻版，并没有从普遍性、现实性、历史性的维度正确理解马克思关于劳动力成为商品的两个必备条件；在实践中只能导致国企职工、“主人翁”变成雇佣工人、自由工人，或者是下岗失业，背离了国有企业改革的初衷。

近年来，有些学者在对马克思劳动与自由观研究过程中，也出现了一种比较典型的错误理解，那就是把马克思自由观误解为“劳动自由观”。如认为“马克思的自由观是劳动自由，启蒙的自由观是理性自由”。“马克思的自由观是一种劳动自由观，劳动是马克思揭开自由之谜的钥匙。”“马克思的自由是劳动的自由，马克思批判资本的自由，批判资本主义社会中的劳动异化自由，而颂扬的是劳动的自由。”马克思“提出了从异化劳动到自由劳动的劳动解放思想。”“马克思揭示了劳动与资本及其衍生的劳动内部关系的悖论，从‘劳动自由’的高度破解了理论谬误。”“劳动自由是人的自由全面发展蕴含的第一层面，第二层面是指克服劳动的片面分工后人的发展的全面性，人可以真正占有和支配自身劳动生产力，人与人之间的关系即生产关系也是和谐的。”“马克思所揭示的劳动自由是人的自由的基础，马克思自由观的核心是劳动自由观。马克思的劳动自由思想正是在唯物史观和剩余价值学说的逻辑展开中，揭示了劳动自由是共产主义社会人获得解放实现全面自由发展的存在状态。”这些看法，都错误地把马克思曾批判的“劳动自由”思想强加到马克思的自由思想中，甚至把抽象的貌似美妙的“劳动自由”硬塞到共产主义社会与人的全面自由发展状态之中。早在唯物史观创立时期的手稿《德意志意识形态》中，马克思就曾指出“自由劳动”是逃亡农奴追求的目标，即逃亡农奴“归根结底只是力求达到自由劳动”。[①]在1864年《国际工人协会成立宣言》一文中，马克思把雇佣劳动与奴隶劳动、农奴劳动画等号[②]，即雇

①《马克思恩格斯全集》第三卷，人民出版社1960年版，第87页。
②参见《马克思恩格斯文集》第三卷，人民出版社2009年版，第12页。

佣劳动者在实质上是不自由的。而且，《资本论》第一卷还批判指出，资本主义生产方式“在奴隶制、农奴制等等野蛮暴行之上，再加上过度劳动的文明暴行”。[①]诚然，社会主义与共产主义社会第一阶段在历史发展进程中，还不得不和资本主义共享一些法权原则，也需要切实保障劳动者的权利与权益，并在此基础上调动发扬劳动者主人翁般的劳动创造精神，而不是什么抽象的“劳动自由”。因为，马克思所构想的未来理想社会中劳动的主客观条件、社会历史条件已经发生根本的变化，在现实中，社会主义社会的劳动者已经成为新社会的主人，问题是如何让劳动成为新社会的主宰。

最后，《资本论》提出了彻底解决所有权与自由问题的新方案。在《资本论》中，马克思提出彻底解决所有权与自由问题的新方案——“重建个人所有制”“两个王国”的科学构想。通过对资本主义财富、所有权、私有制及其生产方式的经济学解剖与历史科学分析，《资本论》深刻批判揭示了资本主义社会资本与劳动对抗性矛盾问题的总根源，提出“重建个人所有制”这一通达未来理想社会的辩证历史发展新方案。马克思指出，“从资本主义生产方式产生的资本主义占有方式，从而资本主义的私有制，是对个人的、以自己劳动为基础的私有制的第一个否定。但资本主义生产由于自然过程的必然性，造成了对自身的否定。这是否定的否定。这种否定不是重新建立私有制，而是在资本主义时代的成就的基础上，也就是说，在协作和对土地及靠劳动本身生产的生产资料的共同占有的基础上，重新建立个人所有制”。[②]这是理解《资本论》解决资本所有权问题的关键。

---

①《马克思恩格斯文集》第五卷，人民出版社2009年版，第273页。
②《马克思恩格斯文集》第五卷，人民出版社2009年版，第874页。

为此，应从以下三方面理解“重建个人所有制”的内涵[①]：其一，“重建个人所有制”是一个否定之否定的辩证历史发展过程。马克思和恩格斯把从原始个人所有制→现代资本主义所有制→重建个人所有制的形式演进呈现为一个自然历史过程。这是马克思和恩格斯在翔实的历史和经济科学研究基础上得出的科学结论，并不是像黑格尔那样用“头脑立地”思辨理性出来的唯心观念，更不是杜林诉诸道义论的虚假臆造。由此，《资本论》崭新经济科学与历史科学的新方式，证明了资本主义私有制及其生产方式的历史过程性、暂时性与必然灭亡的社会政治结论，从而完成了对资本所有权的辩证历史性批判研究。

其二，“重建个人所有制”要重建的是公有制，而不是私有制，也不是对原始公有制的简单恢复。《资本论》第一卷明确指出，“重建个人所有制”不是重建私有制，而是从事实出发推演出即将自然必然出现的现实，这是一个按照辩证法规律完成的私有制的自我否定过程、重建公有制的过程。“私有制作为社会的、集体的所有制的对立物”[②]，必然要被新的社会所有制、公有制所代替，这也是一个人民群众剥夺少数剥夺者的历史过程。这一思想主张也是马克思和恩格斯自《共产党宣言》公开发表以来就一直坚持的基本思想原则。在1871年的《法兰西内战》一文中，马克思支持巴黎公社采取革命措施剥夺剥夺者，指出“它是想要把现在主要用做被奴役和剥削劳动的手段的生产资料，即土地和资本完全变成自由的和联合的劳动的工具，从而使个人所有制变为现实”。[③]《资本论》第三卷还指出，资本主义股份公司组织形式生产的极度发展，为新的生产方式诞生创造了更加积极的条件与过渡点，即“资本再转化为生产者的财产所

①参见李福岩：《恩格斯对〈资本论〉的思想创见》，《政治经济学评论》2020年第6期。

②《马克思恩格斯文集》第五卷，人民出版社2009年版，第872页。

③《马克思恩格斯文集》第三卷，人民出版社2009年版，第158页。

必需的过渡点，不过这种财产不再是各个互相分离的生产者的私有财产，而是联合起来的生产者的财产，即直接的社会财产”。[①]从后往前历史思索，私人所有权、资本所有权是荒谬的，理想社会形态的财富与生产资料应当是社会共有、公有的，“从一个较高级的经济的社会形态的角度来看，个别人对土地的私有权，和一个人对另一个人的私有权一样，是十分荒谬的。甚至整个社会，一个民族，以至一切同时存在的社会加在一起，都不是土地的所有者。他们只是土地的占有者，土地的收益者，并且他们应当作为好家长把经过改良的土地传给后代”。[②]恩格斯还指出，“重建个人所有制”也是从低级所有制向高级所有制的重建、发展过程，“并不是要重新建立原始的公有制，而是要建立高级得多、发达得多的共同占有形式”，这种新世界观“既被克服又被保存”，即克服其形式、保存其现实的内容[③]。就是说，重建个人所有制和重建公有制是互为条件、相互渗透、内在统一的。重建公有制，才能使个人所有制成为彻底摆脱剥削别人劳动的所有制形式，从而成为更高级的自由联合体的个人所有制；重建个人所有制，才使得公有制获得更加充实丰富的发展内容，成为更高级的公有制形式。

其三，“重建个人所有制”强调生产资料社会共同占有、消费资料个人占有。《资本论》第一卷的商品与货币章中指出，在重建的自由人的联合体中，一切劳动关系、劳动产品的分配与消费关系都回归自然与正常，且非常简单明了。“这个联合体的总产品是一个社会产品。这个产品的一部分重新用做生产资料。这一部分依旧是社会的。而另一部分则作为生活资料由联合体成员消费。”[④]《哥达纲领批判》明确指出，在共产主义社

①《马克思恩格斯文集》第七卷，人民出版社2009年版，第495页。
②《马克思恩格斯文集》第七卷，人民出版社2009年版，第878页。
③《马克思恩格斯文集》第九卷，人民出版社2009年版，第145—146页。
④《马克思恩格斯文集》第五卷，人民出版社2009年版，第96页。

会第一阶段，“除了个人的消费资料，没有任何东西可以转为个人的财产”。[①]这也正如恩格斯在《反杜林论》中所阐释，社会总产品一部分用于联合体成员消费，一部分重新用作联合体共同的生产资料，“那时，资本主义的占有方式，即产品起初奴役生产者而后又奴役占有者的占有方式，就让位于那种以现代生产资料的本性为基础的产品占有方式：一方面由社会直接占有，作为维持和扩大生产的资料，另一方面由个人直接占有，作为生活资料和享受资料”。[②]

“重建个人所有制”是马克思和恩格斯在共同创立新世界观过程中所形成的经典表达之一，也是马克思及恩格斯彻底解决资本所有权及其异化社会关系问题的科学新方案。而有些国内外学者却对此作出了似是而非的理解，如英国学者科亨认为，马克思与西方自由主义所有权思想有共同的理论基础，即都肯定自我所有权；马克思对资本主义剥削的批判、对未来理想社会发展两阶段的描绘，都没有否定自我所有原则。[③]显然，科亨并没有理解马克思“重建个人所有制”的真谛，错解了马克思个人所有权思想的内涵所指，混淆了马克思与近代西方自由主义在个人所有权问题上的原则界限。我国有学者认为，马克思对所有权的批判“不是简单地否定一切所有权，而是只批判和否定所有权的异化，而批判所有权异化的目的正是为了实现所有权的自由本质”。“马克思不是以所有制的形式是公有的还是私有的来判断所有制的好坏优劣，而是以所有权的性质是自由的还是异化的来判断所有制的好坏优劣。”这种解读是偏颇的、非马克思主义的。诚然，马克思不是简单地否定一切所有权，也批判和否定所有权的异化，但是，马克思特别强调要消灭资本主义私有制及其所有权，消灭奴役人的造成劳动与生产资料相分离的私有制及私有权，唯有在生产资料公有

①《马克思恩格斯文集》第三卷，人民出版社2009年版，第434页。

②《马克思恩格斯文集》第九卷，人民出版社2009年版，第296页。

③[英]柯亨：《自我所有、自由和平等》，李朝晖译，东方出版社2008版，第144、153页。

制、社会共同占有生产资料的基础上，在集体中才能真正实现人的自由解放，也才能真正实现个人对生活消费资料的所有权，至于历史上曾经的个别的“以自己的劳动为基础的所有权”[①]早已被资本所有权消灭了。在马克思、恩格斯和拉法格一起制定的《法国工人党纲领导言（草案）》中，更是直接提出“生产者只有在占有生产资料后才能获得自由；生产资料属于生产者只有两种形式：（1）个体形式，这种形式从来没有作为普遍事实而存在，并且日益为工业进步所排斥；（2）集体形式，资本主义社会本身的发展为这种形式创造了物质的和精神的因素……所以，法国社会主义工人确定其经济方面努力的最终目的是使全部生产资料归集体所有”[②]。简言之，消灭私有制、实行公有制，才能实现工人阶级的解放、人的解放。因此，所有制、所有权是实现自由解放的经济政治制度前提基础与原则。《资本论》倾尽马克思一生精力，既以经济科学、历史科学的方式，又以人的自由全面发展的终极价值目标原则，批判了私有制及其生产方式之恶及其必然灭亡，论证了公有制取代私有制、人真正自由历史新开端的历史必然性。

通过对人类物质生产劳动这一最重要实践活动的历史考察，尤其是对资本主义生产关系的全面批判研究，马克思提出必然王国与自由王国的辩证历史划分，为合理解决劳动与自由的关系以及人的自由解放问题提供了科学方案。马克思指出，“事实上，自由王国只是在必要性和外在目的规定要做的劳动终止的地方才开始；因而按照事物的本性来说，它存在于真正物质生产领域的彼岸。像野蛮人为了满足自己的需要，为了维持和再生产自己的生命，必须与自然搏斗一样，文明人也必须这样做；而且在一切社会形式中，在一切可能的生产方式中，他都必须这样做。这个自然必然性的王国会随着人的发展而扩大，因为需要会扩大；但是，满足这种需要

① 《马克思恩格斯全集》第三十一卷，人民出版社1998年版，第348页。
② 《马克思恩格斯文集》第三卷，人民出版社2009年版，第568页。

的生产力同时也会扩大。这个领域内的自由只能是：社会化的人，联合起来的生产者，将合理地调节他们和自然之间的物质变换，把它置于他们的共同控制之下，而不让它作为一种盲目的力量来统治自己；靠消耗最小的力量，在最无愧于和最适合于他们的人类本性的条件下来进行这种物质变换。但是，这个领域始终是一个必然王国。在这个必然王国的彼岸，作为目的本身的人类能力的发挥，真正的自由王国，就开始了。但是，这个自由王国只有建立在必然王国的基础上，才能繁荣起来。工作日的缩短是根本条件”。①

其一，必然王国与自由王国分属不同时空领域。马克思把劳动、真正物质生产领域视为人的本质活动、对象性活动，“人和自然之间的物质变换即人类生活得以实现的永恒的自然必然性”②。因而，无论在何种社会形式、生产方式中，劳动、真正物质生产领域都始终是必然王国；自由王国在必然王国的彼岸，“在必要性和外在目的规定要做的劳动终止的地方才开始”，属于“作为目的本身的人的能力的发挥”的领域，即真正把实现人的自由全面发展作为目的本身的领域，存在于非物质生产劳动的时空领域。如此，马克思就从人的物质生产劳动这一最基本实践活动出发，把经济科学判断与伦理价值判断统一起来，以空间与时间两个维度对必然王国与自由王国作出了划分。

其二，必然王国中也有自由，自由王国中也有必然。一方面，必然王国中也有自由。通过对资本主义私有制、生产方式的批判，马克思指出，资本主义物质生产劳动领域的自由只是形式上的自由，即“劳动自由”，其雇佣劳动实质是新型的奴隶劳动。因而，在劳动、真正物质生产领域这个必然王国中的自由样态，只能是在消灭资本主义私有制及其生产方式后，在社会共同占有生产资料，联合起来的劳动者以自然、社

①《马克思恩格斯文集》第七卷，人民出版社2009年版，第928—929页。

②《马克思恩格斯文集》第五卷，人民出版社2009年版，第56页。

会和自身活动主人的方式“合理地调节他们和自然之间的物质变换”，摆脱物质生产劳动的盲目自发性与奴役性，把物质生产劳动变成人的生命创造活动、自主活动与自我实现活动，但“权利决不能超出社会的经济结构以及由经济结构制约的社会的文化发展”。[①]另一方面，自由王国中也有必然。马克思在《哥达纲领批判》中指出，即使在生产力极大发展、旧的社会分工消失、物质财富涌流、按需分配的共产主义社会高级阶段，“劳动已经不仅仅是谋生的手段，而且本身成了生活的第一需要”[②]。也即是说，在人的自由全面发展的全新历史起点上，劳动的性质已变为人本身的内在需要与目的，但劳动作为谋生手段的自然必然性依然存在，即人不得不劳动。

其三，在从必然王国迈向自由王国的历史发展进程中，人类的自由全面发展不断迈向新境界。物质生产劳动这个必然王国会随人类历史的发展而不断扩大，即其所创造的物质财富会不断丰富、扩大，为不断迈向自由王国以及自由王国的繁荣发展创造雄厚而坚实的物质条件基础，“工作日的缩短是根本条件”。伴随科技、生产力的世界历史性发展，工作日、必要劳动时间会逐渐缩短，剩余劳动时间、自由发展时间会逐渐延长，从而每个人、整个人类的自由全面发展会获得更加广阔的空间。从必然王国迈向自由王国，以及自由王国领域人类的自由全面发展，是一个永无止境的向真、向善、向美的不断发展过程。

从政治经济学批判的系列手稿到《资本论》，从对异化劳动、雇佣劳动的批判研究到对“两个王国”的科学界说，马克思从物质生产劳动与自由关系的角度，实践、辩证、历史地揭示了人的自由全面发展之谜，为审视现代社会的劳动与自由关系问题打开了新视野。然而，以马尔库塞、列斐伏尔、伊格尔顿、阿伦特、鲍德里亚与哈贝马斯等为代表的一些

①《马克思恩格斯文集》第三卷，人民出版社2009年版，第435页。
②《马克思恩格斯文集》第三卷，人民出版社2009年版，第435页。

国外学者却对马克思的劳动与自由关系思想作出了非辩证、非历史、非实践的片面理解。在马尔库塞看来，自由不在人类物质生产的“生存斗争”之中，而在其外，必然王国、劳动王国乃是不自由的王国，现代社会物质生产与精神生产领域一样都似马克思与海德格尔所说的“烦闷的、费力的劳动的自由”。[①]“正是劳动以外的领域规定着自由和实现。”[②]在彻底否定劳动、物质生产领域、必然王国之中有自由外，马尔库塞还错误理解马克思在《德意志意识形态》中的“消灭劳动”思想，把马克思消灭私有制、消灭阶级，即无产阶级“消灭他们至今所面临的生存条件，消灭这个同时也是整个旧社会生存的条件，即消灭劳动”[③]的提法，理解为“劳动本身的废除”。[④]这样理解，与亚里士多德在消极意义上用希腊语anagkōia表示物质的生产与再生产领域一样，实际上是对物质生产劳动实践活动的片面贬低及否定性理解，也就否认了由此通达自由王国的可能性，进而提出以爱欲解放论取代马克思的实践论自由观。有类似错解的还有列斐伏尔与伊格尔顿，列斐伏尔不认同自由王国中“劳动将成为人的第一需要”的提法，认为马克思提出了“劳动的终止承诺”[⑤]；伊格尔顿认为，“我们所熟知的‘劳动’在马克思看来是一种异化的‘praxis’——这个源于古希腊语的单词指的是一种自由的、自我实现的改造世界的活动。”“马克思主义想尽可能地废除劳动”。[⑥]实质上，马克思要废除、终止、消灭的是异化劳动、雇佣劳动、奴役人的劳动；如

①[美]马尔库塞：《现代文明与人的困境》，李小兵等译，上海三联书店1989年版，第179页。

②[美]马尔库塞：《爱欲与文明》，黄勇、薛民译，上海译文出版社2008年版，第102页。

③《马克思恩格斯全集》第三卷，人民出版社1960年版，第87页。

④[美]马尔库塞：《理性和革命》，程志民等译，上海人民出版社2007年版，第250页。

⑤[法]列斐伏尔：《日常生活批判》，叶齐茂、倪晓晖译，社会科学文献出版社2018年版，第35、680页。

⑥[英]伊格尔顿：《马克思为什么是对的》，李杨等译，新星出版社2011年版，第129、167页。

果消灭劳动本身，那就等于消灭人本身。

阿伦特一方面高度肯定马克思对劳动、自由等问题考虑得彻底，是一位用哲学语言真挚地叙述了“劳动的解放的思想家”；另一方面片面解读《资本论》对“两个王国”的科学界说。她说：“在马克思看来，革命的任务却不是解放劳动者阶级，而是把人从劳动中解放出来；只有取消劳动，‘自由王国’才能代替‘必然王国’。……留给我们的只是一个令人沮丧的选择：是要生产性的奴役，还是要非生产性的自由。”[①]由此悖论理解出发，阿伦特进一步推论，从劳动中解放出来即从必然性中解放出来，“也最终意味着从消费中解放出来，即摆脱作为人类生活最根本处境的人与自然的新陈代谢”。[②]从中可见，阿伦特首先把马克思的劳动与自由思想含混、错误地理解为“把人从劳动中解放出来”“取消劳动”，这正如马克思在《哥达纲领批判》中批判拉萨尔派把“工人阶级的解放应该由工人阶级自己去争取”的马克思原话，篡改为“劳动的解放应当是工人阶级的事情”。马克思批判说，“‘工人阶级’应当解放——解放什么？——‘劳动’。谁能理解，就让他去理解吧”。[③]因此，在马克思政治经济学批判研究的文本中从不使用“劳动的解放”“劳动解放”这一抽象的概念。由此曲解出发，阿伦特对马克思

①[美]阿伦特：《人的境况》，上海人民出版社2009年版，第75—76页。

②[美]阿伦特：《人的境况》，上海人民出版社2009年版，第93页。

③《马克思恩格斯文集》第三卷，人民出版社2009年版，第437页。在1864年《国际工人协会成立宣言》中，马克思曾在“解放劳动群众”“工人阶级的解放”意义上，批判土地和资本巨头会在“劳动解放”的道路上设置种种障碍，见《马克思恩格斯文集》第三卷，人民出版社2009年版，第13—14页；在1871年《法兰西内战》中的“劳动解放”，在1891年的德文版中被改为“工人解放”；马克思还指出，巴黎公社“是终于发现的可以使劳动在经济上获得解放的政治形式”，“劳动—解放，每个人都变成工人，于是生产劳动就不再是一种阶级属性了”，见《马克思恩格斯文集》第三卷，人民出版社2009年版，第158页；在1971年《国际工人协会共同章程》英文版中使用的“劳动的解放”概念，于1872年在马克思、恩格斯亲自参与翻译的德文版中改为“工人阶级的解放”，见《马克思恩格斯文集》第三卷，人民出版社2009年版，第226页。

“两个王国”划分构想作出了非辩证历史的形而上学理解，出现“生产性奴役”与“非生产性自由”的悖论解读，最后引申出不生产劳动、不消费的荒谬“非人”，从而否定了马克思对“自由王国”、未来理想社会的科学构想。

在鲍德里亚看来，《资本论》对劳动与自由的哲学思考令人含混费解，中了资产阶级“审美的和人道主义的毒素”[①]，无法走出近代西方哲学关于必然与自由的问题式。因为，从伦理学层面来说，劳动伦理是资本主义和社会主义的共同意识形态形式，马克思把劳动看作价值与目的本身、绝对命令、自然必然性，在清算资产阶级劳动功利伦理学的同时，又保留了资产阶级人道主义的毒素。从美学层面来说，马克思继承了资产阶级审美的毒素，把人的解放视为异化劳动的克服、非劳动的美学或游戏即自由，并未超越从康德到席勒的资产阶级美学自由乌托邦，即无法实现人的自由解放。因此，“就必须打破生产之镜，因为在这面镜子中反映着整个西方的形而上学”。[②]进而，他试图以象征交换、符号价值论取代马克思的劳动价值论、剩余价值论，最终跌入到语言文化造反的虚拟幻象符号自由的乌托邦之中。与鲍德里亚对马克思劳动与自由思想的批判类似，在哈贝马斯看来，马克思试图以生产劳动范式走出现代性主体哲学的困境，是一种审美乌托邦。他说，“由于马克思把美学生产转移到‘类的劳动生活’当中，所以，他可以把社会劳动看作是生产者的集体自我实现”。[③]进而，他试图以交往行为的哲学范式取代马克思的生产劳动范式，幻想主体间在理性商谈中达成相互理解、共识与认同，从而实现“一种普遍的共同生活方式”。从鲍德里亚到哈贝马斯都错误地把马克思的劳动与自由思想，以及自由王国构

①[法]鲍德里亚：《生产之镜》，仰海峰译，中央编译出版社2005年版，第21页。
②[法]鲍德里亚：《生产之镜》，仰海峰译，中央编译出版社2005年版，第29页。
③[德]哈贝马斯：《现代性的哲学话语》，曹卫东等译，译林出版社2004年版，第74页。

想理解为康德与席勒意义上的审美自由、娱乐游戏中的自由；他们都忽略了马克思早在《政治经济学批判大纲》中就明确指出的“真正自由的劳动”并不是娱乐消遣活动，而是非常严肃紧张、具有社会性与科学性的人的自主活动。自由时间并不等于娱乐消遣时间，而是人的自由全面发展时间与空间。

第二章 《资本论》的辩证历史平等观新探

与自由一样，平等也是近代英法德启蒙思想家关于自然状态、自然权利、社会契约论等原初社会政治构想中的基本价值观念。伴随资本主义商品经济从14世纪到18世纪的萌芽、发展与壮大，英法美等国资产阶级在同各自封建专制等级特权的政治革命斗争逐渐取得胜利，平等观念也逐渐成为现代社会流行的价值观念。“自由、平等、博爱”成为资本主义革命时代最响亮的口号、最引人注目的人权宣言与华美诺言。然而，马克思通过对现代资本主义社会从理论到现实的批判研究发现，现代资本主义社会并没有兑现人人“自由、平等、博爱”的华美诺言，只是实现了形式上的平等，绝大多数人并没有获得实质上的平等。而且，在对西方古典政治哲学与政治经济学的批判研究过程中，马克思深刻批判揭示了现代资本主义社会的平等问题，为辩证历史地解决现代社会的平等问题指明了科学社会主义正道。

一、现代资本主义社会只实现了形式平等

与封建等级制及其特权相对立的现代平等观念，肇始于商品生产与交换关系占据统治地位的资本主义时代。作为人类社会历史发展进步的一种观念表征，人人平等、权利平等的社会政治理想与价值观念在近代西方启蒙运动与资产阶级革命实践中逐步构想、呐喊出来，并在资本主义商品生产与交换关系中确立起来。从此“人类平等概念已经成为国民的牢固的成见”[①]。正如马克思和恩格斯所批判揭示的，近代西方启蒙思想家所构想

①《马克思恩格斯文集》第五卷，人民出版社2009年版，第75页。

的、资产阶级革命与政治解放所呐喊的、资本主义商品生产与交换所最终确立的平等，在人类历史发展上是一大进步，但其所实现的只是形式上的抽象平等。

近代西方启蒙思想家原初抽象构想的平等就是形式平等。虽然英国哲学家洛克从人人自由、平等的自然状态出发构想未来的资产阶级理想国，但其政治哲学的主题却是自由，自由的价值追求在平等之上，人只是生而平等，但在现实社会政治生活中，尤其是在财产权利上是不平等的。法国启蒙思想家伏尔泰信奉洛克的政治哲学观念，也认为人生而自由平等，但在财富上不平等，有穷有富乃是天经地义的。法国启蒙思想家孟德斯鸠《论法的精神》努力平衡自由与平等的矛盾，更加重视平等的美德与社会政治价值，积极倡导法律面前人人平等。在18世纪启蒙思想家中更加激进追求平等的是法国政治哲学家卢梭，他“把洛克政治哲学的主题——自由，继续向前推进，转换为法国政治哲学的主题——平等”。[①]卢梭在《论人类不平等的起源和基础》一书所阐发的平等观念，对马克思产生了影响。在《1857—1858年经济学手稿》中，马克思曾批判指出，卢梭的平等观念是脱离现实物质生产活动、脱离现实社会历史关系的抽象社会契约论假说，是以粗糙的唯心辩证法所阐述的抽象平等观。恩格斯还曾指出，马克思对卢梭的平等观念既有继承又有批判，而“像德拉-沃尔佩那样，把卢梭的见解和马克思的见解等同起来也是没有根据的”。[②]实质上，卢梭的抽象平等观念在财产所有权上所追求的只是小私有制条件下的小农平均主义理想。与英、法启蒙思想家一样，德国启蒙思想家康德、费希特与黑格尔再次论证并重申了资产阶级的抽象平等、形式平等、机会平等观

①李福岩：《从自由到平等——卢梭对英国政治哲学主题的转换》，《黑龙江社会科学》2012年第4期。

②[意]德拉-沃尔佩：《卢梭与马克思》中译者序，赵培杰译，重庆出版社1993年版，第7页。

念，只不过采用了理性思辨的独特形式，正如马克思所批判指出，“平等不过是德国人所说的自我=自我译成法国的形式即政治的形式”。[①]

近代资产阶级革命与政治解放所最终确立的是形式平等。伴随近代资产阶级民主革命的胜利与资产阶级民主共和国家的建立，少数资产阶级新权贵确立起自己在政治、经济与文化等社会生活各领域的统治地位。平等这一近代资产阶级用以调动广大下层民众反封建专制与等级特权的革命口号、抽象观念日益显现出其形式性、虚幻性与欺骗性。在资产阶级自诩的“自由、平等、博爱”的“千年王国”中，所谓平等的权利，不过是人与人政治法律、经济生活与文化观念等社会生活各领域的形式平等，即人与人在机会、程序、可能性上的一种抽象平等。对于绝大多数人民群众来说，这就是近代资产阶级所确立起来的基本价值观念与社会政治原则，即一种形式上的民有、民治、民享。

而且以法国大革命为标志的近代资产阶级革命、政治解放实现了从政治平等到社会平等问题的转换。在《论犹太人问题》中，马克思批判指出，犹太人在政治解放的国家可以要求同信奉基督教的臣民享有平等的法律上的权利，幻想的天国平等成了平等终极追求与完美形式；在《〈黑格尔法哲学批判〉导言》中，马克思批判指出，“历史的发展使政治等级变成社会等级，以致正如基督徒在天国是平等的，而在尘世则不平等一样，人民的单个成员在他们的政治世界的天国是平等的，而在社会的尘世存在中却不平等。……只有法国大革命才完成了从政治等级到社会等级的转变过程，或者说，使市民社会的等级差别完全变成了社会差别，即在政治生活中没有意义的私人生活的差别”。[②]

现代资本主义社会的平等在经济生活领域的集中表现就是等价交换。伴随商品生产、剩余价值生产规律成为现代资本主义社会居于主导地位的

①《马克思恩格斯文集》第一卷，人民出版社2009年版，第231页。

②《马克思恩格斯全集》第三卷，人民出版社2002年版，第100页。

规律，在生产、交换、分配、消费各经济领域普遍盛行的平等原则就是等价交换、等量资本获取等量利润。在《1857—1858年经济学手稿》中，马克思深刻批判揭示了现代资本主义社会经济生活领域主体间的形式平等即是交换平等。建立在私有制和资本主义生产方式之上，在个人主义与利己主义价值原则主导下的现代资本主义社会经济生活领域，每个人既是手段又是目的，每个人都把他人视为实现自己目的的手段，每个人也只有成为手段才能达到自己的目的，共同利益不过是自私利益交换的结果，“作为交换的主体，他们的关系是平等的关系”。[①]进而，马克思又辩证而历史地批判指出，现代资本主义社会的所谓政治、法律、社会平等只不过是对以交换平等为基础的、商品等价交换经济形式的反映而已，是随商品交换价值历史发展而来的。马克思说：“交换，在所有方面确立了主体之间的平等，……作为纯粹观念，平等和自由仅仅是交换价值的交换的一种理想化的表现；作为在法律的、政治的、社会的关系上发展了的东西，平等和自由不过是另一次方上的这种基础而已。而这种情况也已为历史所证实。这种意义上的平等和自由恰好是古代的自由和平等的反面。”[②]

在《资本论》中，马克思更深刻地批判揭示了现代资本主义的形式平等在商品交换、剩余价值生产中的具体体现。通过对价值形式、交换价值历史发展过程以及货币的系统科学研究，马克思讽刺性地批判指出，“商品是天生的平等派和昔尼克派，它随时准备不仅用自己的灵魂而且用自己的肉体去换取任何别的商品，哪怕这个商品生得比马立托奈斯还丑。”[③]“正如商品的一切质的差别在货币上消灭了一样，货币作为激进的平均主义者把一切差别都消灭了”。[④]作为相对价值形式的商品与作为

①《马克思恩格斯全集》第三十卷，人民出版社1995年版，第195页。
②《马克思恩格斯全集》第三十卷，人民出版社1995年版，第199页。
③《马克思恩格斯文集》第五卷，人民出版社2009年版，第104页。
④《马克思恩格斯文集》第五卷，人民出版社2009年版，第155页。

等价形式的商品的等价交换、价值形式从特殊到一般的历史发展，直至以货币为媒介形式的商品生产与交换成为现代社会生产的主导普遍形式，折射并浓缩了等价交换、平等关系及其形式的社会历史发展过程。资产阶级却把作为历史发展进程中从属于等价交换关系的平等视为永恒形式，这就是资产阶级眼中平等的理想样态："平等！因为他们彼此只是作为商品占有者发生关系，用等价物交换等价物。"[①]把商品视为天生的、永恒的平等派，把货币视为"比商品更进一步的平等派"[②]，进而，资产阶级要把资本美化为天生的、永恒的平等派。马克思通过对绝对剩余价值生产的系统科学研究，深刻而极具讽刺性地批判指出，"平等地剥削劳动力，是资本的首要的人权。""资本是天生的平等派，就是说，它要求把一切生产领域内剥削劳动的条件的平等当做自己的天赋人权"[③]。处于自由竞争时期的资本家，一方面在追求平等地剥削劳动力的权利；另一方面在追求等量资本获取等量利润、利润平均化，共同瓜分雇佣工人所创造的剩余价值，"平均利润和生产价格是'资本主义的共产主义'"[④]。

从商品交换关系上的等价交换到等量资本获得等量利润，这就是平等在资本主义生产过程中的体现，也就是现代资本主义的社会、政治、法律诸领域抽象形式平等的基石。《资本论》及其手稿以唯物、辩证的历史科学深刻揭示了现代资本主义社会"自由平等博爱的理想乡"的抽象性、虚假性。对此，考茨基曾反讽揭露说，"劳动者与资本家，两方面都是商品所有者。并且彼此都成为有独立人格自由平等的人，互相对立。他们实在都是一样的人，都是同一阶级的成员，同胞。劳动者与资本家，彼此互相交换同一样的价值。正义，自由，平等，友爱的王国，平和与幸福的黄金

① 《马克思恩格斯文集》第五卷，人民出版社2009年版，第204页。

② 陈其人：《陈其人文集——政治科学卷》，复旦大学出版社2003年版，第34页。

③ 《马克思恩格斯文集》第五卷，人民出版社2009年版，第338、457页。

④ 陈其人：《陈其人文集——政治科学卷》，复旦大学出版社2003年版，第112页。

世界，正像是和工银制度的确立同时出现。奴隶与压制，掠夺与暴权的时代，是早已经过去了。代表资本利害的学者，他们是这样教我们的”。[①]

二、现代资本主义社会并没有实质的平等

透过对法国大革命的历史以及黑格尔法哲学的批判研究，马克思发现，现代资本主义社会的平等只是形式平等，并没有实现实质的平等，广大无产阶级并没有获得真正的平等权利。当曾跟随资产阶级一道为“自由、平等、博爱”社会政治理想而革命奋斗的广大社会下层民众日渐觉醒，要求新的统治者资产阶级兑现其诺言，实现普遍的真正的经济、政治平等的时候，资产者及其理论家们则绞尽脑汁地在自由与平等两个价值原则之间抉择论证，继续编织如何实现形式平等的各种新概念。因为站在资本的立场上，在资本主义私有制及其生产方式界限内，既无愿、也无法、更不能实现普遍的真正的平等。

黑格尔理性而坦诚地指出，在市民社会即资产阶级社会的商品生产与市场交换过程中，由于满足需要的手段在资本及个体技能上存在差异，因而必然会产生财富分配上的不平等与贫富分化这一现代社会难以解决的、令其苦恼的难题。他说，由个体技能的差异性所必然产生的不平等是必然且合理的，属于“理念包含着精神特殊性的客观法。这种法在市民社会中不但不扬弃人的自然不平等（自然就是不平等的始基），它反而从精神中产生它，并把它提高到在技能和财富上、甚至在理智教养和道德教养上的不平等。提出平等的要求来对抗这种法，是空洞的理智的勾当，这种理智把它这种抽象的平等和它这种应然看做实在的和合理的东西”。[②]

在对政治经济学初步批判研究的基础上，马克思在19世纪40年代开始

①[德]考茨基：《资本是如何操纵世界的》，戴季陶、胡汉民译，新世界出版社2014年版，第58页。

②[德]黑格尔：《法哲学原理》，范扬、张企泰译，商务印书馆1961年版，第211页。

逐步批判揭示现代资本主义的财富与社会不平等问题。1847年10月，马克思在《道德化的批判和批判化的道德》一文中指出，伴随现代资产阶级社会的发展，财富的平等问题愈益成为世界历史性的尖锐社会政治问题，这种“社会的不平等在北美东部各州也表现得比任何地方都突出，因为在这里社会的不平等不像在别的地方那样为政治的不平等所掩盖”。[①]进而，马克思在1847年12月关于《雇佣劳动与资本》的演说中，初步揭示了等价交换、形式平等假象背后的实质不平等。雇佣劳动与资本的关系在表面上是一种等价的商品交换关系，即工人出卖劳动力等价换取资本家提供的生活资料，但实质上是不平等的交换，因为工人劳动过程中不仅再生产出自己生活资料的价值，而且为资本家创造了新价值。马克思指出，“看起来好像是资本家用货币购买工人的劳动。工人是为了货币向资本家出卖自己的劳动。但这只是假象。实际上，他们为了货币而向资本家出卖的东西，是他们的劳动力”。[②]由此导致资本对雇佣工人的剥削奴役与统治权力不断加强，资本与雇佣劳动日益变成相互敌对的力量，资本家和工人之间的鸿沟不断加剧。有论者指出，马克思在《雇佣劳动与资本》一书中，突破李嘉图价值理论的局限，以初步阐发的劳动二重性、劳动价值论为理论依据，揭示并阐明了“资本和劳动不平等交换的根源”。[③]

伴随19世纪50至60年代对劳动价值论、剩余价值论的科学揭示，马克思最终揭开了现代资本主义社会形式平等与实质不平等之谜。在《1863—1865年经济学手稿》中，马克思指出，劳动力的买卖关系、资本家和工人之间的关系“这种依赖关系的经常存在具有一种骗人的假象，似乎它是平等的、彼此同样自由的各个商品占有者之间的交易和契约”。[④]其实，这

①《马克思恩格斯选集》第一卷，人民出版社1972年版，第175页。

②《马克思恩格斯文集》第一卷，人民出版社2009年版，第713页。

③高新军：《揭开历史发展之谜：〈资本论〉历史唯物主义思想研究》，中央编译出版社2002年版，第13页。

④《马克思恩格斯文集》第八卷，人民出版社2009年版，第546页。

是人们错误地把雇佣劳动、把劳动向资本出售的外在形式视为雇佣劳动的本质，既没能把握住资本主义生产劳动即雇佣劳动的本质，又没能把握住雇佣劳动本质上的不平等关系，反而把资本与劳动表面的买卖关系、等价交换形式视为平等本身。归根结底，在资本主义生产方式、雇佣劳动中，资本家与工人的关系并不是简单的商品占有者之间的一般等价交换关系，而是剥削与被剥削、奴役与被奴役的实质不平等关系。

在《资本论》第一卷“工作日的界限”一节中，马克思具体阐述了形式平等是如何转变为实质不平等，以及资本家与工人之间的权利斗争。资本家和工人都“以商品交换规律作根据”主张自己的权利，但在生产过程中，劳动力商品的使用价值可以创造出比其自身更大的价值，资本家把其视为资本价值的增殖，工人把其视为劳动力过多的支出。觉醒的工人发出了平等的权利主张，因为资本家按照商品交换的规律在市场上平等购买取得对劳动力的使用权后，却在生产过程中开始掠夺劳动力，“你无限制地延长工作日，就能在一天内使用掉我三天还恢复不过来的劳动力的量。你在劳动上这样赚得的，正是我在劳动实体上损失的。……你使用三天的劳动力，只付给我一天劳动力的代价。这是违反我们的契约和商品交换规律的。因此，我要求正常长度的工作日，我这样要求，并不是向你求情，因为在金钱问题上没有温情可言”。[①]资本家坚持买者的权利——延长工作日，工人坚持卖者的权利——工作日的正常化，于是，由商品交换规律所承认的两种权利产生了二律背反、相互对抗，资本家阶级与工人阶级围绕着工作日的界限而不断进行着斗争。但是，“在平等的权利之间，力量就起决定作用”。即是说，由于生产资料的资本主义所有制及其生产方式这个物质力量决定了工人——卖者合理的平等权利诉求无法实现，工人作为商品只有等价交换、形式平等的权利，无法在生产劳动中获得实质平等的

①《马克思恩格斯文集》第五卷，人民出版社2009年版，第270—271页。

权利。

在私有制与资本主义生产方式界限内，剩余价值生产规律是决定性的力量，不平等会愈演愈烈。在资本流通过程中，雇佣工人作为可变资本、作为生产过程中的物，而不是作为有生命创造活动的个人，在可变资本的支配下被动而无声息地循环周转着，根本谈不上人的平等权利。在资本主义分配领域，按照等量资本获取等量利润的实力原则，在资本家集团平等地瓜分着雇佣工人所创造的剩余价值与利润。如此，一方面是资本家财富的不断积累与积聚，另一方面是无产阶级贫困化的不断积累，逐渐形成社会的贫富对立、两极分化。生产资料占有的不平等决定了人们在生产中的地位与关系不平等，以及分配上的不平等，资本主义社会的政治法律等实质不平等由此产生。

因此，现代资产阶级所谓的平等是虚幻的、骗人的。比利时马克思主义理论家曼德尔在《权力与货币》一书中具体形象地揭示了当代资本主义社会的形式平等与实质不平等："四千四百万'平等的公民'拥有购买法国电视一台（现已私有化的电视频道）的权利，但是其中只有两个人，梅赛斯·拉加尔戴尔和布依戈，能成为买家。"[①]即当代资本主义社会的绝大多数人拥有的只是形式上平等的权利，并没有实际的真正的平等权利。

三、现代社会主义是实现人人平等的正道

批判旧世界是为了发现和建立新世界，马克思在批判现代资产阶级社会形式平等、实质不平等的同时，也在对未来理想社会的科学展望与预测中阐发了实质性的平等观。正如有论者所指出，马克思"所支持的乃是一种实质性的而非形式性的权利平等观念"。[②]无产阶级的实质平等追求，就是要将资产阶级革命过程中所提出平等口号贯彻到底，实现政治、经济

①[比利时]曼德尔：《权力与货币》，孟婕译，中央编译出版社2002年版，第243页。
②李佃来：《马克思平等思想辨析》，《山东社会科学》2016年第11期。

与社会的真正平等。英国资产阶级革命后期出现的以温斯坦莱等为代表的掘地派，法国大革命后期出现的以巴贝夫为代表的平等派，都以粗糙的平均共产主义理论形式提出过消灭私有制、实现真正平等的革命要求。这种粗糙的、激进的平等主张成为科学社会主义的理论基础与前提，马克思说："平等，作为共产主义的基础，是共产主义的政治的论据。这同德国人借助于把人理解为普遍的自我意识来论证共产主义，是一回事。"[①]通过对法国大革命历史以及德国历史的研究，马克思发现法国革命及启蒙运动的一个反作用与社会主义趋向相适应，那就是"连蒲鲁东看到都会害怕的平等派"。[②]也正是对法国大革命的研究，近代法国自由主义理论家托克维尔发现了"现代社会主义"要求废除私有制、激进自由平等的危险理论苗火，他希望自由平等在资本主义的界限内稳定发展。因此，马克思批判资产阶级的理论家、"报告人托克维尔"，指出其所代表的自由主义政治解放理论的本质与企图："既然资产阶级把它从前当作'自由主义'颂扬的东西指责为'社会主义'，那么它就是承认它本身的利益要求它逃避自身统治的危险。"[③]

无产阶级实质平等要求的内容就是要通过革命解放斗争消灭阶级。无产阶级唯有通过彻底的革命斗争才能消灭阶级，彻底消灭一切阶级剥削与压迫，才能开辟人类平等历史的新纪元，才能逐步实现人与人的真正平等。不同于平均共产主义、空想社会主义对平等的乌托邦想象，马克思主义的实质平等观主张通过无产阶级的革命解放斗争，消灭私有制、消灭阶级，彻底消灭"三大差别"，实现真正的平等。因此，马克思在《资本论》第一卷中批判从格雷、布雷到蒲鲁东等小资产者"把商品生产看做人

---

①《马克思恩格斯文集》第一卷，人民出版社2009年版，第231页。

②《马克思恩格斯〈资本论〉书信集》，人民出版社1976年版，第258—259页。

③《马克思恩格斯全集》第十一卷，人民出版社1995年版，第207、177页。

类自由和个人独立的顶峰”[①]的错误观念。因为蒲鲁东等把建立在等价交换关系上的平等视为平等的实现，把平等视为“原始的意向、神秘的趋势、天命的目的”[②]，是庸俗空想社会主义的平等观，对当时的国际工人运动产生了错误影响。在1871年《国际工人协会章程》中，马克思更明确指出，“工人阶级的解放斗争不是要争取阶级特权和垄断权，而是要争取平等的权利和义务，并消灭一切阶级统治。”[③]

1871年7月28日，恩格斯在致卡菲埃罗的信中说，“不平等必将消灭。而为了彻底做到这一点，必须有无产阶级的政治统治”。[④]1875年3月，恩格斯在致倍倍尔的信说，“用‘消除一切社会的和政治的不平等’来代替‘消灭一切阶级差别’，这也是很成问题的。……把社会主义社会看做平等的王国，这是以‘自由、平等、博爱’这一旧口号为根据的片面的法国看法，这种看法作为一定的发展阶段在当时当地曾经是正确的，但是，象以前的各个社会主义学派的一切片面性一样，它现在也应当被克服，因为它只能引起思想混乱，而且因为已经有了阐述这一问题的更精确的方法”。[⑤]在1878年的《反杜林论》中，恩格斯进一步明确阐述了马克思主义平等观，他说：“尤其是从法国资产阶级自大革命开始把公民的平等提到重要地位以来，法国无产阶级就针锋相对地提出社会的、经济的平等的要求，这种平等成了法国无产阶级特有的战斗口号。……无产阶级平等要求的实际内容都是消灭阶级的要求。”[⑥]深刻把握住了马克思主义平等思想精髓与真谛的列宁也指出，“平等思想本身就是商品生产关系的反映，资产阶级借口个人绝对平等，把这种思想变为反对消灭阶级的斗争工

①《马克思恩格斯文集》第五卷，人民出版社2009年版，第85页下注。
②《马克思恩格斯文集》第一卷，人民出版社2009年版，第611页。
③《马克思恩格斯文集》第三卷，人民出版社2009年版，第226页。
④《马克思恩格斯〈资本论〉书信集》，人民出版社1976年版，第318页。
⑤《马克思恩格斯〈资本论〉书信集》，人民出版社1976年版，第336页。
⑥《马克思恩格斯全集》第二十六卷，人民出版社2014年版，第113页。

具。要求平等的实际含义只能是消灭阶级”。[①]

普遍的真正的平等的实现是一个具体的历史过程。从原始社会的公共占有与平均主义，经奴隶社会与封建社会奴役专制特权与不平等，到资本主义社会的抽象形式平等，再到共产主义的实质平等，平等权利的形式与内容最终实现了辩证历史的统一。正如恩格斯在《反杜林论》中所指出，平等的观念是历史的产物，绝不是永恒的真理，更不是什么普世价值原则。在《哥达纲领批判》中，马克思通过批判《哥达纲领》，科学构想了共产主义社会发展的两个历史阶段——共产主义社会第一阶段与共产主义高级阶段，进一步阐述了实质平等实现的历史进程。马克思认为，在刚刚从资本主义社会脱胎而来的共产主义社会第一阶段，虽然已不承认任何阶级差别，但是仍然残留着旧社会的一些弊端，“平等的权利按照原则仍然是资产阶级权利”。由于消费资料的分配、生产者的权利是同他们提供的劳动成比例的，而每个劳动者的劳动能力又存在着差别、不同等，所以，“这种平等的权利，对不同等的劳动来说是不平等的权利。……就它的内容来讲，它像一切权利一样是一种不平等的权利”。[②]由于每个劳动者的劳动能力及其子女情况是不同等的，消费资料的分配若按平等的劳动来分配，就会产生贫富差距，即事实上不平等的旧社会弊端，因此，“权利就不应当是平等的，而应当是不平等的”。[③]就是说，在共产主义第一阶段还不能立即实现实质的平等，还不得不与资本主义共享形式平等这一价值原则，但与资本主义对平等权利的价值追求旨趣完全不同，因为共产主义要追求并实现的是实质平等，并在共产主义高级发展阶段实现事实上的实质平等。

从现实层面来看，在社会主义初级阶段、在新时代中国特色社会主义

---

①《列宁专题文集·论资本主义》，人民出版社2009年版，第252页。

②《马克思恩格斯文集》第三卷，人民出版社2009年版，第435页。

③《马克思恩格斯文集》第三卷，人民出版社2009年版，第435页。

的实践历史发展中，平等这一价值原则在经济生活领域依然主要表现为商品生产交换中等量劳动获取等量报酬、等价交换的关系，作为社会层面的平等价值观属于朝向实质平等追求的形式平等。有论者曾指出，“作为商品与货币关系的内容的平等关系不包含阶级内容，它在社会主义制度下是存在的。”[①]“《资本论》深刻地揭示了现代社会中商品交换对市民平等理性的培育机制，对充分培育我国公民与现代社会相适应的平等理性具有现实意义”。[②]新时代中国特色社会主义对平等的实践与价值追求，即实现全体人民共同富裕、把人民对美好生活的向往变为现实的中国式现代化追求，是对科学社会主义平等观的继承与发展，与当代西方自由主义的平等观本质不同。以罗尔斯、诺奇克、德沃金等为代表的当代西方政治哲学家站在西方自由主义的界限内，对自由与平等间矛盾的平衡构想及其所提出的分配方案，只能缓解但不能从根本上解决当代资本主义社会财富分配的不平等与两极分化问题。这正如当代西方经济学家们所说，“即使是最有效率的市场体系，也可能产生极大的不平等。”[③]“市场经济可能在创造财富方面的生产率和效率很高，但是它们可能导致某些人非常富有，另一些人却在挨饿”。[④]因此，从根本上说，西方政治哲学家们的平等构想属于马克思曾经批判过的资产阶级庸俗化改良设想的翻版，与科学社会主义对平等的价值追求貌合神离，与新时代中国特色社会主义对平等的价值观追求形式共有、旨趣不同。

---

①陈其人：《陈其人文集——政治科学卷》，复旦大学出版社2003年版，第56页。

②王艳华、李迎春：《〈资本论〉中的平等、独立、创造理性生成机制思想及其当代意义》，《理论探讨》2015年第4期。

③[美]萨缪尔森、诺德豪斯：《经济学》，肖琛等译，华夏出版社1999年版，第29页。

④[美]斯蒂格利茨：《经济学》（第2版）上册，梁小民等译，中国人民大学出版社2000年版，第136页。

第三章　《资本论》的民主政治观及其当代启示

在对现代性资本主义社会意识形态、政治上层建筑与经济基础系统深入批判与革命实践过程中，马克思政治哲学思想立场逐渐转变成熟，确立并阐发了超越政治解放的人类解放观。以《资本论》及其手稿为代表的马克思主义政治哲学，更是通过对现代性资本主义社会从经济到政治的批判，以及对未来理想社会从经济到政治的科学构想，深刻揭示了资本主义社会民主政治、形式民主的本质与历史过程性。《资本论》及其手稿在对现代民主政治的批判与建构过程中所阐发的民主政治观，既具理想性又具现实性，对深刻认识当代资本主义社会的民主政治，对社会主义民主政治建设与发展，以及新时代中国特色社会主义民主政治理论与实践发展都具有重要的现实启示意义。

一、资本主义民主政治已达政治理智的顶点

民主政治作为一种国家制度及其统治秩序，是人类社会进入到阶级社会与国家发展阶段后一直追求的理想国家治理状态。以近代英、法、美三大资产阶级革命的胜利及其理想中的代议制政府、民主共和国的建立为标志，封建专制集权的统治形式被现代民主政治的统治形式所取代，资本主义国家的政治文明形态开始登上了世纪历史舞台的中央，已达到“政治理智的顶点”。17—18世纪西方启蒙政治哲学家心中呐喊的理想王国变成了现实，19世纪以来的西方政治哲学家为捍卫和完善现代西式民主政治而不断进行理论论证、总结与改良。在近代西方自由主义启蒙运动影响下的青年马克思，曾经站在理性自由主义与激进民主主义立场上审视现代国家的

民主政治发展。伴随社会生活实践与理论研究的深入，马克思在思想政治立场上逐渐转变成为一个实践唯物主义者即共产主义者，开始以人类解放的新视野，辩证历史审视政治解放观主导下的现代民主政治问题。

（一）资本主义民主政治是人类政治文明发展的一大进步

马克思充分肯定了资本主义民主政治的历史进步性，认为资产阶级政治革命推翻了封建专制集权统治，摆脱了宗教神权对精神文化领域的控制，建立了政教分离的资产阶级民主共和国与代议制政府，带来了政治解放，有力推动了人类政治文明的发展进步。以资产阶级自由和平等两个价值原则支撑起来的民主观念，成为资本主义时代居于主导地位的主流价值观念，进一步扫荡封建等级特权思想与宗教迷信的残余。以三权分立、两党轮流执政、代议制政府等方式架构起来的资产阶级专政的国家政权的确立，有力保障了自由资本主义商品经济、市场经济的发展，进而加速推进了社会生产力的发展与资本财富的积累。同时，资本主义民主政治也促进了以私有财产权为核心的各项人权事业发展，推动人类社会从人的依赖性关系时代发展到物的依赖关系时代，使人逐渐彻底摆脱了封建的人身依附关系。马克思以唯物辩证历史思维，充分肯定了资本主义民主政治理论与实践对社会的政治、经济与观念文化发展进步的积极推动作用。

（二）资本主义民主政治并不是“真正的民主制”，而是新型的奴隶制

在对资本主义民主政治历史进步性充分肯定的同时，马克思尤其看到资本主义民主政治的阶级与历史局限性及其所蕴含的内在矛盾危机。与近现代西方自由主义理论家对资本主义民主政治的片面肯定与永恒论调不同，马克思通过对资本主义经济基础的政治经济学剖析，深刻批判

了其民主政治的资产阶级性质与历史过程性，以及在形式与实质上的巨大反差、理论与实践的内在矛盾危机。与马克思有过思想交集的19世纪法国政治社会学家托克维尔，在其所著《旧制度与大革命》《论美国的民主》等著作中反思总结近代英、美、法革命及其自由民主政治发展的经验教训，盛赞美式民主，试图为法兰西民主共和国的稳定发展，最终也为世界各国乃至整个人类社会发展找到一条所谓永恒稳定的民主政治发展道路。他对美国革命与自由民主典范性的论证说明，和后来阿伦特在《论革命》中贬抑法国革命及其自由民主理论、盛赞美国革命及其自由民主“开端性”的言说有共通之处，都显示出近现代西方自由主义政治哲学的阶级与时代局限性。

在马克思看来，资本主义民主政治并不是“真正的民主制”。通过对古典政治经济学“副本”的批判，即通过对黑格尔以法哲学形式高度浓缩的近代西方政治经济学的批判，马克思发现资产阶级民主政治并不是“真正的民主制”。因为，民主制除了具有平等共同体、法治共同体、普遍利益和特殊利益的统一体等优点与特点外，民主制更是人民主权的实现形式。马克思指出，民主制是一切国家制度的本质，是迄今为止一切国家制度发展的顶点，“民主制是一切形式的国家制度的已经解开的谜”，“在真正的民主制中政治国家就消失了”，“必须使国家制度的实际承担者——人民成为国家制度的原则”。[①]从马克思对民主制、“真正的民主制”的批判阐述中，可以发现其激进的民主主张是在“应用了卢梭的许多概念和推理，接受了卢梭的政治理想”[②]的基础上，是对以卢梭为代表的近代西方民主观念的超越。站在共产主义的立场上，马克思颂扬人民主权与民主制，也试图超越民主制，把“真正的民主制”视为政治国家消失的

①《马克思恩格斯全集》第三卷，人民出版社2002年版，第39、41、72页。

②王沪宁：《试论马克思对卢梭政治理想的扬弃》，载《马克思主义来源研究论丛》第四辑，商务印书馆1983年版，第200页。

形式。也就是说，“真正的民主制”是通过民主制的国家治理形式与手段，不断发展人民民主，最终使民主制随政治国家一起融入未来理想社会的民主生活方式之中。正是在此意义上，列宁说，“国家的消亡也就是民主的消亡”。[①]因此，马克思所说的“真正的民主制”所指的并不是现代资产阶级国家的民主共和制，而是在消灭异化了的政治国家形式和对私有制的市民社会进行彻底改造基础上建立的崭新国家政权形式[②]，以及未来理想社会的生活方式。

在马克思看来，资本主义民主政治是新型的奴隶制。通过政治经济学的深入批判研究，马克思对资本与雇佣劳动的本质有了深刻认识，进而对管理整个资产阶级共同事务的委员会——现代国家政权有了更深刻认识，指出资产阶级民主政治是新型的奴隶制。因为，同古代国家的自然基础是奴隶制一样，现代国家的天然基础是“市民社会的奴隶制”，“即为挣钱而干活的奴隶，自己的利己需要和别人的利己需要的奴隶”[③]。1850年3—4月，在《新莱茵报·政治经济评论》第4期上发表的书评中，马克思和恩格斯批判指出，古希腊罗马国家的基础是奴隶制，“根本不是民主政体”，现代英美国家的基础是新型的奴隶制，也不是民主制，在美国“占统治地位的是无政府状态加警察。这种状况之所以能存在完全是由于存在着尚未开发的辽阔土地和从英国带来的对警棍的尊敬心理。……在大西洋的两岸民主制永远不可能实现。……现代民主的秘密不过就是伪装高贵的人（sham-noble）提高了地位，由于传统和重新制造的幻想而受到了崇拜”。[④]当代美国日益加剧的经济危机，社会政治的飘摇动荡、封闭衰败，自由民主的日益蜕变，等等，恰恰说明马克思人类解放视域下民主观

①《列宁选集》第三卷，人民出版社1995年版，第184页。

②李福岩：《马克思政治哲学发展的第二阶段》，《沈阳师范大学学报》（社会科学版）2010年第6期。

③《马克思恩格斯文集》第一卷，人民出版社2009年版，第313页。

④《马克思恩格斯全集》第十卷，人民出版社1998年版，第317页。

的深刻洞见性，及其对现代西方政治解放视域下民主观的超越性。可见，以托克维尔为代表的西方自由主义政治理论家，只看到以美国为代表的现代西方民主观念的“高光时刻”并加以论证讴歌，误把美式民主当作人类民主发展的历史终点。他既没能像马克思那样通过对资本主义社会深层次的政治经济学批判创立全新的经济科学与历史科学，并深刻洞见到美式民主的虚假幻象及其走向蜕变衰败的历史过程，更没能像马克思那样看到自由、平等与民主的矛盾将会伴随政治国家的始终且无法解决，西式自由民主的政治解放理论必然会被人类解放理论所终结。

在《资本论》中，马克思通过对资本主义生产、流通及其总过程的系统微观分析批判，科学阐述了资本主义民主政治在形式与实质、理论与实践上的巨大反差。马克思科学证明了资本主义民主只是形式民主掩盖下的专制，理论上的民主掩盖下的专制；现实中资本主义民主政治只是资本民主、精英政治，广大劳动人民群众并没有获得民主。因为，从对资本主义生产、流通及其总过程的批判考察来看，在资本家——“工业的司令官”及其指挥的“（经理）和军士（监工）”的强制监督下被迫劳动的雇佣工人，根本没有任何平等、民主权利而言，“资本主义的管理就其形式来说是专制的。随着大规模协作的发展，这种专制也发展了自己特有的形式”①。就是说，资本主义物质生产领域所施行的是名副其实的专制，资产阶级国家暴力机器在背后以细微的政治强制与管控，“国家在资本主义生产体系中起到的基础性作用”②，保障着资本专制；近现代西方政治哲学家在唯心史观、英雄史观支配下的民主观与精英政治论从骨子里看不起人民，也不想真正实行人民民主，从而使资本主义经济、政治与精神文化生活等各领域到处充斥着资本专制。

①《马克思恩格斯文集》第五卷，人民出版社2009年版，第385—386页。

②[美]哈维：《跟大卫·哈维读〈资本论〉》第一卷，刘英译，上海译文出版社2013年版，第62页。

（三）资本主义民主政治已进入到蜕化衰变的历史过程

从自由竞争资本主义经济事实出发，通过对英、法、德三国政治与精神文化发展情况的批判考察，马克思发现资本主义民主政治已达“政治理智的顶点”，现代西方政治文明再也走不出其封闭的围城，已开始蜕化衰变的历史过程。1844年7—11月，在《评一个普鲁士人的〈普鲁士国王和社会改革〉》《关于现代国家的著作的计划草稿》等著作中，马克思深刻阐释了“政治理智的顶点”[①]概念，讲过现代国家的“政治文明”。在马克思看来，与集权制、等级制的封建国家相比，资产阶级的政治革命、政治解放、代议制民主国家的理论与实践已达到了现代西方“政治理智的顶点”，已达到现代西方“政治文明”的顶点。这就意味着现代西方资本主义民主政治的理论智慧与实践，在政治解放的界限内已经达到顶点，再也不能推动民主政治、政治文明的时代历史发展进步了，而且开启了其蜕化衰变的历史过程。

为维护资本的利益，使资本积累最优化最大化，由资本家及其政治代理人与理论代言人组成的整个资本家集团联合起来，打着民主的旗号，对劳动、广大劳动人民不断强化剥削压榨与专制压迫。实质上，资本家集团不仅惧怕民主，不想让劳动人民行使民主权利，而且当广大劳动人民追求、行使其平等民主权利时，它还会镇压民主，把民主牢牢控制在资本统治安全的政治秩序内。因为，“民主愈发达，在发生危及资产阶级的任何深刻的政治分歧时，大暴行或内战也就愈容易发生”。[②]

当代资本主义民主政治发展的典型国家美国，更是成为遏制民主的典型、民主社会的敌人。当代美国民主政治走向了美国人所不愿意承认与面对的新帝国主义极权国家模式，即一种试图以金元霸权、军事霸权、科技

①《马克思恩格斯全集》第三卷，人民出版社2002年版，第385页。

②《列宁选集》第三卷，人民出版社1995年版，第604页。

霸权、话语霸权操控全球的新型专制暴政。除对内剥削镇压广大民众之外，新帝国强制把特殊的资本逻辑及其地方性的社会政治价值观加以全球化，对外打着自由民主人权与世界和平的旗号，把新帝国国内法普遍化为国际规则，并置于民族国家法律之上，以“世界警察”的新霸权逻辑不断制造战争、破坏世界和平，武装恫吓、欺骗霸凌、侵略掠夺广大不发达民族国家，并逐步把各民族国家纳入新帝国所控制的新等级秩序中。对此，美国学者乔姆斯基以确凿的事实批判指出，当代美国政府所追求的是如何实现其所主导的全球经济政治体系所带来的巨大经济利益，自由民主只是美国政府进行冷战、扶持或颠覆一个政府的随时可以变换的借口与招牌，“美国式民主”只是“殖民统治的一个工具”，“世界银行指出，当资本主义与自由取得了‘伟大胜利’的时候，贫穷与中等收入的国家在世界财富中占有的份额，从23%降到18%（1980年到1988年）”。[①]总之，近现代西方自由主义民主政治理论与实践已达到了马克思所说的现代政治理智发展的顶点。

二、理想社会民主政治新形态的革命性构建

在对资本主义民主政治深入批判的同时，马克思也对未来理想社会民主政治的新形态进行了科学建构。这种民主政治新形态的建构，以及人类政治文明新发展历程的开启，要求无产阶级必须对资本主义社会进行全面彻底的革命性变革。即在推翻资产阶级国家政权的基础上，建立新型无产阶级专政的国家政权，以人类解放为目标价值导向，辩证历史地推进人民民主与政治文明不断广泛深入发展。马克思以全新经济科学、历史科学研究为基础，不断反思总结无产阶级革命运动经验，对理想社会民主政治新形态的革命性构建，即对民主观的科学阐发内涵丰富、深刻具体。

---

①[美]乔姆斯基：《遏制民主》，汤大华译，商务印书馆2013年版，第299、306页。

（一）理想社会民主政治新形态革命性建构的历史过程性

通过对资本主义民主政治的经济科学与历史科学批判，马克思发现并指出了资本主义民主政治的新型奴隶制本质及历史过程性，同时科学论证了无产阶级以彻底的社会革命推翻资产阶级政治统治的历史必然性。即通过对资本主义民主政治进行革命性变革，建立无产阶级专政的新型国家政权，来建构无产阶级民主政治新形态的历史必然性。至1848年，马克思和恩格斯在对现代资本主义社会从经济到政治、再到意识形态的深入全面批判过程中，已得出革命性建构理想社会民主政治新形态的基本观点。他们指出，共产主义革命要同传统的所有制与观念实行最彻底的决裂，“工人革命的第一步就是使无产阶级上升为统治阶级，争得民主”。[①]无产阶级获得政治上的统治地位，是进行新型民主政治建设的基础与前提，由此才能在经济、文化与社会生活各领域展开民主政治建设的全新进程。

通过对1848年革命、巴黎公社革命经验的总结，以及对政治经济学批判研究的深入拓展，马克思对如何建立无产阶级专政的新型国家政权、不断发展民主政治有了更具体的阐述。无产阶级不能简单地掌握资产阶级国家机器，而要以暴力打碎旧的国家机器，才能建立新型无产阶级专政的国家政权，也才能创建民主政治的新形态。因为“暴力……是每一个孕育着新社会的旧社会的助产婆”，“如果作为阶级斗争和阶级存在的基础的经济条件还没有消失，那么就必须用暴力来消灭或改造这种经济条件，并且必须用暴力来加速这一改造的过程”[②]，所以马克思坚持无产阶级要选择以暴力革命方式推翻资产阶级政治统治，同时马克思也指出，无产阶级以和平方式取得政权、争得民主需要具备一定的主客观条件。采取暴力方

①《马克思恩格斯文集》第二卷，人民出版社2009年版，第527、52页。

②《马克思恩格斯选集》第三卷，人民出版社1995年版，第286页。

式，抑或采取和平合法斗争途径争得民主，关键要看社会经济与政治历史发展的具体情况，尤其要看无产阶级与资产阶级力量对比的情况。再者，巴黎公社无产阶级专政、以民主制原则为基础的新型国际政权在人民公仆制、普选制、民主监督制等民主政治方面的创举，也为无产阶级专政的民主共和国如何发展民主政治提供了典范。

新型民主政治作为一种逐渐回归社会的国家制度、民主制度，是一个朝向人类解放的无止境发展过程。在《资本论》中，马克思构想了一个"自由人联合体"，即一个消灭了私有制、阶级、国家的未来理想社会形态——共产主义社会，达到了民主制发展的理想形态，人类社会发展进入到自由全面发展的新历史起点。也就是说，"自由人联合体"的共产主义社会并不是民主发展的终点，而是政治民主的终点，更是社会民主的新起点。在《哥达纲领批判》中，马克思还通过对未来理想社会形态发展阶段的科学构想，进一步勾勒出从资本主义到共产主义的过渡时期、共产主义第一阶段、共产主义高级阶段的人类社会发展进程。这告诉我们，未来理想社会民主政治的建构与发展并不是一蹴而就的，而是一个在政治解放基础上实现人类解放的漫长历史发展过程，决不能超越经济社会与文化发展阶段而陷入民主政治建设的乌托邦。

（二）人民主权原则要贯穿于经济、政治、文化各领域

理想社会的民主政治，作为一种朝向人类解放的"真正的民主制"，必须使人民成为国家制度的基本原则，使民主不再是抽象政治统治的形式。为此，就必须使广大劳动人民群众、越来越多的人享有更广泛的民主，在政治、经济、文化等社会生活各领域把人民主权原则变为现实。一是人民要广泛充分享有政治民主权利。在同资产阶级斗争取得胜利后，建立的无产阶级专政的民主共和国，如巴黎公社在"实质上是工人阶级的政府，……是终于发现的可以使劳动在经济上获得解放的政

治形式”[①]。工人阶级、广大劳动人民群众当家作主的国家政权性质，彻底改变了资本家专制的国家政权性质，为“真正民主制”奠定了坚实的政治基础。马克思还以巴黎公社为典范，提出政府的公职人员工资与工人工资平等，公仆作为人民的勤务员要普选产生、随时替换，防止其由社会公仆变为社会主人等宝贵思想。同时，为促进无产阶级政党组织在领导无产阶级革命、实现人类解放事业历史进程中的党内团结与国际联合，以及制定党的共同理论纲领，马克思在修订的《国际工人协会共同章程》中，实质上表达了党内要施行民主、各国共产党组织要平等民主的宝贵思想。马克思还主张共产党组织的纲领与决议要经过充分讨论、按照少数服从多数的原则通过，党内要积极开展思想理论斗争、展开批评与自我批评[②]。

二是劳动者要广泛充分享有经济民主权利。不同于资本主义私有制与雇佣劳动生产方式之下劳动者的奴隶地位，劳动者阶级在获得政治统治地位之后，要在新社会的物质生产领域获得主人翁地位，充分享有经济民主权利。即在劳动者共同占有生产资料所有权的公有制前提条件下，劳动者才能成为社会生产关系的主人，才能真正享有对生产、交换、分配与消费的平等民主权力与权利。从《共产党宣言》《法兰西内战》到《资本论》，马克思反复强调要消灭将多数人劳动变为少数人财富的资本主义私有制，铲除资产阶级专制统治赖以存在的私有制经济基础，“剥夺剥夺者”，把土地和资本等生产资料完全变成自由联合起来的劳动者的工具，使个人所有制变成现实。唯有实现经济民主，劳动者以主人翁般的地位、劳动态度与精神进入物质生产全过程，才能使劳动在经济上获得解放，使劳动成为人的自觉自愿、自我实现的创造性活动。进而，才能释放劳动者

①《马克思恩格斯文集》第三卷，人民出版社2009年版，第158页。

②徐东礼：《马克思、恩格斯的民主观》，《山东社会科学》2003年第5期；侯衍社：《论马克思民主观》，《中国特色社会主义研究》2015年第4期。

的积极性、主动性与创造性，带来物质生产力与人的自由全面发展的更大历史进步。

三是人民群众要自由平等享有文化民主权利。马克思虽并未明确提出文化民主概念，但他对封建文化专制、现代资产阶级新型文化专制的意识形态批判，以及对共产主义的经济科学、历史科学构想，却蕴涵着文化民主的内容，对广大人民群众有着巨大的思想解放作用。资本主义时代，现代资产阶级在政治与经济上取得统治权与专制权的同时，还取得意识形态上的统治权与专制权，掌握着观念文化的领导权与话语权。与以往的统治阶级一样，资产阶级要继续对广大劳动人民群众进行意识形态、观念文化上的愚民政策，只不过是以商品、货币、资本三大拜物教的新形式继续蒙蔽与统治广大无产阶级。在《资本论》及其手稿中，马克思深刻批判了三大拜物教、现代资产阶级的意识形态，破除了资本永恒的迷信与神话，以此来唤醒无产阶级的革命意识与精神世界，实现广大人民群众的精神解放。无产阶级不仅要在政治上、经济上站起来，还要在思想观念上站起来、在文化上站起来。劳动人民要相信自己能够解放自己，掌握新社会的文化领导权与话语权，培育劳动至上的价值观念，成为新社会精神文化财富的创造者。文化民主对政治民主、经济民主具有重要的促进保障作用，最终对实现社会民主——真正的民主更是具有深远意义。

总之，政治民主、经济民主、文化民主、社会民主的互动生成，是理想社会民主政治辩证历史发展的系统工程。因为，“现代性由理性、启蒙发展到政治上的民主、自由；再由政治上的民主、自由发展到经济上的自由平等；经济上的自由平等又在社会生活的各个方面提出新的公平、合理、正义以及全面发展的要求”。[①]马克思对理想社会民主政治人民主权原则的革命性科学构想，不仅在理论与现实性上超越了资本主义民主政

---

①丰子义：《马克思现代性思想的当代解读》，《中国社会科学》2005年第4期。

治，而且一定会在现实的共产主义运动实践中使政治民主发展成为一种社会状态的民主制度，即一种资本主义民主政治所无法企及的社会民主的全新生活方式。

（三）辩证认识与处理民主政治发展中的各种关系问题

马克思在对理想社会民主政治的科学建构过程中，还提出要辩证认识处理好与民主政治发展紧密相连的各种关系问题。一是民主与集中的辩证关系。马克思在《国际工人协会共同章程》中强调党内民主制的同时，也强调党内的集中制，即强调党内民主制与集中制的辩证统一。马克思尤其强调无产阶级与共产党人在同强大的敌人资产阶级的斗争中，要遵守共同的原则、有严格的纪律、少数服从多数、采取联合一致的行动；无产阶级的革命领袖还要有政治权威，既要善于集中群众智慧，又要教育领导群众。巴黎公社失败的惨痛教训中，就有缺乏党的集中领导和领袖权威方面的因素。

二是民主与专政的辩证关系。无产阶级专政即人民民主专政，是马克思对理想社会民主政治发展的核心构想，其中包含着对民主与专政关系的辩证理解。在阶级社会，任何一种国家制度都是阶级民主与阶级专政的统一体，不存在超阶级的民主与专政。现代资本主义代议制民主的国家制度是少数资本家集团的民主与对广大无产阶级专政的统一体、目的与手段的统一体，目的是维护资本剥削压榨雇佣劳动的自由与权利，“用国家警察手段硬是把资本和劳动之间的斗争限制在对资本有利的范围内”[①]。无产阶级专政即人民民主专政的新型国家政权也是专政与民主统一体、目的与手段的统一体。在彻底消灭私有制与阶级的共产主义社会到来之前，人民民主专政的新型国家政权是绝大多数无产阶级的民主

①《马克思恩格斯文集》第五卷，人民出版社2009年版，第851页。

与对剥削阶级专政的统一体，以镇压阶级敌人的反抗、维护人民当家作主、推动社会发展进步。

三是民主的普遍性与特殊性的辩证关系。依据翔实可靠的史实资料，采用阶级分析方法，马克思和恩格斯对原始氏族部落自然生长的民主制、古希腊城邦国家的民主制、现代资本主义民主制的辩证历史发展过程进行了深入批判研究，构想了理想社会民主制。依照马克思主义的民主观，人类社会的民主制从无阶级性的自然形态，发展到奴隶社会、封建社会及现代资本主义社会的阶级形态，再发展到无产阶级专政的阶级形态以及消灭了阶级形态的共产主义社会，这是一个辩证否定的发展过程。人类社会民主制在对自由、平等的抽象价值形式追求上具有一般性与普遍性；同时，人类社会民主制在其具体发展形态与阶段上具有个性与特殊性，即民主是普遍性与特殊性的辩证统一体。就现代资本主义民主制与现代社会主义民主制来说，它们都具有阶级性、历史共存性，而且民主这一抽象的价值理念还是资本主义与社会主义所共有的。但是现代资本主义民主制与现代社会主义民主制在性质与内容上具有各自特点、各不相同，而且在发展前途上是不同的。那种站在近现代西方自由主义政治哲学立场上，所抽象虚假宣扬的“民主万能论”“民主永恒论”“民主普世论”[①]，即是对民主普遍性与特殊性辩证关系的背离。

三、中国社会主义民主政治形态的创新发展

当人类社会历史发展到20至21世纪的时候，马克思主义旨在实现人类解放的民主政治理论，在中国化马克思主义民主政治的生动实践与理论创新中愈益迸发出强大的生命力。百余年来，中国共产党在带领广大人民革命、建设、改革开放和新时代历史伟业的进程中，不断坚持运用与创新发

①姜辉、赵培杰：《树立科学的马克思主义民主观》，《政治学研究》2010年第3期。

展马克思主义民主理论，创造出中国特色社会主义民主政治与政治文明现代化发展的新形态。中国社会主义民主政治现代化建设始终坚持党的全面领导，成功开辟出一条中国特色民主政治现代化发展道路，创立并不断健全人民当家作主的制度保障体系，不断拓展深化社会主义民主政治的实现形式，实现了坚持党的领导、人民当家作主、依法治国的有机统一。

（一）坚持党对社会主义民主政治发展的全面领导

百余年中国式现代化发展、中华民族伟大复兴的历史与实践证明，没有共产党的领导就没有社会主义新中国，中国共产党领导是中国特色社会主义的最本质特征和最大优势。同时也证明，办好中国的事情关键在党，中国共产党领导是社会主义民主政治建设的特色与优势，发展社会主义民主政治的关键也在党。中国共产党坚持以马克思主义民主政治理论为指导，紧密结合中国民主政治建设的实际，深刻把握了社会主义社会民主政治建设的规律，把党的领导、人民当家作主、依法治国有机统一于社会主义民主政治建设的实践中，创造出民主政治的新形态——中国特色社会主义政治文明的新形态。

按照马克思主义建党学说建立、发展壮大起来的中国共产党，在马克思主义中国化的实践创造与理论创新过程中，不断丰富发展马克思主义民主政治理论。首先，按照民主集中制原则组织起来的中国共产党把党内民主视为党的生命，坚持自我革命，坚持以民主集中制原则改革完善党和国家的领导制度，不断增强党内政治生活中的民主选举、民主决策、民主管理、民主监督，以党内民主建设带动人民民主建设，并保证社会主义民主政治健康稳定发展。其次，中国共产党把人民民主视为社会主义的生命，把依法治国作为国家治理的基本方略，并从根本上保证了人民当家作主与依法治国在社会主义民主政治建设过程中的有机统一。

中国共产党领导是社会主义民主政治内在本质——人民当家作主原则

的根本保证。中国共产党代表了最广大人民的根本利益，走群众路线，“始终不渝地把人民当家作主作为政治领导的根本原则”[①]，从根本上解决了执政“合法性”问题。中国共产党来自人民、依靠人民、为了人民，不断把革命成果与建设发展成果惠及人民、由人民共享，扎实全面推进人民幸福美好生活的实现，不断提升广大人民群众的获得感、幸福感、安全感，把劳动至上、人民至上、劳动人民当家作主的马克思主义立场与价值观坚实地谱写在国家富强、民族复兴的大地上，实现了党性与人民性的高度统一。中国共产党领导是社会主义法治的根本保证。社会主义民主与法治是密不可分、相互促进的，都是在党的领导下协调推进的。为推进民主政治建设的制度化、法治化、规范化、程序化，以实现国家长治久安，就要全面依法治国，并把党与法、坚持党的领导与依法治国高度统一起来。作为国家治理基本方略的全面依法治国，是实现人民当家作主的法治保证方式，“党的领导是中国特色社会主义法治之魂，是全面依法治国最本质的特征，是社会主义法治最根本的保证”。[②]

百余年来，中国共产党在带领人民探索中国式现代化发展道路、实现中华民族伟大复兴的过程中，也成功地开辟出一条中国特色民主政治现代化发展道路。这条道路始终坚持以马克思主义民主政治理论为指导，根植于中国历史文化传统与国情，由党带领人民在站起来、富起来、强起来的伟大历史实践中创造的。可以说，这条道路是从民主建国到民主富国、再到民主强国的中国式现代化民主政治发展之路。为建立独立自主的现代化新中国，毛泽东同志以《新民主主义论》科学指明了新中国的政治前行方向、道路及民主建国纲领。为推进中国式现代化发展、实现共同富裕，改革开放总设计师邓小平同志强调大力发展社会主义民主政治，指出“没有

---

①阎孟伟：《社会主义民主是实质性民主》，《求是》2014年第12期。

②李林：《依法治国是党领导人民治理国家的基本方略》，《人民日报》2016年9月6日。

民主就没有社会主义，就没有社会主义的现代化”[①]。为全面建成中国式现代化强国，习近平总书记指出，“人民民主是社会主义的生命，是全面建设社会主义现代化国家的应有之义”。[②]总之，党的领导是坚持和发展中国特色社会主义民主政治的必由之路，即实现“实质民主”的必由之路。

（二）创立并不断健全人民当家作主的制度保障体系

中国共产党在民主革命实践中不断总结积累民主政权建设的经验，并把马克思主义民主政治制度建设的思想理论变成了中国制度体系创新发展的生动实践，有力保障了人民当家作主。新中国成立后，逐步消灭了剥削制度，建立了人民当家作主的无产阶级专政的国家政权，以及社会主义基本政治、经济制度，并以国家根本大法即宪法的形式确定下来。这个崭新的制度确立了党和国家的基本领导制度、国家的根本政治制度即人民代表大会制度、中国共产党领导的多党合作和政治协商制度、民族区域自治制度、生产资料公有制和按劳分配的基本经济制度等，成为建设富强、民主、文明的社会主义现代化国家的根本保证。这个崭新的基本制度创新解决了民主与专政的辩证关系问题，充分保障了“无产阶级的民主”“大多数人的民主”[③]。“社会主义制度的建立，是我国历史上最深刻最伟大的社会变革，是我国今后一切进步和发展的基础。”[④]“社会主义基本制度的建立，为当代中国一切发展进步奠定了根本政治前提和制度基础”。[⑤]

---

①《邓小平文选》第二卷，人民出版社1994年版，第168页。

②习近平：《高举中国特色社会主义伟大旗帜　为全面建设社会主义现代化国家而团结奋斗——在中国共产党第二十次全国代表大会上的报告》，人民出版社2022年版，第37页。

③参见毛泽东1959年12月至1960年2月读苏联《政治经济学（教科书）》谈话记录，《党的文献》1992年第5期。

④中共中央文献研究室编：《三中全会以来重要文献选编》下，人民出版社1982年版，第743—744页。

⑤胡锦涛：《高举中国特色社会主义伟大旗帜　为夺取全面建设小康社会新胜利而奋斗——在中国共产党第十七次全国代表大会上的报告》，人民出版社2007年版，第7页。

改革开放40余年来，立足于社会主义初级阶段的最大基本国情，依据中国改革开放和发展的实际，为进一步发挥社会主义制度的先进性与巨大优势，按照“三个有利于”（是否有利于发展社会主义社会的生产力，是否有利于增强社会主义国家的综合国力，是否有利于提高人民的生活水平）的标准，首先深化改革了党和国家的领导制度，进而深化改革、完善与发展了社会主义的经济与政治制度。这场制度变革在坚持把社会主义基本制度作为国家根本制度的基础上，不断对其发展与完善，稳步形成中国特色社会主义制度，并使其日益走向成熟与定型。中国特色社会主义制度使党和国家的领导制度重新确立在民主集中制原则基础上，发展和完善了人民代表大会制度、中国共产党领导的多党合作和政治协商制度、民族区域自治制度，创立了基层群众自治制度等基本政治制度；坚持、发展和完善了公有制为主体、多种所有制共同发展的基本经济制度，以及按劳分配为主体、多种分配方式并存的基本分配制度，建立了社会主义市场经济体制等。中国特色社会主义制度是社会主义制度的自我发展与自我完善，极大推动了制度创新，成为推动改革开放40余年历史巨变与伟大成就的一个根本原因，有力保障了社会主义民主政治的行稳致远。

新时代，在以“坚持和完善中国特色社会主义制度，不断推进国家治理体系和治理能力现代化改革”总目标的正确指引下，重点改革创新解决制约经济社会发展的体制机制问题，全面深化改革取得重大突破，初步构建起系统完备、科学规范、运行有效的制度体系。新时代改革奋进的新篇章还在继续把深化体制机制的改革作为突破口，全面纵深推进经济、政治、文化、社会、生态、国防和军队、管党治党等七大方面的体制机制改革，逐步达到中国特色社会主义制度的全面成熟与定型，实现改革的总目标与最高价值目标。正如习近平总书记所指出，“我们的制度必将越来越成熟，我国社会主义制度的优越性必将进一步显现”。[①]新时代，中国特色社会主义制度在全面深化改革中不断完善、发展与定型，成为建设高度民主的中国式现代化强国的有力制度保障。

（三）不断拓展深化社会主义民主政治的实现形式

在从新民主主义革命到社会主义革命，从社会主义建设到中国特色社会主义建设、再到新时代的伟大历史发展进程中，社会主义民主政治的实现形式始终在不断拓展深化。从江西瑞金中华苏维埃共和国临时中央政府、第一个中央工农民主政府，到中华苏维埃民主共和国、陕甘宁边区政府，再到华北人民政府，最后到中华人民共和国，都书写了社会主义人民民主从宏观到微观的生动画卷。新中国70余年波澜壮阔的发展历程中，社会主义民主政治在实现形式上更是在不断拓展深化之中。

社会主义民主并不是抽象的民主，而是具体的民主，它需要将人民当家作主原则贯穿于经济建设、政治建设、文化建设、社会建设、生态建设各领域、全过程。社会主义民主政治建设要在实践中将民主广泛发展成为一种国家制度、社会制度，一种社会生活方式。从而，社会主义民主政治成为“真正的民主制”“一种社会状态”[②]的民主，把资本主义抽象民主政治所不想、不愿、也无法实现的高度民主状态变成现实，最终超越并彻底终结资本主义民主政治。

早在1944年6月，在《会见中外记者西北参观团的讲话》中，毛泽东同志就提出为建立独立民主的中国而奋斗，强调“民主必须是各方面的，是政治上的、军事上的、经济上的、文化上的、党务上的以及国际关系上的，一切这些，都需要民主”。[③]毛泽东同志既宏观又微观地描绘了未来

①习近平：《关于坚持和发展中国特色社会主义的几个问题》，《求是》2019年第7期。

②阿隆：《论自由》，姜志辉译，上海译文出版社2007年版，第1页；傅勒：《思考法国大革命》，孟明译，生活·读书·新知三联书店2005年版，第259页。

③《毛泽东文集》第三卷，人民出版社1996年版，第169页。

新中国的民主政治建设，率先提出了要在政治、军事、经济、文化、党建、国际关系等各领域施行民主、实现民主。1945年7月，毛泽东同志在延安更是提出了中国共产党跳出历史周期律的第一个答案："这条新路，就是民主。只有让人民来监督政府，政府才不敢松懈。只有人人起来负责，才不会人亡政息。"[①]1960年3月，毛泽东同志把鞍钢"两参一改三结合"的管理制度称之为"鞍钢宪法"，高度概括了工人阶级在实践中创造的企业管理经验，为国有企业民主管理的现代化指明了方向。

改革开放后，邓小平同志强调发展民主政治对社会主义现代化建设的重大意义，指出民主必须制度化、法制化，以确保人民民主的实现，并为中国特色社会主义的政治体制改革指明了方向。江泽民同志在全面推进中国特色社会主义民主政治建设和政治体制改革的过程中，创造性提出了"依法治国，建设社会主义法治国家"的治国方略，以及"建设社会主义政治文明"的新思想。胡锦涛同志在坚定不移发展社会主义民主政治、推进政治体制改革过程中，提出"坚持党的领导、人民当家作主、依法治国的有机统一"，指出要"扩大人民民主""要健全民主制度，丰富民主形式，拓宽民主渠道，依法实行民主选举、民主决策、民主管理、民主监督，保障人民的知情权、参与权、表达权、监督权"[②]，"健全社会主义协商民主制度"[③]。

新时代，在全面深化改革、实现国家治理现代化、完善和发展中国特色社会主义制度的过程中，不断坚持、完善与发展社会主义民主政治，进而不断推进社会主义民主政治制度化、规范化、法治化、程序

①薄一波：《若干重大决策与事件的回顾》上卷，中共中央党校出版社1991年版，第156—157页。

②胡锦涛：《高举中国特色社会主义伟大旗帜 为夺取全面建设小康社会新胜利而奋斗——在中国共产党第十七次全国代表大会上的报告》，人民出版社2007年版，第28—29页。

③胡锦涛：《坚定不移沿着中国特色社会主义道路前进 为全面建成小康社会而奋斗——在中国共产党第十八次全国代表大会上的报告》，人民出版社2012年版，第26页。

化，不断扩大人民有序政治参与，把民主原则贯穿于中国特色社会主义“五位一体”总体布局全过程、各领域。习近平总书记创造性提出“国家治理体系和治理能力的现代化”“全过程人民民主是社会主义民主政治的本质属性，是最广泛、最真实、最管用的民主”“协商民主是实践全过程人民民主的重要形式”“基层民主是全过程人民民主的重要体现”[①]等系列新论断新思想。

百年大党、百年探索、百年创造，中国走出了一条社会主义民主政治现代化发展新路，创造出社会主义政治文明的中国新形态。中国特色民主政治与政治文明新形态，以马克思主义人类解放理论为思想理论基础与行动指南，为完善社会主义市场经济和民主政治而推进和完成“政治解放”，并进而为“人类解放”创造条件[②]。中国社会主义民主政治建设创造性解决了没有完整经历政治解放发展阶段的人的自由全面发展问题，创造性解决了社会主义市场经济条件下的民主政治建设难题。[③]新时代，以“坚持党的领导、人民当家作主、依法治国有机统一”为基本政治框架的中国特色社会主义民主政治，正稳步行进在实质民主、高度民主的中国式现代化强国之路上。可以说，中国特色民主政治形态的创新发展，科学回答了社会主义民主政治发展的时代之问、中国之问、人民之问、世界之问，为实现中华民族伟大复兴提供了强有力的政治制度保证，为人类现代政治文明健康稳定发展提供了中国之制与中国之治的新实践智慧方案。

---

①习近平：《高举中国特色社会主义伟大旗帜　为全面建设社会主义现代化国家而团结奋斗——在中国共产党第二十次全国代表大会上的报告》，人民出版社2022年版，第37—39页。

②阎孟伟：《政治解放与当代中国市场取向的改革——再论当代中国政治文明建设》，《教学与研究》2008年第1期。

③阎孟伟：《马克思的解放理论及其对我们的启示——兼论当代中国政治文明建设》，《教学与研究》2006年第12期。

第四章 《资本论》的正义观及当代阐释辨析

作为比平等问题更为深刻和抽象的正义问题，是政治哲学一直在探索的具有悠久历史的问题，也是极具争议性的问题。不同历史时代的哲学家们，站在不同立场、观念上，以不同的方法阐发了他们的公平正义观念及其政治哲学理想，也都试图建构起一种绝对、永恒、形上的公平正义公理。伴随世界历史发展到资本主义时代，围绕社会政治生活各领域的公平正义性问题又展开了新的论争。现代西方主流思想家们在极力论证资本主义私有制、生产方式及其政治国家永恒正义、天经地义，形形色色的社会庸医还以所谓永恒的公平正义观念评判现实、空谈未来理想社会。公平正义问题虽不是马克思关注思考的重点与中心问题，但马克思却在批判旧世界、创立新世界的革命性理论与实践过程中，逐渐以历史唯物主义新世界观与方法论及科学的剩余价值理论，深刻批判揭示了资本主义社会正义问题的实质，审慎阐发了辩证、历史的正义观，实现了正义观的革命性变革，为思考正义问题敞开了新视界。

一、马克思思考正义问题的思维方式转变

从马克思对正义问题的相关论述来看，其对正义问题的思考也经历了一个转变发展过程，并非一成不变。早期马克思曾站在理性自由主义和激进民主主义的立场观点上阐述正义问题。在《博士论文》中，马克思把自我意识视为人的自由的本质，把神视为自我意识存在的逻辑证明，进而把公正视为与自我意识密切关联的主观、相对概念。他说：“要是你把你所信仰的神带到信仰另一些神的国家去，人们就会向你证明，你是受到幻

想和抽象概念的支配。这是公正的。”[①]在《莱茵报》工作期间，马克思开始注意到公共利益与私人利益的矛盾问题，从价值判断的维度、从肯定的意义上使用了正义概念。他说：“为自己的家园而奋斗的讲求功利的智力，跟不顾自己的家园为正义事业而斗争的自由的智力当然是不同的。”[②]在此思想成长阶段，马克思对公平正义问题的思考与表述，同当时流行的自我意识哲学与民主主义的公平正义观念并无实质性的不同。

从1845年春开始，在对政治经济学与空想社会主义初步批判研究的基础上，尤其是在与工人阶级革命运动的逐渐密切联系中，马克思历史唯物主义的新世界观已萌发，并转变成为一个共产主义者。他开始批判把公平正义抽象化、绝对化、永恒化为一切社会基础的观念，并认为以公平正义来空想构建未来理想社会是错误的。在《神圣家族》一书中，马克思和恩格斯初步批判了蒲鲁东唯心史观、形而上学的绝对公平观，他们指出：“蒲鲁东却把群众的公平当做绝对的东西，奉为历史上的神，从而就犯下了更不公平的过错，因为公平的批判已经非常明确地为自己保留了这个绝对的东西、这个历史上的神的地位。”[③]在此阶段，马克思开始紧密联系工人阶级运动中的实际问题而思考公平正义问题，而且思考公平正义问题的立场观点已发生转变，并开始站在以工人阶级为代表的广大无产阶级、人民群众立场上，以初步形成的唯物史观思考正义问题。

从1846年至1847年，标志唯物史观形成，政治经济学研究取得阶段性进展、重大突破的《德意志意识形态》已基本创作完成，《哲学的贫困》公开出版问世。在此基础上，1847年10月，恩格斯和马克思同时发声回击小资产阶级民主派海因岑对共产主义的攻击，批判其抽象历史观之上的空洞道德说教、政治说教及抽象正义观。恩格斯在《共产主义者和卡尔·海

---

①《马克思恩格斯全集》第一卷，人民出版社1995年版，第101页。

②《马克思恩格斯全集》第一卷，人民出版社1995年版，第339页。

③《马克思恩格斯文集》第一卷，人民出版社2009年版，第259页。

因岑》一文中嘲讽海因岑把“神圣高超的思想、操守、正义、道德等等”视为永恒的真理，批判海因岑错误地把这些观念性的东西当作构成“一切社会的基础”，指出：“这些永恒的真理决不是它们自身形成时所处的那个社会的基础，恰恰相反，它们是那个社会的产物。”[①]马克思在《道德化的批评和批评化的道德》一文中，继续尖锐批判海因岑的抽象空洞的道德说教与政治说教，进一步从唯物史观出发批判其所谓“财产关系上的不公平全靠权力来维持”的唯心史观谬论。进而，马克思指出：“‘财产关系上的不公平’以现代分工、现代交换形式、竞争、积聚等等为前提，决不是来自资产阶级的政治统治，相反，资产阶级的政治统治倒是来自这些被资产阶级经济学家宣布为必然规律和永恒规律的现代生产关系。”[②]可见，马克思从价值判断上指认了现代资本主义社会的财产关系是不公平、非正义的，更是从历史唯物主义、政治经济学的科学视角出发，指出这种不公平根源于现代生产关系。而且，马克思还强调彻底解决现代资本主义社会财产关系不公平问题的出路，在于无产阶级要以联合的革命行动推翻资产阶级的政治与经济统治，实现生产关系与社会政治的根本性变革。这也是马克思和恩格斯将当时工人阶级运动的组织——正义者同盟改称、改组为共产主义者同盟，将“人人皆兄弟”的旧口号改为“全世界无产者，联合起来”的新口号的重要原因。也就是说，共产主义运动的现实性首先、最主要并不是建筑在对公平正义的情感渴望、主观的道德仰望与虚幻描绘之上，而是建筑在历史必然性与科学性之上；主导共产主义运动的并不是什么神圣公平正义情感的发作，而是现代社会矛盾运动的历史必然。

在1848年《共产党宣言》中，马克思和恩格斯回击批驳反动理论家们对共产主义的污名化与理论责难，其中也从阶级性与历史性维度揭示了作为一种社会意识形式的正义观念。有人以所谓自由和正义等是一切社会形

①《马克思恩格斯文集》第一卷，人民出版社2009年版，第669页。
②《马克思恩格斯选集》第一卷，人民出版社1972年版，第171页。

态所共有的永恒真理为借口，指责共产主义要废除永恒真理、道德与宗教，批判共产主义与历史发展相矛盾。马克思和恩格斯回击指出，自由、正义、道德、宗教等社会意识形式具有阶级性与历史性，还深刻指出其具有相对独立性与历史继承性。他们说："毫不奇怪，各个世纪的社会意识，尽管形形色色、千差万别，总是在某些共同的形式中运动的，这些形式，这些意识形式，只有当阶级对立完全消失的时候才会完全消失。共产主义革命就是同传统的所有制关系实行最彻底的决裂；毫不奇怪，它在自己的发展进程中要同传统的观念实行最彻底的决裂。"[①]即是说，作为社会意识形式之一的正义观念在时代历史运动过程中，会保留某些共同的形式外壳以及某些内容，具有一定相对独立性与历史继承性。但是，随着私有制、阶级与阶级斗争历史的终结，作为社会意识形式之一的正义观念也会消失，共产主义革命的历史发展进程就是要荡涤传统的正义观念，直至彻底消灭、解决正义问题；共产主义的要求，首先并不是建立在正义之类的道德诉求之上，而是首先建立在铁的历史必然性之上，即科学之上。

因此，从19世纪50年代以后，马克思在深化批判研究政治经济学的过程中与基础上，进一步揭示了公平正义这一社会意识形式的实质与特点，批判了蒲鲁东主义、拉萨尔主义、杜林主义以及资产阶级的抽象绝对公平正义观，从而批判了资本主义社会的非正义性。诚如1877年6月恩格斯在《卡尔·马克思》一文中所说，自马克思奠定科学社会主义理论基石的两大发现后，"有产阶级胡说现代社会制度盛行公道、正义、权利平等、义务平等和利益普遍和谐这一类虚伪的空话，就失去了最后的立足之地，而现代资产阶级社会就像以前的各种社会一样真相大白：它也是微不足道的并且不断缩减的少数人剥削大多数人的庞大机构"。[②]由此，马克思对正义问题的思考实现了从哲学到经济学、从政治法律批判到经济社会批判的

① 《马克思恩格斯文集》第二卷，人民出版社2009年版，第51—52页。

② 《马克思恩格斯全集》第二十五卷，人民出版社2001年版，第138—139页。

视角转换，并在唯物史观与剩余价值理论基础上形成了事实判断与价值判断相统一的正义观。

二、马克思政治经济学批判视域下的正义观

诚然，马克思并没有明确系统阐述其正义观，但他在政治经济学批判研究，即在全新历史科学的丰富发展过程中，紧密联系国际共产主义运动实践中的问题，确实批判论及并解决了公平正义问题。正如有论者所说："马克思关于正义问题的讨论只能是通过批判'国民经济学'完成，这是由他的理论任务所规定的。不是用公平、正义的政治法律概念解释分配关系，而是用生产劳动解释生产关系，用生产关系来解释分配关系，这是马克思正义理论的基本逻辑。"[①]从马克思关于政治经济学批判的手稿、演讲、《资本论》及相关论著来看，他批判论及了资本主义社会以及未来理想社会的公平正义问题。还有，作为马克思主义的共同创立者的恩格斯，也对马克思所批判论及的公平正义问题作出了权威阐释。这为进一步合理解说马克思政治经济学批判语境中、视域下的正义观念提供了基本依据。据此，似乎可以把马克思对公平正义的独特批判论说概括为如下四方面：

首先，批判蒲鲁东主义对公平正义的无科学依据、唯心史观空谈，肯定劳动人民群众对公平正义的价值判断与诉求。19世纪50—60年代，蒲鲁东主义述诸道德义愤批判现代社会，以所谓超历史的永恒公平正义空谈社会改造与理想社会建构问题。马克思对此无科学依据的唯心史观空谈展开了批判。在《1857—1858年经济学手稿》中，马克思在对必要劳动、必要劳动时间与剩余劳动、剩余劳动时间科学界分的基础上，将蒲鲁东"财产即是盗窃"这一对现代社会的道德批判命题变革为科学批判，指出"现今财富的基础是盗窃他人的劳动时间"，"资本家是窃取了工人为社会创造

①王新生：《马克思政治哲学研究》，科学出版社2018年版，第238页。

的自由时间，即窃取了文明”[①]。进而，马克思批判蒲鲁东主义公平正义观念的唯心史观性质，即其“关于公平和正义的空谈，归结起来不过是要用适应于简单交换的所有权关系或法的关系作为尺度，来衡量交换价值的更高发展阶段上的所有权关系和法的关系”。[②]这种脱离生产方式、交换方式历史变迁而探求所谓永恒公平正义原则的空谈，貌似激进革命、实质反动保守，属于典型的法国小资产阶级幻想，只不过是妄想把小私有制条件下的商品生产交换关系普遍化、永恒化而已。

正是基于此，马克思在19世纪70年代继续批判拉萨尔主义非科学、唯心史观的公平分配空谈，以及伯恩施坦关于博爱与正义的空话。如1879年9月，马克思和恩格斯在致倍倍尔、李卜克内西、白拉克等人的信中，批判伯恩施坦的阶级斗争立场不够鲜明，试图调和阶级矛盾、改良资本主义的错误思想倾向与主张，富有预见性与洞见性地指出：“在阶级斗争被当作一种令人不快的‘粗野的’现象放到一边去的地方，留下来充当社会主义的基础的就只有‘真正的博爱’和关于‘正义’的空话了。”[③]

同时，马克思也肯定了劳动人民群众对公平正义的价值判断与诉求的积极意义。他指出，认识到资本主义私有制及其生产方式不公平是劳动人民群众了不起的觉悟，即“认识到产品是劳动能力自己的产品，并断定劳动同自己的实现条件的分离是不公平的、强制的，这是了不起的觉悟，这种觉悟是以资本为基础的生产方式的产物，而且也正是为这种生产方式送葬的丧钟”[④]。劳动人民群众对资本主义私有制、生产方式不公平的价值判断，源于劳动人民群众对资本主宰下的社会经济生活的切身真实感知，是劳动人民群众内心深处不断蓄积的反抗资本剥削压迫的道德呐喊与潜在

①《马克思恩格斯全集》第三十一卷，人民出版社1998年版，第23页。
②《马克思恩格斯全集》第三十卷，人民出版社1995年版，第279页。
③《马克思恩格斯全集》第二十五卷，人民出版社2001年版，第361页。
④《马克思恩格斯全集》第三十卷，人民出版社1995年版，第455页。

变革性力量。为顺应劳动人民群众对公平正义的价值判断与诉求，从而推动国际工人运动的联合发展，1866年10月，在马克思和拉法格审校的《国际工人协会章程和条例》中策略性地指出，加入国际工人协会的一切团体和个人“承认真理、正义和道德是他们对一切人的态度的基础，而不分肤色、信仰或民族”。[①]

在1878年的《反杜林论》中，恩格斯在批判杜林抽象绝对公平正义观念，阐释马克思关于正义的思想时，也在一定程度上肯定了劳动人民群众对公平正义价值判断与诉求的积极意义。在恩格斯看来，被剥削的广大劳动人民群众诉诸公平正义来表达对社会分配不公的不满情绪、维护自身的权益，象征着某种生产方式已处于没落阶段、已经多半过时，以及新的生产方式已经在敲门。他说：“对现存社会制度的不合理性和不公平、对‘理性化为无稽，幸福变成苦痛’的日益觉醒的认识，只是一种征兆，表示在生产方法和交换形式中已经不知不觉地发生了变化，适合于早先的经济条件的社会制度已经不再同这些变化相适应了。”[②]1884年10月，恩格斯在为马克思《哲学的贫困》德文第一版撰写的序言《马克思和洛贝尔图斯》一文中还指出，劳动人民群众对公平正义的价值诉求“可能隐藏着非常真实的经济内容”，“如果群众的道德意识宣布某一经济事实，如当年的奴隶制或徭役制是不公正的，那么这就证明这一经济事实本身已经过时，另外的经济事实已经出现，由此原来的事实就变得不能忍受和不能维持了”。[③]

其次，引导国际工人运动从公平正义的价值诉求向消灭雇佣劳动制度的科学方向发展。从19世纪30—40年代发展起来的英法德工人运动，一直把公平正义的价值诉求“a fair day wages for a fair day work”（做一

①《马克思恩格斯全集》第二十一卷，人民出版社2003年版，第535页。

②《马克思恩格斯全集》第二十六卷，人民出版社2014年版，第284页。

③《马克思恩格斯文集》第四卷，人民出版社2009年版，第204页。

天公平的工作，得一天公平的工资）作为自己的口号，且在工联主义影响下只注重经济斗争、忽略了政治斗争。1843年10月，恩格斯《大陆上社会改革的进展》一文中就曾注意到法国民众对抽象自由、平等、正义的未来理想社会制度感兴趣，为调动法国民众参与到革命运动中来，就“要向他们表明，这样的制度是正义所要求的”[①]。随着以马克思主义为指导的国际工人运动的发展，这个曾经起过进步作用的旧口号日趋保守，迫切需要以新的科学的革命口号取而代之。作为劳动人民群众根本利益、无产阶级运动未来的杰出代表，又在思想觉悟上高于普通劳动人民群众、深刻把握了“无产阶级运动的条件、进程和一般结果”的伟大无产阶级革命家、理论家的马克思，要以经济科学的革命和革命的经济科学回应并引导劳动人民群众的道德心声，把民心、民声建立在科学真理的坚实基础之上，使科学真理的力量与道义的力量汇聚成强大的社会变革力量，从而推动国际无产阶级革命运动沿着科学理论指引的正确方向发展。

因此，1865年5—6月，马克思在《工资、价格和利润》的演讲中指出，“在雇佣劳动制度的基础上要求平等的或甚至是公平的报酬，就犹如在奴隶制的基础上要求自由一样。你们认为公道和公平的东西，与问题毫无关系。问题就在于：在一定的生产制度下所必需的和不可避免的东西是什么？”“应当摒弃‘做一天公平的工作，得一天公平的工资！’这种保守的格言，要在自己的旗帜上写上革命的口号：‘消灭雇佣劳动制度！’”[②]在马克思看来，现代资本主义社会问题的一个外在表现与结果是公平正义问题，其病根在于雇佣劳动制度，而工人阶级若是在雇佣劳动基础上要求公平的报酬，夸大进行这种“日常斗争”“游击式的搏斗”的效果，并不能彻底祛除资本主义社会的病根，以这种道德诉求引导工人阶

①《马克思恩格斯全集》第三卷，人民出版社2002年版，第482页。

②《马克思恩格斯文集》第三卷，人民出版社2009年版，第56、77—78页。

级运动则属于不能实现的妄想、肤浅的激进主义。所以，只有消灭雇佣劳动制度、彻底变革资本主义社会，才能彻底解决资本主义社会所引发的公平正义问题。

1881年5月，恩格斯在《做一天公平的工作，得一天公平的工资》一文中也提出，要永远埋葬“做一天公平的工作，得一天公平的工资”这个非科学、保守的旧口号，代之以“劳动资料——原料、工厂、机器——归工人自己所有”！[①]这个科学、革命的新口号。因为，要回答何谓“做一天公平的工作，得一天公平的工资”这个问题，既不能凭借道德与法律规范，也不能诉诸人道、正义甚至慈悲之类的温情，因为“在道德上是公平的甚至在法律上是公平的，从社会上来看可能远不是公平的。社会的公平或不公平，只能用一门科学来断定，那就是研究生产和交换这种与物质有关的事实的科学——政治经济学”。[②]可是，居于支配地位的“资本家阶级的政治经济学”与马克思主义政治经济学在判定社会公平问题上又是相互对立的。按照“资本家阶级的政治经济学”来说，资本主义社会生产方式、雇佣劳动制度是公平的最高典范；按照马克思主义政治经济学来说，工人没有公平的起点，其工资也远少于其劳动所创造的新价值，哪有什么公平可言？“资本家阶级的政治经济学”所宣扬的公平实际上支配着当代社会，是完全倒向了资本一边的，又和谁谈或怎么能要求公平的工作、公平的工资呢？这就是现代资本主义社会的“一种非常特殊的公平”。在此文中，恩格斯以严密的逻辑论证清晰阐释了马克思主张的为什么不能在雇佣劳动基础上要求公平的报酬，以及为什么要以消灭雇佣劳动、建立公有制的新口号取而代之。因为原先的旧口号不科学，“所以马克思从来不把他的共产主义要求建立在这样的基础上，而是建立在资本主义生产方式的

①《马克思恩格斯全集》第二十五卷，人民出版社2001年版，第491页。

②《马克思恩格斯全集》第二十五卷，人民出版社2001年版，第488页。

必然的、我们眼见一天甚于一天的崩溃上”[①]。

再次，以政治经济学批判资本主义社会的公平正义幻象，把对公平正义的价值判断奠定在历史科学之上。在《资本论》中，马克思通过对资本主义生产方式及其生产关系和交换关系的批判研究，揭示了现代社会的经济运动规律，证明了资本主义经济社会形态的历史过程性及必然灭亡趋势，戳穿了资本主义社会永恒公平正义的谎言。也就是说，马克思把事实判断与价值判断综合统一起来，在新的经济科学、历史科学基础上判定：资本主义社会虽然在名义上是公平正义的，但在事实上是非公平正义的，且没有什么永恒天然的公平正义，任何公平正义观念都是特定社会生产方式及其生产关系与交换关系的历史的暂时的产物。诚如恩格斯所理解：“政治经济学本质上是一门历史的科学。”[②]“这个世界虽然名义上承认公平原则，但在事实上看来时时刻刻都在肆无忌惮地抛弃公平原则。”[③]

在《资本论》第一卷中，通过对劳动力成为商品的科学与事实分析，嘲讽了资本家及其经济学理论代言人关于劳动力买卖与使用公平的谎言。马克思讥讽道，资本家按照商品交换的所谓永恒规律，劳动力的买卖与使用“这种情况对买者是一种特别的幸运，对卖者也决不是不公平。我们的资本家早就预见到了这种情况，这正是他发笑的原因”。[④]这正如阿玛蒂亚·森所理解：“马克思尤其注重呈现，人们对于劳动力市场上公平交易这一幻象的共识实际上是错误的，但这种公平的口号却被那些看见了如何以市场同等价值交换商品的人们‘客观地’接受。”[⑤]通过对剩余价值源于雇佣工人剩余劳动创造又被资本家无偿占有的科学与事实揭示，马克思

①《马克思恩格斯文集》第四卷，人民出版社2009年版，第203—204页。

②《马克思恩格斯全集》第二十六卷，人民出版社2014年版，第155页。

③《马克思恩格斯文集》第四卷，人民出版社2009年版，第205页。

④《马克思恩格斯文集》第五卷，人民出版社2009年版，第226页。

⑤[印度]阿玛蒂亚·森：《正义的理念》，王磊、李航译，中国人民大学出版社2012年版，第152页下注。

从道德上谴责了资本家对工人的残酷剥削压榨，把剩余价值、剩余产品视为资本家对工人的掠夺与盗窃，即“从工人那里掠夺来的赃物”，从“工人那里不付等价物而窃取的”[①]。这即是从价值判断上说“资本家对工人的无偿占有是不正义的”[②]。通过对资本主义原始积累秘密的历史科学揭示，马克思指出资本原始积累全部过程的基础是剥夺农民，并深刻批判资本原始积累充满肮脏罪恶的非人道、非正义来源，讽刺资产阶级政治经济学关于原始积累源于正义与劳动的虚假编造。马克思说：“在真正的历史上，征服、奴役、劫掠、杀戮，总之，暴力起着巨大的作用。但是在温和的政治经济学中，从来就是田园诗占统治地位。正义和‘劳动’自古以来就是唯一的致富手段，自然，‘当前这一年’总是例外。事实上，原始积累的方法决不是田园诗式的东西。”[③]

诚然，述诸道德、正义与法谴责批判资本主义社会也是合情合理的，但不能以此为证据把经济科学、历史科学推向前进，这也不是《资本论》的主要科学研究任务。但是，《资本论》的经济科学、历史科学确实证明了：资本主义社会事实上已暴露出的非道德、非正义、阶级斗争、经济危机、私有制等系统性社会弊端是其生产方式的必然结果，也是其生产方式行将瓦解的征兆与象征，而且《资本论》也找到了能够消除这些社会弊端的理想社会生产和交换组织的因素与形式——重建个人所有制，从而为无产阶级政党赢得了科学上的胜利。也就是说，马克思虽然没有明确直接讲过资本主义社会是不正义的，但他确实认为资本主义社会是不正义的。在1871年的《法兰西内战》一文中，马克思依据无产阶级与阶级斗争的历史事实，直接批判了资产阶级社会的非正义与野蛮：“每当资产阶级秩序的奴隶和被压迫者起来反对主人的时候，这种秩序的文明和正义就显示出自

①《马克思恩格斯文集》第五卷，人民出版社2009年版，第688、706页。
②段忠桥：《马克思的分配正义观念》，中国人民大学出版社2018年版，第78页。
③《马克思恩格斯文集》第五卷，人民出版社2009年版，第821页。

己的凶残面目。那时，这种文明和正义就是赤裸裸的野蛮和无法无天的报复。占有者和生产者之间的阶级斗争中的每一次新危机，都越来越明显地证明这一事实。”①

《资本论》在系统阐发剩余价值理论的基础上，批判资本主义社会的正义幻象，不是把道德应用于经济学，而是把经济学应用于道德的结果。古典政治经济学家斯密就是把道德应用于经济学，把经济学变成为资产阶级社会进行正义论证的道德学说的典型。斯密认为，资本家富有同情心与美德，资本主义社会生产关系合理完美、正义永恒。他把正义视为人类社会至关重要的永恒支柱，认为“正义犹如支撑整个大厦的主要支柱。如果这根柱子松动的话，那么人类社会这个雄伟而巨大的建筑必然会在顷刻之间土崩瓦解”②。进而，斯密站在资产阶级立场上，在《国富论》中从经济学上论证资本主义社会“三位一体”的分配方案是永恒公平正义的。因此，斯密、李嘉图等资产阶级古典经济学家虽然在马克思之前就已确定剩余价值存在，但是，他们没有系统科学阐发剩余价值理论，更没有认识到资本主义社会的非正义，所以“至多只研究了劳动产品在工人和生产资料所有者之间分配的数量比例。另一些人，即社会主义者，则发现这种分配不公平，并寻求乌托邦的手段来消除这种不公平现象”。③

在《资本论》第三卷中，马克思在科学解析资本主义生产总过程与剩余价值分配问题的基础上，继续从道德上批判资本主义、解构正义问题。通过对商业资本的批判分析，马克思从道德上批判“占主要统治地位的商业资本，到处都代表着一种掠夺制度”，还引证马丁·路德《论商业与高利贷》一文中的话语加以批判：“如果商人是为了正义而甘冒这种风险，

①《马克思恩格斯文集》第三卷，人民出版社2009年版，第173—174页。

②[英]斯密：《道德情操论》，蒋自强等译，商务印书馆1997年版，第106页。

③《马克思恩格斯文集》第六卷，人民出版社2009年版，第21页。

那么他们当然就成了圣人了[1]。”还通过对资本主义信用制度固有的二重性的科学分析，马克思从道德上谴责其“把资本主义生产的动力——用剥削他人劳动的办法来发财致富——发展成为最纯粹最巨大的赌博欺诈制度，并且使剥削社会财富的少数人的人数越来越减少”[2]。

通过对吉尔巴特天然正义原则的批判，马克思深度剖析了天然正义观念的虚假性，以及正义这一价值观念的历史性、相对性、阶级性、具体性。马克思说，同吉尔巴特一起说什么天然正义是毫无意义的，因为“生产当事人之间进行的交易的正义性在于：这种交易是从生产关系中作为自然结果产生出来的。这种经济交易作为当事人的意志行为，作为他们的共同意志的表示，作为可以由国家强加给立约双方的契约，表现在法律形式上，这些法律形式作为单纯的形式，是不能决定这个内容本身的。这些形式只是表示这个内容。这个内容，只要与生产方式相适应，相一致，就是正义的；只要与生产方式相矛盾，就是非正义的。在资本主义生产方式的基础上，奴隶制是非正义的；在商品质量上弄虚作假也是非正义的”。[3]在此，马克思的用意并非以是否与生产方式相适应为客观标准，肯定性地划出一条是否正义的价值评判标准。马克思以此所要阐明的是正义这一价值观念形成的唯物史观机理，即正义观念首先是从一定的生产劳动与生产关系，即从生产方式及交换方式中自然产生出来的共同意志，然后上升为由法律等国家强制力加以维护的意识形式；正义观念作为社会意识形式只是对生产方式这个内容的反映，它归根结底是由社会物质生活条件所决定的。作为特定生产方式历史发展的产物，正义观念也会随着历史的发展而不断变迁，绝不是永恒的。资产阶级及其理论家试图以“生产方式正义”来论证资本主义生产方式永恒，或资本主义社会永恒正义，都是唯心史观

①《马克思恩格斯文集》第七卷，人民出版社2009年版，第369页。
②《马克思恩格斯文集》第七卷，人民出版社2009年版，第500页。
③《马克思恩格斯文集》第七卷，人民出版社2009年版，第379页。

的梦想。因此，有论者理解说，这是马克思“将资本主义生产方式置于历史的发展逻辑中进行考察，针砭整个资本主义社会关系的‘事实正义性’表象”，批判“资本家以与资本主义生产方式相匹配的资本主义社会正义观为雇佣劳动制度的合理性辩护”[①]。马克思以此揭穿了资本主义生产方式正义的幻象，消解了资本主义社会的永恒梦想。

再如通过对土地所有权正当性的批判分析，马克思同样批判揭示了任何公平正义观念都是特定社会生产方式及其生产关系与交换关系的历史的暂时的产物。他说：“土地所有权的正当性，和一定生产方式的一切其他所有权形式的正当性一样，要由生产方式本身的历史的暂时的必然性来说明，因而也要由那些由此产生的生产关系和交换关系的历史的暂时的必然性来说明。”[②]

最后，批判拉萨尔公平分配的机会主义改良方案，论及未来新社会的公平正义问题。1875年4—5月，马克思依据政治经济学、全新历史科学的研究成果，对领导德国工人运动的两个派别——爱森纳赫派与拉萨尔派在合并大会上通过的《哥达纲领》展开了全面而深刻的批判，捍卫和发展了科学社会主义理论，科学构想了未来新社会的发展阶段。其中，通过批判拉萨尔所谓“公平的分配”“不折不扣的劳动所得”，再次批判了资产阶级的公平分配观，从现实性与理想性的维度上阐发了未来新社会的公平正义问题。

在马克思看来，《哥达纲领》中所写的“公平的分配”，完全是站在资产阶级及其经济学家，还有庸俗社会主义立场与观点上所撰写的“陈词滥调”，若以此条过时的纲领强加给德国工人阶级政党，并指导德国工人运动，简直就是在“犯罪”。因为，“公平的分配”、公平正义等是早期工人运动中曾起过积极意义的但不科学的旧口号，属于资产

①刘同舫：《马克思唯物史观叙事中的劳动正义》，《中国社会科学》2020年第9期。
②《马克思恩格斯文集》第七卷，人民出版社2009年版，第702页。

阶级民主主义与法国空想社会主义者们的幻想与空谈。至1848年2月，共产党人就已经把“消灭私有制”“全世界无产者，联合起来！”的科学新纲领新口号，写在国际工人运动的旗帜上了。质言之，国际共产主义运动并不是什么追求公平正义的抽象道德运动，而是追求消灭私有制、实现人的自由全面发展的现实科学运动。此后，马克思和恩格斯耗费几十年心血，在政治经济学批判、历史科学研究过程中，反复不断批判企图误导国际工人运动的“公平的分配”“公平正义”之类的幻想与空谈，科学地戳穿了资产阶级社会永恒公平正义的谎言，指出了其历史性与阶级性，并把国际工人运动引导到逐步实现人类解放的“现实主义”轨道上来。现在《哥达纲领》又来空谈“公平的分配”，就是对党、对国际工人运动的“犯罪”。而且，在马克思看来，在分配问题上大做文章并把重点放在分配上面，是“根本错误的”，是“开倒车”。因为，“消费资料的任何一种分配，都不过是生产条件本身分配的结果；而生产条件的分配，则表现生产方式本身的性质”。[①]因此，在资本主义私有制及其生产方式界限内要求公平的分配，就是开理论的倒车、政治的倒车、历史的倒车。

在《哥达纲领批判》中，马克思还科学擘画了未来新社会发展的两阶段：共产主义第一阶段与共产主义高级阶段，其中也论及了未来新社会公平正义的现实性与理想性问题。在刚刚从资本主义旧社会脱胎而来的共产主义第一阶段，还在经济、政治与道德上带着旧社会的痕迹，生产力不够发达，物质财富不够丰富，只能实行公有制基础上的按劳分配。因此，在相当长历史时期内还不得不在资产阶级权利原则、法权框框内分配劳动产品。也就是说，在共产主义第一阶段即列宁所讲的现实社会主义社会，所施行的按劳分配原则仍然是资产阶级法权原则。这也就意味着，从现实性

①《马克思恩格斯文集》第三卷，人民出版社2009年版，第436页。

维度来看，尽管社会主义社会与资本主义社会本质不同，对公平分配、公平正义内涵的具体理解不同，但是，还不得不与资本主义社会共享公平分配、公平正义的某些法权原则，公平正义仍是现时代人类社会共同奉行的价值原则。在新时代中国式现代化强国的发展道路上，为实现广大人民群众共同富裕、美好生活的奋斗目标与价值追求，还需要以更加具体、合理的公平分配方案加以推进，更需要从经济生产、政治法律、价值观念上扎实全面推进社会公平正义。在推动构建人类命运共同体、为世界谋大同的新征程上，新时代中国特色社会主义胸怀天下，还需要同不合理不公正的国际经济政治秩序、各种霸权主义展开斗争，积极“维护国际公平正义”，“促进世界和平发展”[①]。

从理想性维度来看，根据马克思对共产主义高级阶段的科学描绘与预测，已不存在公平分配、公平正义问题，共产主义社会已经是超越正义的社会。因为，产生公平分配、公平正义等类问题的环境条件已不存在，在物质与精神财富极大丰富、人的思想道德素养极大跃升的全新社会发展阶段上，响彻人类世界的纲领与口号是“各尽所能，按需分配！”每个人、整个人类社会所面临的问题是，如何逐步实现人的自由全面发展。这只有在人类社会普遍进入到共产主义社会高级发展阶段才能实现的图景，也只有在超越了资本主义私有制及其生产方式关于公平分配、永恒正义的狭隘眼界与虚假编造之后才能看到的人类社会光明前景。这正是马克思从政治经济学批判、历史科学、人类解放这一真善美的至高点上，所思考的理想性与现实性相统一的超越正义观。因此，把理想中的共产主义自由人联合体解说成“分配公平的理想境界”“社会主义分配公平的彼岸王国”[②]，看似合理美好，实则是没有跳出现代西方关于分配公平、公平正义的狭隘

①习近平：《高举中国特色社会主义伟大旗帜　为全面建设社会主义现代化国家而团结奋斗——在中国共产党第二十次全国代表大会上的报告》，人民出版社2022年版，第60页。

②杜邦云：《分配公平论》，人民出版社2013年版，第3、78页。

眼界的错误观点。

超越正义之路尽管漫长修远、崎岖不平，但它却是一条科学之路，也确是一条真正人道之路。正所谓无限风光在险峰，只有勇敢攀登与信念的坚持，摒弃永恒正义的形而上学乌托邦诱惑，才能到达人类光辉的新高峰。正如恩格斯所指出的，“现代社会主义必获胜利的信心，正是基于这个以或多或少清晰的形象和不可抗拒的必然性印入被剥削的无产者的头脑中的、可以感触到的物质事实，而不是基于某一个蛰居书斋的学者的关于正义和非正义的观念”。[①]

三、马克思正义观的当代阐释辨析

自20世纪60—70年代以来，伴随政治哲学研究的全球复兴，国内外学界围绕马克思关于正义、道德等的关系问题，即马克思政治哲学的规范性问题而展开持续的论辩研讨。至今，这一问题依然是当代英美分析的马克思主义及我国哲学界理论研讨的焦点与前沿问题。对此，当代美国学者布鲁德尼曾评价说：“在英国哲学传统中曾经有过一场辩论，这场辩论主要发生在1980年和1990年之间，其内容即是关于马克思那里究竟有没有‘正义’观念，以及他是否会谴责资本主义是‘不正义的’。”[②]

论辩其中一方以塔克和伍德等一批学者为代表，他们主张马克思主义并未以正义与道德，而是以科学与事实来肯定或否定资本主义。塔克认为，马克思主义没有丝毫的道德成分，“‘科学社会主义’正如它的名字所暗示的……在本质上是科学的思想体系。马克思主义……被认为不包含任何道德内容”。[③]伍德认为，马克思和恩格斯没有指出资本主义是不正

①《马克思恩格斯全集》第二十六卷，人民出版社2014年版，第166页。

②[美]布鲁德尼：《罗尔斯与马克思：分配原则与人的观念》，张祖辽译，上海人民出版社2017年版，第4页。

③R.Tucker.Philosophy and Myth in Karl Marx，New Brunswick and London: Transaction Publisher,2001.p.12.

义的，“对马克思来说，一项经济交易或经济制度公正与否取决于它与占统治地位的生产方式的关系。一项经济交易如果与生产方式相协调，那它就是公正的；如果相矛盾，那它就是不公正的”。[①]“尽管资本家的剥削使雇佣工人异化、非人化和人格降低”，“这和资本主义是否正当、是否公正丝毫没有关系”。[②]随后，米勒、卢克斯、布坎南等分析的马克思主义学者纷纷加入塔克和伍德的阵营，引起了更广泛的研讨与辩论。美国学者佩弗对这种观点概括总结说：“那种马克思并未以不正义来谴责资本主义或正义来赞扬社会主义的总体观点，以及与此相关的（隐含的）认为马克思主义者如果这样做就是背离原则的那些主张，就逐渐被公认为‘塔克—伍德命题’。”[③]

论辩另一方以科亨、埃尔斯特、尼尔森、佩弗等为代表，主张马克思主义有对资本主义道德与正义的评价判断。美国分析的马克思主义学者科亨和格拉斯认为马克思确实批判了资本主义不公正，确实以道德名义谴责资本主义。因为，马克思在《1857—1858年经济学手稿》及《资本论》等著作中还曾无数次使用“抢劫”“侵占”“盗用”等说法来抨击资本主义，认为资本主义剥削是资本家对工人的“盗窃”，剩余价值是资本家“从工人那里掠夺来的赃物”，这是一种绝对主义的道德与正义标准。进而科亨阐释说：“盗窃是不正当地拿了属于他者的东西，盗窃是做不正义的事情，而基于‘盗窃’的体系就是基于不正义。”[④]美国分析的马克思主义学者埃尔斯特认为，虽然马克思没能提出严格的正义标准，但马克思

①A.Wood.Marx,Justice,and History,Princeton: Princeton University Press,1980.p.107.

②A.Wood.Karl Marx,Routledge and Kegan Paul,1981.p43.

③[美]佩弗：《马克思主义、道德与社会正义》，吕梁山等译，高等教育出版社2010年版，第320页。

④Cohen.Self-Ownership,Freedom,and Equality.Cambridge,mass:Harvard University Press,1995.p.146.

相信“不公平是资本主义的一个事实”。[①]

双方的论争还引出了主张马克思主义是科学判断与价值判断相统一的赛耶斯和曼德尔的第三种观点。在《分析马克思主义与道德》一文中，塞耶斯批判指出马克思主义的社会理论既是社会见解又是政治见解，“实践和道德在其中起着举足轻重的作用”，是科学规律探讨与道德价值评判的统一。他说：“马克思的社会理论与其道德和政治价值根本不相抵触，因此这就为人们提供了一种得以以具体、实践和现实的方式思考上述两方面因素的基础。”[②]比利时马克思主义理论家曼德尔在《何以误解马克思》一文中更是深刻地阐释了马克思主义规范性基础的精髓，他说：“这就是马克思的要旨，既是科学的又是道德政治主义的。这也是我们能从马克思的遗产中所继承的活的东西。”[③]

还有主张马克思主义的正义论为超越正义的正义论的罗尔斯与金里卡等的第四种观点。罗尔斯认为，“公平正义的良序社会理念与马克思的完全的共产主义社会理念仍然相当不同。完全的共产主义社会似乎是一种在下述意义上超越了正义的社会，即，引发分配正义的环境条件被超越了，而且，公民们不需要，也不会在日常生活中去关注分配正义问题。……正义的消失，甚至分配正义的消失，是不可能的，而且，这种消失似乎也不是值得欲求的”。[④]加拿大学者金里卡评价说：“好的社会，共产主义社会将超越正义，这种社会不是由公平的份额或平等权利的理论定义和支配的。这与罗尔斯形成了全然的对比，他认为‘正义是社会制度的首要德

①[美]埃尔斯特：《理解马克思》，何怀远译，中国人民大学出版社2008年版，第207页。

②[加]韦尔、尼尔森：《分析马克思主义新论》，鲁克俭等译，中国人民大学出版社2002年版，第69页。

③[加]韦尔、尼尔森：《分析马克思主义新论》，鲁克俭等译，中国人民大学出版社2002年版，第105页。

④[美]罗尔斯：《政治哲学史讲义》，杨通进等译，中国社会科学出版社2011年版，第344页。

性’。”[①]

否认马克思主义科学性，把马克思主义、共产主义视为道德说教、意识形态乃至虚幻宗教信仰，是20世纪30年代以来西方反马克思主义理论研究的思想主流，也是西方马克思主义学者生存空间受到严重压制在理论上的反映。正如美国学者莱文在《什么是今天的马克思主义者》一文中所述，一直处于被压制排斥境遇中的西方马克思主义学者所面临的首要问题是如何生存及发展，因此导致其研究多采取学术化、非政治化的倾向，至于其是否是马克思主义者已无意义。分析的马克思主义以个人主义的方法论，借助论证严谨、概念明晰的分析哲学传统，形成一种风格独特的马克思主义理论研究路径，对批判分析现代西方社会政治新问题具有一定启示意义。但经过分析的马克思主义的分析阐释后，马克思主义的唯物史观、劳动价值论、剩余价值论、利润率下降理论、革命斗争理论与共产主义思想等都被分析所拒斥了，逐渐变成了非马克思主义。正如有论者所指出，20世纪西方学界围绕马克思与正义问题的学术讨论，“无论是否定马克思正义思想的塔克、伍德，还是肯定马克思正义思想的胡萨米、柯亨，也都未看穿政治哲学与历史唯物主义及经济学之间的融通关系，这也制约了他们在‘马克思与正义’这个问题上的学术讨论，从而在不同程度上误读了马克思”。[②]

国外围绕马克思政治哲学规范性问题的持续论争，也反映到当代中国马克思主义政治哲学的研究中来。不同于西方学者对马克思主义的非科学性的理解，我国学者普遍认同马克思主义的科学性。在此前提下，我国学界回应“塔克—伍德命题”也出现了4种声音。一种是与塔克和伍德的观

①[加]金里卡：《自由主义、社群与文化》，应奇、葛水林译，上海译文出版社2005年版，第105页。

②李佃来：《政治哲学视域中的马克思》，中央编译出版社2018年版，第159页。

点类似。李惠斌等认为马克思从未明确讲过剥削是不正义的[1]，邱海平认为《资本论》“既没有对资本主义歌功颂德，也没有出于‘公平’‘正义’而对于资本主义进行义愤和道德谴责”。[2]另一种观点与柯亨等的观点类似。段忠桥认为马克思确实认为资本主义的“剥削是不正义的”，“正义在马克思的论著中只是一种价值判断”[3]。第三种是与塞耶斯和曼德尔的观点类似，我国学界的主流观点认为，马克思对资本主义社会的批判是科学维度与价值维度的有机统一整体。房广顺认为马克思和恩格斯的正义思想是“事实判断与价值判断的统一”[4]。李义天等学者还从马克思的“阶级利益”分析视角出发，提出作为阶级利益的“非道德的善”和作为正义的“道德的善”之间不存在非此即彼、取前舍后的关系[5]。第四种观点与罗尔斯等的观点形似神不似，即以王新生、李佃来等学者提出的马克思的超越正义论，王南湜、冯彦利等学者还从唯物史观出发具体分析了马克思正义思想对近现代西方正义论的超越[6]。

政治哲学无疑有并需要道德与伦理价值原则作为其规范性的基础。因为，“道德哲学为政治哲学设定了背景和边界”。[7]“政治哲学是对社会政治的道德和价值分析。”[8]“政治哲学的核心问题是以规范性的合理性为基底的道义原则问题”。[9]马克思主义政治哲学同样有并需要道德伦理

①李惠斌、李义天：《马克思与正义理论》，中国人民大学出版社2010年版，第169—173页。

②邱海平：《21世纪再读〈资本论〉》，人民邮电出版社2016年版，第109页。

③段忠桥：《马克思的分配正义观念》，中国人民大学出版社2018年版，第15、48页。

④房广顺：《论马克思恩格斯正义思想的深刻内涵》，《马克思主义研究》2019年第2期。

⑤李义天：《“塔克—伍德命题”的后半段》，《伦理学研究》2020年第4期。

⑥王南湜：《马克思的正义理论：一种可能的建构》，《哲学研究》2018年第5期；冯彦利：《唯物史观视域中的马克思正义思想》，《中国社会科学》英文版2020年第1期。

⑦[美]诺奇克：《无政府、国家和乌托邦》，姚大志译，中国社会科学出版社2008年版，第6页。

⑧李福岩：《对政治哲学的三点认识》，《理论探讨》2007年第4期。

⑨王新生：《马克思政治哲学研究》，科学出版社2018年版，第63页。

等价值判断作为其规范性的基础。虽然马克思、恩格斯没有留下专门的道德伦理学论著，但是，伦理道德问题在他们的思想体系中同样占有重要的地位。否定马克思主义政治哲学是事实判断与价值判断的统一，同否定马克思主义政治哲学是科学与意识形态的统一类似，都是错误的片面的，都会造成对马克思主义及其整体性的分裂与片面理解。休谟认为从事实判断不能推出价值判断，但是，价值判断也不排斥事实判断，价值原则也不排斥真理原则，正如“意识形态不排斥科学性”①一样。“《资本论》表明，马克思的人道主义理想与他对现实的描述是不可分割地统一的，马克思对人类解放和人的全面发展的价值追求与他所揭示的人类历史发展规律是不可分割地统一的，马克思的哲学批判与他的政治经济学批判和空想社会主义批判是不可分割地统一的。”②

马克思主义政治哲学是一种全新的实践哲学，其对公平正义的现实性批判与建构，对超越正义的人类自由解放的科学构想，不是来自资本主义社会的经验实证，即不是采用“比较方法来关注各种社会现实”③的结果；也不是来自西方启蒙政治哲学的实践理性，即不是采用先验抽象正义与自由的理性设定的结果。我们似乎可以从马克思与恩格斯关于正义的论说中引申出生产正义、交换正义、分配正义、经济正义、政治正义、社会正义等概念，但马克思政治经济学批判、全新历史科学的理论旨趣与追求绝不是什么正义，而是在解构批判现代性社会正义问题的基础上的人类解放问题。马克思从物质生产劳动实践出发，以人类解放的历史科学，站在劳动人民群众的价值观上，批判思考正义问题。马克思主义政治哲学是在

---

①[法]福柯：《知识考古学》，谢强、马月译，生活·读书·新知三联书店2003年版，第207页。

②孙正聿：《“现实的历史”：〈资本论〉的存在论》，《中国社会科学》2010年第2期。

③[印度]阿玛蒂亚·森：《正义的理念》，王磊、李航译，中国人民大学出版社2012年版，第8页。

对资本主义生产方式批判性科学研究的基础上，把经验与先验、理论与实践、理想性和现实性、事实与价值等辩证综合起来抽象分析，在全新历史科学的世界观基础上所具体书写的大写的超越的正义观。《资本论》就是这种大写的超越的正义观——社会政治哲学的浓缩，它为现代人类文明前行矗立起了科学性与价值性相统一的新路标。

第五章　《资本论》的意识形态批判及其理论价值

马克思的现代性批判系统全面而深刻独到，其中把对资本主义意识形态的批判聚焦到拜物教，即一种像基督教一样的新型世界性宗教的批判上，戳穿了资产阶级理论家们所编造的经济政治谎言与新神话，将人类思想解放运动推向了划时代的新高峰。从克罗茨纳赫笔记到巴黎笔记以及伦敦笔记，尤其是从马克思政治经济学著作及其手稿来看，马克思对拜物教、资产阶级政治经济学的意识形态进行了反复深入的批判。可以说，《资本论》及其手稿对商品、货币与资本三大拜物教的深刻批判，意味着马克思对现代性社会居于统治地位的资产阶级意识形态批判的完成，也标志着马克思对宗教批判的完成，从而深刻诠释了意识形态概念的社会政治哲学之维。

一、宗教及意识形态的现实批判转向

伴随着政教分离、宗教信仰自由在近代西方资产阶级理想国中的“变现”，以启蒙理性对宗教的批判任务就落下了帷幕。值此落幕之时，马克思重新开启了对宗教现实批判的帷幕。马克思把对宗教的批判转向对宗教的世俗基础即现实基础的批判，把对宗教的现实批判纳入到对资本主义意识形态的批判之中，直至在对拜物教的经济科学批判中彻底完成了对现代性宗教及意识形态批判的新重任。

在克罗茨纳赫时期，通过对历史、政治与经济制度关系的比较研究，马克思在费尔巴哈宗教批判理论的基础上，“已经把宗教异化归结为政治异化，在政治国家的二元生活（政治生活和市民生活的分离）中看到了基督教精神的世俗源泉”。[①]通过对德国犹太人问题的研究，马克思发现宗教信仰自由、政治解放并不能彻底解决犹太人问题。因为，犹太人的世俗基础是实际需要、自私自利，犹太人的世俗礼拜是做生意，犹太人世俗的神是金钱；现代社会精神像犹太精神一样日益世俗化，权力日益成为金钱的奴隶，人向金钱顶礼膜拜，“犹太人的神世俗化了，它成了世界的神”。[②]所以，只有理论批判并实践变革宗教产出的世俗、现实基础，即只有实现人类解放，人类社会才能真正从犹太精神中解放出来，即“犹太人的社会解放就是社会从犹太精神中获得解放”。[③]

在马克思看来，资产阶级的理性批判、政治革命与政治解放并没有打碎宗教这条心灵枷锁，犹如路德“把肉体从锁链中解放出来，是因为他给人的心灵套上了枷锁”[④]一样，现实中的资产阶级理想国则以一种新奴役制代替了旧奴役制，只不过是把人从权力的奴隶变成了金钱的奴隶。因此，马克思要在费尔巴哈宗教批判的基础上继续前进，转向对尘世的法与政治国家的批判，进而转向对现代社会经济与政治关系的批判研究，提出彻底铲除宗教这种“颠倒的世界意识”赖以生存的社会经济政治土壤，才能实现人类解放。可以说，马克思在转向“批判尘世世界的这种进步中同时也为批判‘天国’世界亦即宗教获得了一个新的立场”。[⑤]“马克思在过渡到对人的物质关系的批判时，并没有简单地把对宗教的批判抛在脑后，而是在一个新的层次上重新提出了对宗教的批判。”[⑥]

进而，马克思从现代资本主义社会的经济事实出发，开始进入到对国

①孙伯鍨：《探索者道路的探索》，北京师范大学出版社2017年版，第181页。

②《马克思恩格斯全集》第三卷，人民出版社2002年版，第194页。

③《马克思恩格斯全集》第三卷，人民出版社2002年版，第198页。

④《马克思恩格斯全集》第三卷，人民出版社2002年版，第208页。

⑤[德]洛维特：《从黑格尔到尼采》，李秋零译，生活·读书·新知三联书店2006年版，第471页。

⑥[德]洛维特：《世界历史与救赎历史：历史哲学的神学基础》，李秋零等译，生活·读书·新知三联书店2002年版，第57页。

民经济学关于商品、工资、资本的利润、地租、货币诸范畴的观念批判研究中去，把宗教神学作为一种具有社会政治功能的现代意识形态加以批判，从而走向唯物史观与共产主义的伟大理论变革。在《1844年经济学哲学手稿》中，马克思改造黑格尔的精神异化与费尔巴哈的宗教异化思想，把历史之谜的解答与共产主义视为扬弃劳动异化与私有财产的真正人道主义运动，提出“无神论是以扬弃宗教作为自己的中介的人道主义，共产主义则是以扬弃私有财产作为自己的中介的人道主义”。[①]马克思肯定配第、斯密、李嘉图、魁奈、西斯蒙第等古典政治经济学家的思想启蒙作用，同时批判国民经济学是一门教导资本家如何发财致富和纵欲的科学，也是一门教导工人如何安于贫困、克制、节约、勤劳、禁欲的科学，“发明了一种奴才的艺术”，“是真正道德的科学”，国民经济学的“道德姨妈和宗教姨妈”一起为资本主义私有制统治奴役下社会秩序布道，美化资本主义社会，调和资本与劳动的尖锐矛盾对立[②]。马克思强调，在对资本主义政治经济学的意识形态与宗教展开彻底理论批判的同时，更要展开革命的实践批判。他尤以消除感性欲望的宗教——拜物教为例指出，“从拜物教就可看出，理论之谜的解答在何种程度上是实践的任务并以实践为中介，真正的实践在何种程度上是现实的和实证的理论的条件”。[③]即唯有科学理论与革命实践相结合的双重批判，才能消灭私有制、劳动异化以及资本把人商品化，也才能祛除货币这个“有形的神明”对人的“个性的普遍颠倒”[④]，实现人的类本质的复归。

正是在对资本主义政治经济学的初步批判研究基础上，马克思才真正走出从康德、费希特、黑格尔到费尔巴哈幻影重重的德国古典哲学——

①《马克思恩格斯全集》第三卷，人民出版社2002年版，第331页。

②《马克思恩格斯全集》第三卷，人民出版社2002年版，第342—344页。

③《马克思恩格斯全集》第三卷，人民出版社2002年版，第346页。

④《马克思恩格斯全集》第三卷，人民出版社2002年版，第364页。

“新时代的宗教”[①]的意识形态屏障，走向共产主义与人类解放的新世界观。至1845年春，马克思站在新的地平线上，明确意识到费尔巴哈宗教批判的重大缺陷，即费尔巴哈只把宗教世界归结于它的世俗基础，但主要的事情还没有做：“对于这个世俗基础本身应当在自身中、从它的矛盾中去理解，并且在实践中使之发生革命。因此，例如，自从发现神圣家族的秘密在于世俗家庭之后，世俗家庭本身就应当在理论上和实践中被消灭。”[②]

为深入批判研究国民经济学，创作政治经济学批判的著作，马克思认为十分有必要系统清除德意志的意识形态地基，首先撰写并发表批判德国哲学及德国社会主义的论战性著作——“关于政治经济学的书”，以便于读者了解其同德国科学根本对立的政治经济学观点[③]。其一，在《德意志意识形态》中，马克思从现实的人的生命存在、物质生产交往活动出发，科学揭示了人的意识和社会精神生产的本质、产生发展过程、在社会结构中所处的地位与价值功能，即从实践辩证、唯物历史的新世界观出发，科学揭示了意识形态概念的社会历史性等一般性或总体性蕴含。

其二，马克思把宗教神学、形而上学、政治观念、法律观念、道德观念等纳入到意识形态概念范畴之中，又对意识形态概念的阶级与政治属性等特殊性蕴含作出了批判揭示。即随着物质生产与社会分工的发展，私有制、阶级社会与国家的出现，以及物质劳动与精神劳动的分离，产生了服务于统治阶级的虚幻颠倒的“政治意识形态”以及“意识形态家、僧侣的最初形式”[④]。从而深刻揭示了阶级社会的精神生产、意识形态统治的社会物质生产关系基础，指出：“统治阶级的思想在每一时代都是占统治地

---

①《马克思恩格斯全集》第十卷，人民出版社1998年版，第255页。

②《马克思恩格斯文集》第一卷，人民出版社2009年版，第500页。

③《马克思恩格斯〈资本论〉书信集》，人民出版社1976年版，第7—8、26页。

④《马克思恩格斯文集》第一卷，人民出版社2009年版，第531、534页。

位的思想。这就是说，一个阶级是社会上占统治地位的物质力量，同时也是社会上占统治地位的精神力量。……占统治地位的思想不过是占统治地位的物质关系在观念上的表现。”[①]这正如后来恩格斯所解读，唯物史观侧重“从作为基础的经济事实中探索出政治观念、法权观念和其他思想观念以及由这些观念所制约的行动”，而“意识形态是由所谓的思想家有意识地、但是以虚假的意识完成的过程”[②]；“唯心主义世界观”便是由“意识形态家”所编造的典型虚假意识形态[③]。

其三，马克思通过对17到19世纪资产阶级意识形态形成史的批判分析，揭开了意识形态以全社会共同利益的名义、普遍性的外观、抽象的概念话语对全社会实施蒙蔽与统治的虚伪面纱。马克思指出：“占统治地位的将是越来越抽象的思想，即越来越具有普遍性形式的思想。因为每一个企图取代旧统治阶级的新阶级，为了达到自己的目的不得不把自己的利益说成是社会全体成员的共同利益，就是说，……赋予自己的思想以普遍性的形式，把它们描绘成唯一合乎理性的、有普遍意义的思想。”[④]即是说，阶级社会的意识形态是抽象普遍的形式与统治阶级利益的特殊内容的统一。这正如列斐伏尔所理解，意识形态“一方面是普遍的、思辨的、抽象的；另一方面，它们代表了特定的、优先的和特殊的利益”。[⑤]例如，黑格尔把功利论说成是启蒙的最终结果，把现代社会的各种关系归结为唯一的功利关系，这种看起来很愚蠢的“形而上学的抽象之所以产生，是因为在现代资产阶级社会中，一切关系实际上仅仅服从于一种抽象的金钱盘

---

①《马克思恩格斯文集》第一卷，人民出版社2009年版，第550页。

②《马克思恩格斯〈资本论〉书信集》，人民出版社1976年版，第553页。

③《马克思恩格斯全集》第二十六卷，人民出版社2014年版，第767页。

④《马克思恩格斯文集》第一卷，人民出版社2009年版，第552页。

⑤[法]列斐伏尔：《马克思主义的社会学》，谢永康、毛林林译，北京师范大学出版社2013年版，第50页。

剥关系”。[1]这种抽象观念既是对英法资产阶级革命时代实践成果的哲学反思与概括，也是对霍布斯与洛克的自由主义政治学说、以魁奈与杜尔阁为代表的重农学派功利论的政治经济学、爱尔维修与霍尔巴赫利己主义的世界宗教的高度哲学浓缩。黑格尔以精神哲学的抽象思维方法把17到18世纪兴起的资产阶级社会关系描述成客观精神，把资本主义精神描述成世界精神，张扬了资产阶级的理性与自由竞争精神，起到了反封建、反宗教的思想启蒙作用。但从18世纪晚期到19世纪，从葛德文与边沁的剥削理论到穆勒的功利主义学说，则把资产阶级的功利论与政治经济学完全结合在一起了。这使功利主义最终变成适应资本主义商品经济发展的庸俗意识形态，享乐主义最终变成适应资产阶级的“一种肤浅的虚伪的道德学说”[2]，资产阶级重新开始利用宗教为自己的统治服务。

其四，马克思阐明了对宗教及资产阶级意识形态批判的任务与方法。现代社会两大阶级的尖锐对立以及由此产生的社会主义和共产主义观点，说明到了对宗教及资产阶级意识形态“宣判死刑”[3]，即彻底揭批与根除的时候了。唯有消除与摆脱宗教及资产阶级意识形态的蒙蔽与羁绊，才能走向共产主义。从理论上彻底揭批宗教与资产阶级意识形态抽象蒙蔽与统治的方法便是“还原”法。马克思指出：“哲学家们只要把自己的语言还原为它从中抽象出来的普通语言，就可以认清他们的语言是被歪曲了的现实世界的语言，就可以懂得，无论思想或语言都不能独自组成特殊的王国，它们只是现实生活的表现。”[4]

马克思对宗教与意识形态的现实批判转向，即唯物史观的确立过程，为深入批判拜物教、资产阶级政治经济学的意识形态，公开阐明共产主

①《马克思恩格斯全集》第三卷，人民出版社1960年版，第479页。
②《马克思恩格斯全集》第三卷，人民出版社1960年版，第489页。
③《马克思恩格斯全集》第三卷，人民出版社1960年版，第490页。
④《马克思恩格斯全集》第三卷，人民出版社1960年版，第525页。

义与人类解放的科学理论，奠定了思想前提与理论基础。从1847年到1848年，马克思把对宗教与意识形态现实批判的理论成果进一步应用于政治经济学批判，公开宣告了唯物史观与科学社会主义思想的问世，指明了无产阶级理论家的意识形态批判使命。在《哲学的贫困》中，马克思批判蒲鲁东“用政治经济学的范畴构筑某种意识形态体系的大厦”的同时，指出：“正如经济学家是资产阶级的学术代表一样，社会主义者和共产主义者是无产者阶级的理论家。”[①]在《共产党宣言》中，马克思和恩格斯有力批驳了旧欧洲的一切反动势力联合起来对共产主义的污名化、意识形态围剿，深刻揭露了资产阶级通过法律、道德、教育、宗教信仰等手段对绝大多数人的抽象意识形态蒙蔽，科学指出只有当阶级对立完全消失的时候，意识形态才会消失。因此，为加速消灭私有制与阶级、终结宗教及资产阶级意识形态蒙蔽的世界历史进程，就要积极主动培养和确立无产阶级的阶级斗争与社会革命意识，“共产党人一分钟也不忽略教育工人尽可能明确地意识到资产阶级和无产阶级的敌对的对立”[②]。

二、对资本主义社会三大拜物教的深刻批判

从伦敦笔记到政治经济学批判的系列手稿、再到《资本论》，马克思对资产阶级政治经济学展开了系统深入的批判，即对资本主义意识形态的基础与重点领域展开了全面具体的批判。进而，马克思把对资产阶级政治经济意识形态的批判聚焦到商品拜物教、货币拜物教、资本拜物教上。通过对古典与庸俗政治经济学三大拜物教的经济科学、历史科学批判，马克思把对宗教的批判与对资产阶级政治经济学的意识形态批判紧密联系起来，彻底揭开了资本主义意识形态的神秘面纱，彻底解构了宗教赖以生存的现代经济社会基础。因此，美国学者麦卡锡说，要理解马克思政治经济

①《马克思恩格斯文集》第一卷，人民出版社2009年版，第603、616页。
②《马克思恩格斯文集》第二卷，人民出版社2009年版，第66页。

批判以及“解放何以可能”的总问题，“奥秘在于理解古典政治经济学的形而上学和拜物教”[①]。也正如我国学者张一兵所理解，整个资产阶级意识形态就建立在“倒立跳舞的桌子与商品拜物教”“一般社会财富与货币拜物教”“能生钱的钱与资本拜物教”这些涂满迷幻色彩的神话之上[②]。

首先，对资本主义社会最常见的物神统治——商品拜物教的批判。商品既是资本主义生产方式占统治地位的社会财富的表现形式、基本细胞，又是资本主义社会日常生活最常见的物，尤其孕育着资本主义社会一切矛盾的萌芽。通过对商品二因素、生产商品的劳动二重性、交换价值形式历史发展的深入具体分析，马克思深刻揭示了“商品拜物教的性质及其秘密”。

从使用价值、劳动产品的角度看，商品只不过是一个靠具体属性来满足人的某种需要的简单而平凡的物，但从价值、用于交换的劳动产品的角度看，商品却又“是一种很古怪的东西，充满形而上学的微妙和神学的怪诞。……桌子一旦作为商品出现，就转化为一个可感觉而又超感觉的物”。[③]商品交换所反映的其实是商品生产者之间的劳动交换关系、“只是人们自己的一定的社会关系，但它在人们面前采取了物与物的关系的虚幻形式。因此，要找一个比喻，我们就得逃到宗教世界的幻境中去。在那里，人脑的产物表现为赋有生命的、彼此发生关系并同人发生关系的独立存在的东西。在商品世界里，人手的产物也是这样。我把这叫做拜物教。劳动产品一旦作为商品来生产，就带上拜物教性质，因此拜物教是同商品生产分不开的。商品世界的这种拜物教性质，……是来源于生产商品的劳

---

①[美]麦卡锡：《马克思与古人》，王文扬译，华东师范大学出版社2011年版，第279页。

②张一兵：《回到马克思：经济学语境中的哲学话语》，江苏人民出版社2014年版，第657、664、667页。

③《马克思恩格斯文集》第五卷，人民出版社2009年版，第88页。

动所特有的社会性质”。[①]

就是说，在资本主义私有制和旧社会分工这种商品生产方式主宰之下，才造成了私人劳动与社会劳动、具体劳动和抽象劳动、使用价值与价值的系列矛盾对立，才形成普遍物化的社会关系、商品拜物教。劳动的产品在抽象价值符号这种“象形文字”的中介下转换成支配劳动的神秘之物，劳动与产品的关系被颠倒，物、商品在资本主义社会成为支配劳动与劳动者的日常现象。马克思指出：“资本家对工人的统治，就是物对人的统治，死劳动对活劳动的统治，产品对生产者的统治，因为变成统治工人的手段（但只是作为资本本身统治的手段）的商品，实际上只是生产过程的产物。……与意识形态领域内表现于宗教中的那种关系完全同样的关系，即主体颠倒为客体以及反过来的情形。”[②]这就是商品拜物教，即人本身的劳动的异化过程，成为资本主义社会日常生活最普遍最常见的物神统治幻象。

其次，对资本主义社会耀眼的物神统治——货币拜物教的批判。货币在本质上不过是固定充当一般等价物的一种特殊商品与符号。从一般的意义上说，金银、货币与“每个商品都是一个符号，因为它作为价值只是耗费在它上面的人类劳动的物质外壳”。[③]但是，这个商品交换的媒介与符号却在资本主义生产方式之下像商品一样，变成统治支配劳动与人的一种神奇符号。从《1844年经济学哲学手稿》到《共产党宣言》、再到19世纪50—60年代政治经济学批判的系列手稿及《资本论》，马克思一直在不断深入批判资产阶级社会的货币、金钱作为一种神秘力量对社会关系的颠倒，对人的统治与奴役。在《1857—1858年经济学手稿》中，马克思还揭示了新教的货币主义基础，即“只要货币贮藏者的禁欲主义与勤劳相

①《马克思恩格斯文集》第五卷，人民出版社2009年版，第90页。

②《马克思恩格斯全集》第三十八卷，人民出版社2019年版，第72—73页。

③《马克思恩格斯文集》第五卷，人民出版社2009年版，第110页。

结合，在宗教上他就实际上成了新教徒，尤其是清教徒”。[1]在《1861—1863年经济学手稿》中，马克思把货币对人与社会关系的统治、“这种关系颠倒的表现称为拜物教”[2]。

在《资本论》第一卷中，马克思进一步指出，“货币拜物教的谜就是商品拜物教的谜，只不过变得明显了，耀眼了”。[3]因为，一方面，在资本主义生产方式占统治地位的地方，金钱、货币把一切封建的、宗法的和田园诗般的社会关系都破坏了，把社会生活中的一切神圣光环都抹去了，把“一切神圣的东西都被亵渎了”，把一切社会关系都变成了赤裸裸的金钱关系，把人的尊严变成了交换价值，“有些东西本身并不是商品，例如良心、名誉等等，但是也可以被它们的占有者出卖以换取金钱，并通过它们的价格，取得商品形式”。[4]另一方面，资本主义时代，可感而又超感性的货币作为一种强制通行的权力取代皇权与神权成为整个世界的征服者。封建时代只是“有钱能使鬼推磨”，资本主义时代金钱不仅能把封建皇权拉下马，而且能使神推磨。“因此，古代社会咒骂货币是自己的经济秩序和道德秩序的瓦解者。……现代社会，则颂扬金的圣杯是自己最根本的生活原则的光辉体现。”[5]金银这个万能新物神的出现，预示着物神对人的统治进一步抽象化、神秘化，也进一步加深加重。因而，货币拜物教在资本主义时代变得更明显、更耀眼了。

为适应商品经济的广泛普遍发展，货币符号逐渐由金银演变为纸币，即一种由国家强制发行流通的、逐渐脱离金本位的信用货币符号。但是，纸币、信用货币的广泛普遍使用并没有使人从货币拜物教中解放出来，并没有使人从对金银、货币的迷信崇拜中解放出来。马克思指出，“货币主

---

①《马克思恩格斯全集》第三十一卷，人民出版社1998年版，第524页。
②《马克思恩格斯文集》第八卷，人民出版社2009年版，第392页。
③《马克思恩格斯文集》第五卷，人民出版社2009年版，第113页。
④《马克思恩格斯文集》第五卷，人民出版社2009年版，第123页。
⑤《马克思恩格斯文集》第五卷，人民出版社2009年版，第156页。

义本质上是天主教的；信用主义本质上是基督教的。‘苏格兰人讨厌金子’。作为纸币，商品的货币存在只是一种社会存在。信仰使人得救。这是对作为商品内在精神的货币价值的信仰，对生产方式及其预定秩序的信仰，对只是作为自行增殖的资本的人格化的各个生产当事人的信仰。但是，正如基督教没有从天主教的基础上解放出来一样，信用主义也没有从货币主义的基础上解放出来”。[①]从信仰天主教到信仰基督教、新教并没有使人得救，反而给人的心灵套上了沉重的枷锁；从对金银货币的迷信崇拜到对纸币、信用货币的迷信崇拜也并没有使人得救，反而给人的肉体与心灵套上了更加沉重的资本主义社会存在关系永恒的金锁链。

最后，对资本主义社会最显眼的物神统治——资本拜物教的批判。从《1861—1863年经济学手稿》到《资本论》，马克思对资产阶级经济学家所宣扬的资本会自行增殖的荒诞幻想，一种“远远超过炼金术士的幻想”、资本拜物教展开了猛烈批判。资产阶级经济学家们认为，生息资本会自行再生产与增殖是资本天生具有的属性。马克思批判指出，资本这种所谓天生的属性“也就是经院哲学家所说的隐藏的质”，在此，“资本的物神形态和资本物神的观念已经完成”，“资本的神秘化取得了最显眼的形式”，经济学家们这种荒诞无稽的幻想“已经远远超过炼金术士的幻想”。[②]资产阶级经济学家关于各种收入及其源泉的“三位一体的公式”，即“资本—利润、土地—地租、劳动—工资”，是对圣父、圣子、圣灵的基督教神学的翻版，只不过是把资本与土地作为物神化的存在，把“一个幽灵——劳动”抽象化为非存在，“但资本不是物，而是一定的、社会的、属于一定历史社会形态的生产关系，后者体现在一个物上，并赋予这个物以独特的社会性质”。[③]

①《马克思恩格斯文集》第七卷，人民出版社2009年版，第670页。

②《马克思恩格斯文集》第七卷，人民出版社2009年版，第444、442页。

③《马克思恩格斯文集》第七卷，人民出版社2009年版，第921—923页。

把资本视为利润的源泉，把土地视为地租的源泉，劳动视为工资的源泉，这是对资本主义实际生产关系的歪曲与颠倒反映。这种没有想象力的虚构、“庸人的宗教”“以最富有拜物教性质的形式表现了资本主义生产关系”，其中“最完善的物神是生息资本”[①]。由此，生息资本成为资本主义生产方式、生产关系拜物教化的最充分体现。“在生息资本上，这个自动的物神，自行增殖的价值，创造货币的货币，达到了完善的程度，并且在这个形式上再也看不到它的起源的任何痕迹了。社会关系最终成为物（货币、商品）同它自身的关系。”[②]生息资本的充分物化、颠倒与疯狂，也充分体现了资本主义生产方式这个“世界主义的”宗教的疯狂本性，“在这里，资本好像一个摩洛赫，他要求整个世界成为献给他的祭品”[③]。

资本拜物教这种最显眼的物神统治，在生息资本中达到了它最完善的物神统治形式，也就是达到了对人、整个现代社会关系统治的最抽象形态，也就意味着资本这种神秘力量对人的统治达到了极端状态。现代资本物神化的主神话达到了其意识形态蒙蔽的最高境界，成为资本主义意识形态、价值观念建构及颂扬的内核与神圣新装。正如拉法格所讽刺性地批判指出的，在资本主义社会，资本成为世界万物的主宰、最后的上帝，盛行的信仰是资本的宗教，“我信仰资本，这是物质和精神的上帝”[④]成为资本家的新祈祷文。也正如彭宏伟所理解，“资本拜物教统领社会意识形式，也把资本主义时代的拜物教推到最高级形式”。[⑤]美国学者哈维进一

①《马克思恩格斯全集》第三十五卷，人民出版社2013年版，第302页。

②《马克思恩格斯全集》第三十五卷，人民出版社2013年版，第304页。

③《马克思恩格斯全集》第三十五卷，人民出版社2013年版，第306页。

④[法]拉法格：《宗教和资本》，王子野译，生活·读书·新知三联书店1963年版，第109页。

⑤彭宏伟：《资本社会的结构与逻辑：〈资本论〉议题再审视》，中国人民大学出版社2018年版，第187页。

步揭批了当代金融资本的虚幻统治，他指出“在某种意义上，银行家和金融家是最不应该相信的人，不是因为他们都是诈骗犯、说谎者（尽管他们中间的一些人很明显是），而是因为他们可能已经沦为自己的故弄玄虚和拜物教观念的牺牲品。劳埃德·布兰克费恩在国会面前宣称，他的银行——高盛——只不过是做了上帝该做的工作而已”。[①]在金融垄断资本、金融寡头统治的资本主义发展阶级，这个巨大谎言、世界级的泡沫必将在日益自我膨胀中走向破灭。

总之，马克思从批判商品拜物教入手，继而批判货币拜物教，最后批判资本拜物教，从抽象到具体、从现象到本质地逐步揭示了物神统治的三种形式，逐步批判揭示了抽象神秘物化的现代社会生产关系对人的统治。进而，马克思科学揭示了从人的依赖关系到物的依赖性关系、再到人的自由全面发展的必然历史进程。在人的依赖关系的社会形态中，人的类本质力量被异化为抽象的人即神、上帝，结果人类社会沦为教皇与沙皇权贵的臣仆与奴隶。在物的依赖性关系的社会形态中，人的类本质力量被异化为抽象的商品、货币与资本等物神，资本取代上帝而成为世界的新主宰，使教皇对人的心灵信仰的麻醉从属于少数资本新权贵对人肉体与心灵的统治奴役。因此，日本学者广松涉以“物象化论”来阅读理解《资本论》所揭批的“三大拜物教”，并由此提出所谓“物象化”就是对“人与人之间的主体际关系被错误地理解为‘物的性质’……以及人与人之间的主体际关系被错误地理解为‘物与物之间的关系’这类现象……的称呼”[②]。可以说，“马克思进行了规模宏伟的工作，揭示出资本主义社会的几个最基础的神话的真相，这就是关于商品的神话和资本家利润是如何产生的神

①[美]哈维：《跟大卫·哈维读〈资本论〉》第二卷，谢富胜等译，上海译文出版社2016年版，第148页。

②[日]广松涉：《物象化论的构图》，彭曦、庄倩译，南京大学出版社2009年版，第65页。

话”。[①]为彻底摆脱以往历史这种异化颠倒的、对人的统治奴役关系，让人类社会每个人获得主体性、能动性的物质与精神力量，就必须消灭资本主义私有制及其生产方式，从而消灭现代资本对人的奴役统治，也就会根除宗教以及资本主义的意识形态。如此，人类社会才能进入到自由全面发展的崭新历史起点。

三、对资产阶级意识形态及宗教批判的完成

马克思在对三大拜物教重点批判的基础上，展开了对资产阶级政治经济学典型虚假观念的批判，使剩余价值理论的科学阐发、唯物史观的应用发展与意识形态的批判揭示在互动中进一步深化，从而完成对资产阶级意识形态及宗教的批判。对商品、货币与资本三大拜物教的批判，既是对宗教的原始形式——“动物宗教”“感性欲望的宗教”[②]批判的升华，更是对与拜神教本质内在相通的抽象政治经济学理智、抽象物化社会关系统治的宗教本质的批判，即批判“资本主义生产方式所特有的和从资本主义生产方式的本质中产生出来的拜物教观念”[③]。在《资本论》及其手稿中，马克思把对资产阶级政治经济学意识形态的批判与对资本主义经济的批判有机统一起来，既批判了以科学形式出现的古典政治经济学意识形态、“新兴资产阶级理智”，又批判了刻意为资产阶级辩护的、蹩脚的庸俗政治经济学意识形态，还批判了英法空想社会主义局限于古典政治经济学的狭隘意识形态。

首先，马克思对资产阶级政治经济学有代表性的虚假意识形态进行了重点剖析批判。一是剖析了把自由竞争说成生产力发展与人类自由的终极

①[俄]谢·卡拉-穆尔扎：《论意识操纵》上，徐昌翰等译，社会科学文献出版社2004年版，第70页。

②《马克思恩格斯全集》第一卷，人民出版社1995年版，第212页。

③《马克思恩格斯文集》第八卷，人民出版社2009年版，第528页。

形式的谎言。马克思批判指出，“断言自由竞争等于生产力发展的终极形式，因而也是人类自由的终极形式，这无非是说资产阶级的统治就是世界历史的终结——对前天的暴发户们来说这当然是一个愉快的想法”。[①]

二是剖析了物的依赖关系自然永恒的抽象虚假观念。马克思批判指出，“个人现在受抽象统治”，“关于这种观念的永恒性即上述物的依赖关系的永恒性的信念，统治阶级自然会千方百计地来加强、扶植和灌输”。[②]“经济学家们把人们的社会生产关系和受这些关系支配的物所获得的规定性看作物的自然属性，这种粗俗的唯物主义，是一种同样粗俗的唯心主义，甚至是一种拜物教，它把社会关系作为物的内在规定归之于物，从而使物神秘化。”[③]马克思认为必须“戳穿对自由主义乌托邦式社会秩序的幻想：那只是一种对拜物教重复，它将人与人之间的社会关系替换为人与人之间的物质关系和物与物之间的社会关系”。[④]

三是剖析了金银天生就是货币、资本天生论的虚假观念。马克思批判指出，“这种幻想是证明资本主义生产方式的永恒性或证明资本是人类生产本身不朽的自然因素的非常方便的方法”。[⑤]而实际上，金银并不天然就是货币，货币却天然是金银；资本只是生产关系历史发展的产物，实质是能够带来剩余价值的价值，所体现的是资本家对工人的剥削关系。李嘉图和斯密就把资本和劳动假定为自古以来就存在的，“这是关于‘社会发展的早期阶段’的一个奇特的资产阶级幻想”。[⑥]而事实上，对人类社会来说，唯有劳动是永恒的。

①《马克思恩格斯文集》第八卷，人民出版社2009年版，第181页。

②《马克思恩格斯全集》第三十卷，人民出版社1995年版，第114页。

③《马克思恩格斯全集》第三十一卷，人民出版社1998年版，第85页。

④[美]哈维：《跟大卫·哈维读〈资本论〉》第一卷，刘英译，上海译文出版社2013年版，第52页。

⑤《马克思恩格斯全集》第三十八卷，人民出版社2019年版，第83页。

⑥《马克思恩格斯全集》第三十四卷，人民出版社2008年版，第525页。

四是剖析了资本主义制度天然论的谎言。马克思批判指出，包括资本主义社会在内的以往一切社会形态，都属于生产过程支配人而人还没有支配生产过程的那种社会形态，但经济学家们却荒诞地以为“封建制度是人为的，资产阶级制度是天然的”，“在政治经济学的资产阶级意识中，它们竟像生产劳动本身一样，成了不言而喻的自然必然性。因此，政治经济学对待资产阶级以前的社会生产有机体形式，就像教父对待基督教以前的宗教一样”。[①]

五是剖析了古典政治经济学的抽象唯心史观方法论错误。马克思批判指出，古典政治经济学普遍迷恋虚构的“鲁滨逊的故事”，虚构在孤岛上的鲁滨逊劫后余生，“马上就作为一个道地的英国人开始记起账来”。[②]其实，这是古典政治经济学以及庸俗政治经济学的共同方法论错误，即它们并非从真实的历史、现实的人与社会关系入手，而是从虚构的历史、抽象的人与社会关系入手，唯心史观地研究经济社会问题所导致的错误。

六是剖析了英法空想社会主义要资本而不要资本家的错误观念。马克思批判指出，英国的霍吉斯金与莱文斯顿、法国的布雷等一些英法空想社会主义者，把资本作为攻击目标，得出一些有利于工人阶级的结论，但他们“完全囿于资本主义生产的视野”，“为政治经济学家的概念所束缚”，不懂得资本主义与历史发展规律，“把资本主义生产本身的一切经济前提作为永恒的形式接受下来”。他们提出“我们需要的是资本，而不是资本家”的错误观念，没有认识到这种主观幻想“后面隐藏着剥削阶级的欺诈和利益”，没有看到资本的概念中包含着资本家，“资本家作为资本家只不过是资本的人格化，是与劳动相对立的具有自己的意志、具有人格的劳动产物”。[③]

① 《马克思恩格斯文集》第五卷，人民出版社2009年版，第99页。
② 《马克思恩格斯文集》第五卷，人民出版社2009年版，第94页。
③ 《马克思恩格斯全集》第三十五卷，人民出版社2013年版，第276—277页。

七是剖析了资产阶级政治经济学家意识形态言说的双重标准。马克思批判指出，资产阶级及其政治经济学家出于功利主义的目的，“（1）在经济上，他们都反对以劳动为基础的私有制，证明对群众的剥削的优越性和资本主义生产方式的优越性；（2）在意识形态和法律上，他们把以劳动为基础的私有制的意识形态硬搬到以剥夺直接生产者为基础的所有制上来”。[①]

总之，马克思对资产阶级政治经济学各流派的虚假性意识形态展开了全面系统的批判。其中，既对以斯密、李嘉图、魁奈、杜尔阁、西斯蒙第等为代表的古典政治经济学意识形态展开了批判，又对凯里的调和论、巴师夏的和谐经济论、萨伊的“三位一体”、西尼尔的节欲论等庸俗经济学意识形态也展开了批判，还把洛克哲学作为“整个英国政治经济学的一切观念的基础”[②]而加以批判。所有这些批判的核心在于，批判资产阶级政治经济学把资本主义生产方式当作天然、绝对、永恒形式的虚假观念，以唯物史观超越资产阶级政治经济学的庸俗唯物主义、唯心史观的狭隘眼界，指出资本主义生产方式及其社会制度产生、发展、灭亡的必然性历史过程。正如有些国外理论家所理解，“资产阶级的阶级意识在形式上是适应于经济意识的。是的，最高程度的无意识，即极度的‘虚假意识’”[③]。“《资本论》的一个关键目标，是摧毁古典自由主义的政治经济学所提出的乌托邦式的构想。”[④]在马克思看来，资本主义社会关系并非如李嘉图等古典经济学家们描绘得那么美，随着资本主义社会基本矛盾和阶级斗争的发展，庸俗政治经济学也就越来越有意识地成为辩护论的经

①《马克思恩格斯全集》第三十八卷，人民出版社2019年版，第159—160页。

②《马克思恩格斯全集》第二十六卷第一册，人民出版社1972年版，第393页。

③[匈]卢卡奇：《历史与阶级意识》，杜章智等译，商务印书馆1999年版，第126—127页。

④[美]哈维：《跟大卫·哈维读〈资本论〉》第一卷，刘英译，上海译文出版社2013年版，第151页。

济学，其作为一门科学，它的丧钟就敲响了。

其次，在意识形态批判与经济科学、历史科学建构的相互激发中，进一步揭示了物质生产与精神生产、意识形态的辩证关系，指明了资产阶级意识形态及宗教消亡的路径，彻底完成了对资产阶级意识形态及宗教的批判。

一是把意识形态批判与经济科学、历史科学建构有机统一起来。通过剖析与批判资产阶级政治经济学的虚假性意识形态、拜物教，马克思从深层次上批判了物欲横流、拜金主义的“个人现在受抽象统治”的资本主义精神文化，也批判了资本主义精神文化所赖以生存的物质经济基础及政治上层建筑。以此观之，阿尔都塞把拜物教理解为“一种仅仅同‘意识’有关的‘表象’和幻想”[①]，是有些偏颇的。可以说，马克思通过批判拜物教、资产阶级政治经济学的意识形态，建立起了全新的经济科学，进一步运用、丰富发展了历史科学，把批判旧世界观与建构新世界观有机统一起来。正如巴里巴尔所理解，类似弗洛伊德，马克思通过反对资本主义的“意识形态环境”来建立自己的理论，“而且有时还要用这些意识形态的概念本身来建立他们的理论”[②]。

二是进一步揭示了物质生产与精神生产及意识形态的辩证关系。马克思从社会生产关系与交往形式的历史发展出发，去揭示与其相应的国家形式与意识形式，批判资产阶级庸俗经济学非历史地抽象空论物质生产与精神生产的关系及其关于文明论的空话。马克思指出：“从物质生产的一定形式产生：第一，一定的社会结构；第二，人对自然的一定关系。人们的国家制度和人们的观念由这两者决定。因而，人们的精神生产的方式也由

①[法]阿尔都塞等：《读〈资本论〉》，李其庆、冯文光译，中央编译出版社2017年版，第215页。

②[法]阿尔都塞等：《读〈资本论〉》，李其庆、冯文光译，中央编译出版社2017年版，第287页。

这两者决定。……只有在这种基础上，才能够既理解统治阶级的意识形态组成部分，也理解这种一定社会形态的自由的精神生产。”[①]即只有具体历史地考察物质生产，才能理解与之相适应的精神生产，也才能理解物质生产与精神生产及意识形态之间的相互作用关系，即决定与反作用的辩证关系。从而，才能正确理解物质生产的发展同艺术和诗歌等精神生产的发展之间所存在的不平衡关系，也才能全面具体理解意识形态在社会结构及其变迁中的重要地位与功能。马克思特别强调指出，“如果从观念上来考察，那么一定的意识形式的解体足以使整个时代覆灭”。[②]一般来说，在物质生产领域对立的阶级社会，存在着精神生产、意识形态方面的对立。一方面，在资产阶级社会，占统治地位的物质生产、政治上层建筑及其精神生产与意识形态都具有维护资产阶级一体化统治的重要功能，“一切职能都是为资本家服务，都为了资本家‘好’”[③]；还有作为必要且专门的意识形态阶层——官吏、军人、牧师教士、法律界人士以及学者学士等资产阶级的“亲骨肉”“伙计”[④]，在为资本家与资本主义生产进行论证辩护。另一方面，在资产阶级社会，也存在着自由的精神生产，即还存在着批判资产阶级统治的先进思想意识，如与资本主义生产相敌对的某些艺术和诗歌，还有代表人类解放的无产阶级科学意识。

三是指明了资产阶级意识形态即宗教消亡的科学前景。马克思认为，人类社会从人的依赖关系到物的依赖关系、再到人的自由全面是一个自然历史过程，人类最终摆脱资产阶级意识形态的神秘纱幕及现实世界的宗教蒙蔽既是必然的，也是一个长期的痛苦的过程。由于受到历史、阶级与认识的局限，在人的依赖关系时代，人与自然之间及人与人之间的现实关系

---

①《马克思恩格斯全集》第三十三卷，人民出版社2004年版，第346页。
②《马克思恩格斯全集》第三十卷，人民出版社1995年版，第539页。
③《马克思恩格斯全集》第三十三卷，人民出版社2004年版，第348页。
④《马克思恩格斯全集》第三十三卷，人民出版社2004年版，第364页。

被蒙上了自然宗教和民间宗教的虚幻颠倒形式，宗教神学达到了传统社会意识形态统治的顶峰；在物的依赖关系时代，资产阶级“想到要用某种新的宗教来代替旧的宗教”[①]，人与自然之间、人与人之间的现实关系被蒙上拜物教的虚幻颠倒形式，“金钱是这个世界的上帝”[②]，抽象物神统治达到了现代性社会意识形态统治的顶峰。然而，物的依赖性关系时代也是“创造无情的社会劳动生产力的必经之点”，其所创造的物质财富将构成进入未来人的自由全面发展时代所必需的物质基础。进而，马克思设想在真正的共同体——“自由人联合体”中，一切劳动、生产和分配关系都简单明了，人与人之间以及人与自然之间的关系都“极明白而合理”，“现实世界的宗教反映才会消失”，资产阶级拜物教、意识形态的神秘面纱才能被彻底揭掉[③]。

四是彻底完成宗教、资产阶级意识形态批判的历史任务。对资产阶级意识形态及宗教的祛魅解蔽，在于警示教育工人阶级不要被资产阶级蓄意编造的各种神话所蒙蔽，以剩余价值理论与唯物史观武装自己的头脑，并以伟大的革命实践变革资本主义生产方式，才能实现人类解放。这对工人阶级起到了巨大的思想解放作用。正如有论者所指出，“拜物教的根本功能就是对资产阶级剥削无产阶级真相的遮蔽，因而它是资产阶级的意识形态。马克思通过创建剩余价值理论，彻底打破了资产阶级的拜物教神话，揭穿了拜物教的阶级实质，从而对无产阶级起到了重大的思想解放作用”。[④]

从拜物教批判、宗教批判的视角来阅读《资本论》及其手稿，会发现马克思对宗教的资本主义世俗基础进行了无情的科学的彻底的批判，从而

①《马克思恩格斯文集》第四卷，人民出版社2009年版，第289页。

②《马克思恩格斯文集》第一卷，人民出版社2009年版，第429页。

③《马克思恩格斯文集》第五卷，人民出版社2009年版，第96—97页。

④陈宝：《资本·现代性·人》，安徽人民出版社2007年版，第117—118页。

完成了对宗教及资本主义意识形态的批判任务。而韦伯试图以价值中立解说新教伦理与资本主义精神文化的关系，虽然在一定程度上有助于理解资本主义精神文化的一角，也在一定程度上切中了资本主义精神文化在物质欲求中走向失魂落魄的时代脉象与病症，即“专家没有灵魂，纵欲者没有心肝，这个废物幻想着它自己已达到了前所未有的文明程度”。[①]但不得不说，韦伯既没有做到价值中立，因为这是其主观仰望的、不可能的，也没有做到像马克思那样深刻把握资本主义时代脉动的规律，反而走向对资本主义精神文化的新教伦理辩护，把新教伦理美德视为促进美国经济发展的动力源泉，最终成为一种对新教伦理及资本主义精神文化关系辩护的庸俗唯物主义、唯心史观理解。

大自然的长期滋养，以及漫长的人类社会生产劳动与交往交流活动，共同孕育了人类意识这个地球上最美的花朵。进入私有制与阶级社会，尤其是进入到现代资本主义社会，人类意识在发展过程中逐渐蜕变成了良莠混杂、真假难辨的花朵，蜕变为经济政治斗争与抽象统治的意识形态工具。马克思对资产阶级意识形态及宗教的彻底批判，锻造人类解放的科学思想武器，就是要去伪存真、点亮智慧的灯塔，让人类社会意识的百花园自由绽放、绚烂多彩。可以说，马克思既是现代西方启蒙运动的终结者，又是现代人类启蒙运动的真正开创者。

①[德]韦伯：《新教伦理与资本主义精神》，于晓等译，陕西师范大学出版社2006年版，第106页。

第六章 《资本论》对市民社会概念的批判及当代价值

直接源自17世纪的英国与法国，流行于18世纪西欧各国的市民社会概念，是现代性社会政治早期发展的理论话语表征。伴随着现代性社会政治的充分展开，理论家们对市民社会概念展开了经久不衰的探讨，尤其是划时代思想家马克思对市民社会概念的深刻批判研究，更是将市民社会问题的相关理论探索推向新的思想高度，让学人对现代性社会政治历史发展有了更加深刻和宽广的认识。在现代性社会政治问题日益尖锐化、全球化、高危机化、高风险化的同时，新时代中国特色社会主义正处于走向强起来的风险、挑战与机遇等共存的关键期，深入全面阐释《资本论》及其手稿对市民社会概念的批判揭示及其当代价值，对具体完整理解唯物史观与政治哲学的内在理论联系，对新时代中国特色社会主义的社会政治建设，具有重要的理论价值与现实意义。

一、对市民社会概念的批判轨迹

从古希腊到欧洲中世纪，社会与国家、经济与政治高度一体化，亚里士多德与西塞罗的政治社会、公民社会概念就是这种高度一体化的理论映照。直到14世纪出现的市民社会一词，还一直保持着其最初的政治意味，不仅指单个国家，而且指已发达到出现城市文明政治共同体的生活状态[①]。最早意识到市民社会与国家间性质差异的是英国历史学家弗格森，当他1767年出版《市民社会史论》一书时，洛克、卢梭等其他欧洲启蒙思

①邓正来：《布莱克维尔政治学百科全书》，中国政法大学出版社1992年版，第125页。

想家还未从概念上明确意识到国家与市民社会的分离。潘恩在1775年的《常识》中明确区分社会与国家，指出由单个的人首先组成的是社会，当人们的德性软弱无力协调彼此的关系时，国家才被创造出来[①]。黑格尔则将弗格森的市民社会概念德国化，并在1821年《法哲学原理》中进一步区分国家与市民社会，成为系统提出现代资产阶级市民社会观念的第一人。当西欧市民社会在现实历史发展中大踏步前进，包括黑格尔、费尔巴哈等在内的西方启蒙思想家立足市民社会与政治解放，构建未来理想中的资产阶级千年王国的时候，市民社会概念开始进入马克思现代性批判视野。

（一）市民社会概念的抽象萌发

从1835年秋到1841年春，马克思大学读书期间所学的是法学专业，但却偏好文学、历史和哲学，最初对市民社会、政治经济学所知甚少。他深受康德、费希特和黑格尔哲学的影响，对思想观念的力量深信不疑，对经济因素、物质利益在社会历史发展中的作用更缺乏关注。正如恩格斯在晚年致梅林的信中所说，马克思当时是黑格尔派，“对于经济学，他还一无所知，因而像‘经济形式’这样的词对他根本没有任何意义”[②]。在此思想成长阶段，马克思在德国古典哲学理性思辨殿堂内迅速崛起，成为青年黑格尔派的翘楚，并在政治哲学上成为一个理性的自由主义者，其博士论文所追寻的是黑格尔式“定在中的自由”的实现。

作为青年黑格尔派思想先锋的马克思博士，虽然未能实现在大学讲坛与论坛呼唤自由、启蒙青年与民众的理想，但他在《莱茵报》编辑的岗位上试图借助自由报刊实现其自由主义社会政治理想与抱负。在此思想基调下，马克思以稍显激进的思辨理性话语方式批判普鲁士的封建专制集权统治，首要关注的是思想言论、新闻出版、宗教信仰、法律等政治自由与权

①《潘恩选集》，马清槐等译，商务印书馆1981年版，第3—5页。

②《马克思恩格斯文集》第十卷，人民出版社2009年版，第638页。

利。正如马克思所说："正是由于报刊把物质斗争变成思想斗争，把血肉斗争变成精神斗争，把需要、欲望和经验的斗争变成理论斗争、理智和形式的斗争，所以，报刊才成为文化和人民的精神教育的极其强大的杠杆。"[①]在《莱茵报》社会舞台工作不到六个月的时间里，马克思理性形而上学之思逐渐开始直接面向感性现实生活世界，并由此发生思想转变。他更加密切关注现实社会生活，尤其是广大下层民众的物质生活问题，并在情感与价值观念上逐渐站到广大民众一边。同时，他也遭遇到令其苦恼的两个问题，即对物质利益关系与共产主义问题发表意见的难事。这促发他思考各种社会经济、物质利益与国家和法的关系等问题，开始批判研究当时各种形式的共产主义思想在理论上的现实性问题。

1842年10月到1843年初，马克思发表《关于林木盗窃法的辩论》《摩泽尔记者的辩护》等报刊文章，表明他首次探索现实经济问题，开启对市民社会的初步思考。一是分析问题的视角已开始从思想观念转向现实政治与经济，初步认识到经济关系在社会生活中的重要作用，各种不同政治主张是社会各等级不同利益的反映，现实社会中人的各种活动受利益驱动与支配，国家日益变成私人利益的工具。二是把"自由报刊"视为"具有公民头脑和市民胸怀的补充因素"[②]，即能够以其"理智的力量"解决政府管理者与被管理者之间物质利益矛盾的第三种力量因素。三是主要依靠"德国的理论"批判封建专制，试图以康德般温和改良的方式来平衡政府权力与人民权利，渐进实现社会政治发展的目标，并没有明显的革命性思想主张。这些经验观察与理性思考为马克思批判研究黑格尔法哲学中的市民社会观念、实现理论变革等奠定了基础。正如恩格斯晚年在致费舍的信中回忆说，马克思后来曾不止一次说过"正是他对林木盗窃法和摩泽尔河沿岸地区农民状况的研究，推动他由纯政治转向经济关系，并从而走向社

---

①《马克思恩格斯全集》第一卷，人民出版社1995年版，第329页。

②《马克思恩格斯全集》第一卷，人民出版社1995年版，第378页。

会主义”[1]。

（二）市民社会概念的批判确立

1843年3月18日，马克思发表正式声明退出即将被查封的《莱茵报》编辑部，成为影响他社会政治主张与思想发展的一个重要事件。从此，马克思不再关心如何构建“一个合乎伦理和理性的共同体”，而是要“依靠法国的理论”去猛烈批判封建专制的旧世界、创建新世界。为此，1843年3—9月，从《莱茵报》社会政治舞台退回到克罗茨纳赫书房的马克思，从批判黑格尔法哲学——政治经济学的“副本”开启市民社会概念的批判，进而对英法政治经济学的“原本”展开批判。直到1849年8月，马克思的市民社会概念在对哲学、政治经济学、空想社会主义的理论与实践综合批判的基础上，逐步确立起来。

1843年7—9月，在克罗茨纳赫对黑格尔法哲学展开批判性研究，是马克思思想发生变革的关键时期，成为其市民社会概念批判与唯物史观确立的开端和标志。黑格尔法哲学敏锐地洞见到市民社会和政治国家分离的现代性矛盾关系状况及其历史走势，但他无心无力对抗强大的德国封建君主，故而在市民社会与国家关系问题上，得出国家决定市民社会的主谓颠倒的唯心史观结论，试图依靠绝对精神“理性的狡计与威力”去实现德国式资本主义现代化发展的图景。黑格尔的政治哲学思想是其精神哲学进展的一个必然逻辑环节，由此实现法哲学与唯心史观的内在统一。马克思在肯定黑格尔法哲洞见的同时，批判指出“事实却是这样：国家是从作为家庭的成员和市民社会的成员而存在的这种群体中产生的”[2]。因而，就要把黑格尔颠倒的市民社会与政治国家的关系翻转过来，并由此得出市民社会决定政治国家的唯物史观结论，从而为确立人类解放的社会政治哲学理

①《马克思恩格斯文集》第十卷，人民出版社2009年版，第701页。

②《马克思恩格斯全集》第三卷，人民出版社2002年版，第12页。

想奠定基石。

实现对黑格尔法哲学唯心史观与政治解放观的超越，有费尔巴哈人本学唯物主义的中介作用，也离不开马克思对法国大革命史及启蒙政治哲学的批判研究，尤其是马克思直接开启了对斯密、萨伊等古典政治经济学“原本”的批判研究。有论者指出，克罗茨纳赫批判研究时期的马克思认识到“任何政治斗争都是阶级斗争，归根到底都是围绕着经济利益进行的。……所以《克罗茨纳赫笔记》令人信服地证明，批判黑格尔法哲学和研究世界历史，特别是研究法国资产阶级革命史，对于唯物史观的形成和促使马克思研究政治经济学起了很大的作用”①。

克罗茨纳赫时期的研究成果、思想转变，直接体现在马克思1844年初于《德法年鉴》上发表的《〈黑格尔法哲学批判〉导言》《论犹太人问题》两篇文章中，由此得出超越政治解放的人类解放的社会政治哲学新思想。其一，在费尔巴哈宗教批判观念的基础上继续前进，开启对现实社会、法与政治的批判，认为“工业以至于整个财富领域对政治领域的关系，是现代主要问题之一”②，阐述德国式现代化发展与人类解放实现的实际可能性与实现路径问题，并首次提出社会形态跨越发展的思想。其二，马克思批判并超越解决犹太人问题的狭隘政治解放观，以人类解放的历史新高度确立起彻底解决现代性社会政治与人的发展问题的新世界观。这一新历史观与政治哲学结论的确立，与马克思对市民社会的批判研究是直接紧密相连的。对此，马克思曾回忆总结说，“我的研究得出这样一个结果：法的关系正像国家的形式一样，既不能从它们本身来理解，也不能从所谓人类精神的一般发展来理解，相反，它们根源于物质的生活关系，这种物质的生活关系的总和，黑格尔按照18世纪的英国人和法国人的先例，概括为‘市民社会’，而对市民社会的解剖应该到政治经济学中去寻

①马健行、郭继严：《〈资本论〉创作史》，山东人民出版社1983年版，第15页。

②《马克思恩格斯全集》第三卷，人民出版社2002年版，第204页。

求”。[①]

1844年，马克思在巴黎开始从事批判研究政治经济学的“原本”，还受到恩格斯在《德法年鉴》上发表的“天才大纲”——《国民经济学批判大纲》直接促发，并写下首个政治经济学批判研究的成果——《1844年经济学哲学手稿》。在《手稿》中，马克思紧紧围绕“国民经济学同国家、法、道德、市民生活等等的联系”[②]的中心问题，从当时的经济事实出发，探讨工资、资本的利润、地租、异化劳动、私有财产、分工与货币等政治经济范畴的问题，以及黑格尔辩证法、费尔巴哈人本学唯物主义及共产主义等三方面的问题。马克思从对自由主义政治经济学理论“原本”批判分析出发，进展到对自由竞争资本主义商品经济事实的批判分析，再反思批判黑格尔否定之否定绝对精神辩证法的伟大历史功绩，即以唯心的方式把人的对象性活动——劳动看作是人的本质的生成活动与过程，进而从中寻求到自觉扬弃私有财产，即扬弃人的自我异化的共产主义革命运动才是历史发展之谜的真正解答。他指出：“整个革命运动必然在私有财产的运动中，即在经济的运动中，为自己既找到经验的基础，也找到理论的基础。……宗教、家庭、国家、法、道德、科学、艺术等等，都不过是生产的一些特殊的方式，并且受生产的普遍规律的支配。”[③]正是在对市民社会的具体解剖，即对政治经济学具体批判分析的基础上，马克思才把经济学、哲学与共产主义的研究首次贯穿为一个整体，也才把人类解放的政治哲学理想与历史唯物主义的伟大发现首次汇通为一个整体。因此，马克思才在“天才世界观萌芽的第一个文件”——《关于费尔巴哈的提纲》中说：“旧唯物主义的立脚点是市民社会，新唯物主义的立脚点则是人类社

①《马克思恩格斯全集》第三十一卷，人民出版社1998年版，第412页。

②《马克思恩格斯全集》第三卷，人民出版社2002年版，第219页。

③《马克思恩格斯全集》第三卷，人民出版社2002年版，第298页。

会或社会的人类。”①

在此基础上，从1845年到1849年，从巴黎到布鲁塞尔，马克思不断深化对政治经济学的批判研究，与恩格斯紧密合作进行共同的伟大事业，写下《神圣家族》《德意志意识形态》《哲学的贫困》《雇佣劳动与资本》《共产党宣言》等著作，进一步批判阐发市民社会的基本观念，并明确阐发唯物史观与人类解放的政治哲学思想。

其一，在对政治经济学理论与实践初步批判研究的基础上，为正面阐发经济观点，他们首先清算了从前的哲学信仰，与青年黑格尔派脱离现实的精神解放论划清了界限，逐步与费尔巴哈脱离实践的宗教批判理论划清了界限，确立起革命的实践唯物主义新世界观。他们指出，思想一旦离开利益不但会使自己出丑，而且“思想本身根本不能实现什么东西”。“‘解放’是一种历史活动，不是思想活动，……对实践的唯物主义者即共产主义者来说，全部问题都在于使现存世界革命化，实际地反对并改变现存的事物。”②

其二，在充分肯定蒲鲁东对私有财产批判考察的同时，指出其批判的不彻底性，进而把蒲鲁东作为“意识形态的经济学”的“最新代表”而加以剖析，对其割裂社会有机体的小资产阶级政治经济学与空想社会主义观念体系进行系统批判。通过对蒲鲁东的论战，马克思和恩格斯阐发了唯物史观、政治哲学和市民社会的决定性意义的观点，指出“随着新生产力的获得，人们改变自己的生产方式，随着生产方式即谋生的方式的改变，人们也就会改变自己的一切社会关系。手推磨产生的是封建主的社会，蒸汽磨产生的是工业资本家的社会。”“劳动阶级在发展进程中将创造一个消除阶级和阶级对抗的联合体来代替旧的市民社会；从此再不会有原来意义

①《马克思恩格斯文集》第一卷，人民出版社2009年版，第502页。

②《马克思恩格斯文集》第一卷，人民出版社2009年版，第320、527页。

的政权了”[①]。

其三，以人类物质生产实践发展为中心线索，来考察社会所有制形式的历史变迁，以及现代市民社会工商业与城市化的历史发展，从而发现生产力与交往形式的矛盾运动是人类社会历史发展的内在规律，进而阐明社会存在决定社会意识、生产力决定生产关系的辩证关系，以及生产方式、生产力在社会历史发展中的决定性作用，首次公开阐发唯物史观的基本原理。由此，马克思和恩格斯把唯物史观与人类解放的社会政治哲学思想内在统一起来，得出资本主义必然灭亡、共产主义必然胜利的历史科学结论，指出“代替那存在着阶级和阶级对立的资产阶级旧社会的，将是这样一个联合体，在那里，每个人的自由发展是一切人的自由发展的条件”。[②]

至此，马克思的市民社会概念在批判中确立起来，也确立起唯物史观与共产主义的基本观点。一方面，马克思通过对政治经济学的批判分析，即通过对市民社会概念内涵的多维解剖，开始用交往形式、生产关系、社会物质关系等唯物史观新概念来代替市民社会概念。另一方面，马克思从消灭私有制、消灭阶级、消灭国家、实现人类解放的社会政治哲学高度出发，把从充满阶级矛盾对抗的旧的市民社会、资产阶级旧社会到自由联合的共产主义新社会的发展，视为一个辩证的社会政治历史发展过程。

（三）市民社会概念的创造性转换与创新性发展

马克思从流亡到伦敦后的第二年春天起直至逝世前，一直致力于政治经济学批判及《资本论》的创作，发表《政治经济学批判（第一分册）》《资本论》第一卷等著作，写下大量经济学手稿，创立了剩余价值理论、全新的经济科学与历史科学，完成对现代资产阶级社会从微观到宏观、从理论到现实的整体性批判，从而把共产主义与人类解放奠定在坚实的事实

①《马克思恩格斯文集》第一卷，人民出版社2009年版，第602、655页。

②《马克思恩格斯文集》第二卷，人民出版社2009年版，第53页。

分析与严密的逻辑论证基础上。

其一，马克思完成《资本论》第一卷及其手稿的创作，其唯物史观、剩余价值理论与共产主义理论相互促发、相互印证，并融会贯通为一个有机的系统整体，科学回答了无产阶级获得解放，以及建立共产主义新社会的历史、经济与政治等条件，为无产阶级政党赢得了科学上的彻底胜利。

其二，《资本论》实现了从市民社会概念术语到现代社会、资本主义社会、资产阶级社会概念术语的具体深化发展。马克思在《资本论》的手稿中把“市民社会”作为批判考察与分析性的概念加以使用，进而深入到对现代资本主义社会的生产方式与经济运动的典型具体分析中去，实现市民社会概念术语的具体深化发展。对于马克思的政治经济学批判，恩格斯曾指出，“政治经济学是现代资产阶级社会的理论分析，因此它以发达的资产阶级关系为前提”[①]。

其三，马克思以英国资本主义社会经济实践发展作为眺望世界经济政治发展的最佳平台与窗口，深入彻底批判资产阶级政治经济学理论，深刻批判分析人类社会生产过程的最后一个对抗形式——资产阶级的生产关系，以及人类社会的最后一个史前形态——资产阶级社会，从而揭示出“现代社会的经济运动规律”，即“把经济的社会形态的发展理解为一种自然史的过程”[②]。

综上，马克思对市民社会概念的批判经过市民社会概念的抽象萌发、批判确立、创造性转换与创新性发展三个阶段性过程，并揭示了市民社会概念的多重蕴涵。与此紧密相伴而行，马克思也因此完成对唯物史观、剩余价值理论与共产主义理论的科学阐发，实现唯物史观与政治哲学的会通。有学者在研究马克思市民社会理论[③]时，没有揭示出马克思早期对

①《马克思恩格斯文集》第二卷，人民出版社2009年版，第595页。
②《马克思恩格斯文集》第五卷，人民出版社2009年版，第10页。
③参见蒋红：《马克思市民社会理论研究》，人民出版社2007年版。

市民社会概念蕴涵批判所得出的理论成果——“自由报刊”，更没有研究1848年之后马克思对市民社会概念的深入批判与丰富发展，有失系统完整性。而只有系统完整理解马克思对市民社会概念的批判轨迹，才能更完整准确理解马克思的市民社会概念蕴涵及其特征。

二、对市民社会概念内涵的批判性新揭示

市民社会这一概念在马克思的文本中所指为何，蕴涵哪些内容，有何特征？对此，从不同立场、观点、方法出发的国内外众多学者给出许多不同的解释。这在推动学术阐释上的争鸣与创新的同时，也造成理解使用上的歧义与混乱、紧张与顾忌。因此，迫切需要循着马克思对市民社会概念批判研究、创造性转换的文本足迹，反思整合国内外学者的各种阐释，给出一种更加系统具体、合理稳妥的新解释。由此，我们可以发现，马克思的市民社会概念有三重含义，使其呈现出分析性、批判性、价值性、历史性、建构性等多维特点。

（一）泛指资产阶级赖以产生的私人报刊、工商业、社会组织等私人生活领域

主编《莱茵报》时期的马克思，开始直面分析封建普鲁士官僚政治压迫之下、已处于现代社会转型发展中的各种复杂利益纷争，把自由报刊视为市民社会概念的重要因素。这一因素是介于“治人者和治于人者”之间的“第三种因素”，是政治的但非官方的因素，是兼具“公民的头脑和市民的胸怀的补充因素”。而且，这一因素可作为一个超然于私人利益纠缠之上的理智力量，能够为各种社会力量提供一个独立合理、权利平等的相互监督批判的平台，一个能把物质斗争转变为思想斗争、理论斗争、精神斗争的平台，并因此“成为文化和人民的精神教育的极其强大的杠

杆”[①]。青年马克思对自由报刊这一现代社会政治力量的理想勾画，还带有些许唯心主义色彩，表征着那个时代自由主义理论家的激进社会政治理想，即把自由报刊作为现代市民社会标志性的积极因素。不过，马克思对当时的资产阶级报刊却是持否定批判观点的，如英国所谓自由派报刊《每日电讯》就是集社会赃物之大成的一个“纸制的藏污纳垢大中心”[②]。

理性自由主义的社会政治理想破灭后，马克思重回书房克罗茨纳赫，扬弃来自古典政治经济学的黑格尔法哲学中的市民社会概念，批判其把市民社会概念德国化为由警察外部保障体系构成的伦理实体性范畴之一环节的不合理性，肯定其把市民社会概念描述为“需要的体系”，即由特殊的个人、自治性团体的相互需要体系组成的私人生活领域。黑格尔把市民社会视为私利的新战场，即“一切人反对一切人的战争”的现代社会关系状态，是以德国思辨哲学的方式，对法国大革命以来市民社会与国家分离的时代社会关系状态的正确反映，英法古典政治经济学理论与实践是其最好的注脚。只不过，黑格尔的市民社会概念还带有封建普鲁士色彩，还把现代市民社会各等级视为政治等级，即“市民社会的各等级是‘政治国家的特殊化’，就是说，市民社会是政治社会”[③]。

在西欧社会革命实践舞台不断被驱逐、辗转游荡过程中，马克思的现代性批判转向更加深入的经济领域，对市民社会的解剖即对政治经济学的批判研究逐渐展开，分析并揭示了市民社会概念的工商业、社会组织等私人生活领域内的要素内涵。在马克思看来，黑格尔思想中“现代的政治社会”观念，已无法应答“工业以至于整个财富领域对政治领域的关系”这一“现代主要问题”。因为，德国古典哲学只是资产阶级政治解放的理性回声，实践中只能带来市民社会的部分解放，非但无法回答把人作为目的

①《马克思恩格斯全集》第一卷，人民出版社1995年版，第329页。

②《马克思恩格斯全集》第十九卷，人民出版社2006年版，第329页。

③《马克思恩格斯全集》第三卷，人民出版社2002年版，第98页。

的美好社会、人类整体普遍解放的问题，而且造成人类共同体、市民社会成员的严重分裂。所谓人权，即“市民社会的成员的权利”“无非是利己的人的权利、同其他人并同共同体分离开来的人的权利”。所谓自由，即人与人相分隔的、狭隘的、局限于自身的个人权利，其“实际应用就是私有财产这一人权”[①]。还有所谓平等、安全等市民社会观念进一步造成共同体的分裂，完全把“作为社会存在物”的人贬低为“单个存在物”，使市民社会成员彻底沦落为自私自利、互为手段存在的孤立封闭单子、原子。“在国民经济学家看来，社会是市民社会，在这里任何个人都是各种需要的整体，并且[XXXV]就人人互为手段而言，个人只为别人而存在，别人也只为他而存在。”[②]

马克思深刻批判揭示作为私人生活领域的市民社会的历史进步性及其阴暗面，从而展现出市民社会概念的分析批判性、历史性、价值性特点。马克思认为，由工场手工业、机械大工业、商品经济、自由竞争与贸易关税壁垒而来的市民社会，在对金钱货币、私有财产恶的无限追求中，把幻影般的自由、平等、人权观念以及私人生活领域日益变成一个封闭的、极端利己主义的、相互敌对的地狱般的存在。由此所诞生的现代国家、现代政治的历史性、价值性特点相应可知。因此，马克思在《关于现代国家的著作的计划草稿》中提出：“为消灭（Aufhebung）国家和市民社会而斗争。”[③]有论者曾把马克思的市民社会概念理解为“不同于自然经济社会和未来社会的整个商品经济社会”“近现代西方发达的商品经济社会”[④]，只抓住了市民社会的由来因素及表面关系特征，但与马克思对市民社会本质内涵的深刻批判揭示不符。

---

①《马克思恩格斯文集》第一卷，人民出版社2009年版，第40、41页。

②《马克思恩格斯文集》第一卷，人民出版社2009年版，第236页。

③《马克思恩格斯全集》第四十二卷，人民出版社1979年版，第238页。

④沈越：《“市民社会”辨析》，《哲学研究》1990年第1期。

在对古典政治经济学理论前提、德意志意识形态、现代工商业状况进一步批判研究的基础上，马克思明确指出市民社会概念的工商业、社会组织等内涵要素，超越了古典政治经济学与费尔巴哈的旧唯物主义。1845年春，通过对政治经济学理论与实践的批判研究，马克思的新世界观不仅发现以斯密为代表的古典政治经济学的“实际出发点”“就是‘市民社会’”[①]，而且发现包括费尔巴哈在内的旧唯物主义者的立脚点也是单子般的“市民社会”。斯密、李斯特等片面地把现代工厂制度看成是“最好的社会联合”“真正的社会组织”[②]；费尔巴哈把感性生活世界、市民社会看成是“直接存在的、始终如一的东西”，不理解它们是随着“工业和商业交往”活动而变化发展的历史产物[③]。就是说，自由主义经济学、旧唯物主义者把市民社会的工商业因素视为永恒、美好的社会组织，进而把整个人类社会都看成创造财富的机器。而马克思则认为，“市民社会包括各个人在生产力发展的一定阶段上的一切物质交往。它包括该阶段的整个商业生活和工业生活，……市民社会这一名称始终标志着直接从生产和交往中发展起来的社会组织”[④]。就是说，一定历史发展阶段的市民社会、工商业社会组织等是历史性的而非永恒的，现代市民社会、工商业社会组织更是充满罪恶地把人贬低成为少数人发财致富的机器，造成人类社会共同体的分裂。

对于马克思的市民社会概念，中国学者俞可平曾从关系、社会组织、私人生活的三重蕴涵上阐述过，认为“马克思更多地使用的也并不是特定的、实质意义上的市民社会概念，而是一般的、普通意义上的市民社会概念，即把市民社会当作不同于普遍利益或公共领域的私人利益关系、私人

①《马克思恩格斯全集》第四十二卷，人民出版社1979年版，第249页。

②《马克思恩格斯全集》第四十二卷，人民出版社1979年版，第251页。

③《马克思恩格斯文集》第一卷，人民出版社2009年版，第528页。

④《马克思恩格斯文集》第一卷，人民出版社2009年版，第582－583页。

领域、非官方的社会组织、国家政治生活之外的社会生活”[①]。俞可平对马克思市民社会概念泛指蕴涵的揭示是正确的，但却忽略了马克思对这一蕴涵的历史阶段性、分析批判性、价值性特征的揭示，进而导致其非批判性泛用市民社会与公民社会概念于中国社会建设与国家治理问题。这代表了国内很多学者对马克思市民社会概念的使用倾向。

（二）特指资产阶级社会

马克思对市民社会概念这一蕴涵的揭示，也是从对政治经济学“副本”到“原本”的批判，再到对现代资本主义经济的实情批判完成的。在政治经济学的“副本”黑格尔法哲学中，市民所指的是有产者、资产阶级，市民社会所指的是资产阶级社会。黑格尔的市民社会概念成为马克思“理论改造的起点”[②]。与黑格尔精神哲学的先验逻辑演绎理路不同，马克思实践哲学从人类社会物质生产实践的经验事实出发，具体分析从中世纪的城关市民到“最初的资产阶级分子”，再到现代资产阶级及其社会物质生产关系产生的历史过程，进而赋予现代市民社会概念资产阶级社会的蕴涵。马克思指出：“雇佣劳动就是现存的资产阶级的组织劳动。没有雇佣劳动，就没有资本，就没有资产阶级，就没有资产阶级社会。”[③]

在马克思的文本中，泛指与特指意义上的市民社会，都是对市民社会不同维度内涵的批判揭示，而且二者具有内在一致性。无论是古典、庸俗政治经济学家，还是近代西方唯心与唯物主义者，他们的出发点、立脚点都是利己主义的单子般的市民社会、资产阶级社会。马克思和恩格斯在科学指出现代市民社会、资产阶级社会历史进步性与过程性的同时，还猛烈

---

①俞可平：《马克思的市民社会理论及其历史地位》，《中国社会科学》1993年第4期。

②[法]阿尔都塞等：《读〈资本论〉》，李其庆、冯文光译，中央编译出版社2017年版，第269页。

③《马克思恩格斯全集》第十卷，人民出版社1998年版，第140页。

批判这个现代性社会造成人类共同体的严重分裂与异化，尤其是造成资本与劳动之间、资产阶级与无产阶级两大阶级之间不可调和的尖锐对抗斗争。1852年9月23日，恩格斯在致马克思的信中还专门谈到资产阶级社会一词的译法和用法，认为从语法和逻辑的角度严格来说，正如不能将“封建社会”译为“贵族社会”一样，也不能将“资产阶级社会”译成“中等阶级社会”，“我们理解的‘资产阶级社会’是指资产阶级、中等阶级、工业和商业资本家阶级在社会和政治方面是统治阶级的社会发展阶段；现在欧洲和美洲的所有文明国家在某种程度上就是处于这种阶段。因此，我们建议用‘资产阶级社会’和‘工业和商业社会’这样的说法来表示同一个社会发展阶段”①。马克思后来还指出，资产阶级社会作为人类社会历史发展过程中的一个阶段，是“卡夫丁峡谷”“奇耻大辱”。马克思和恩格斯在他们成熟时期的著作中反复强调，要消灭资本主义私有制、消灭阶级、消灭现存资产阶级社会，建立自由人联合体的新社会——共产主义社会。

在《〈政治经济学批判〉导言》中，马克思透过卢梭、斯密、李嘉图等对自然状态与理想社会状态的抽象理论假设与虚构，指出其实“这是对于16世纪以来就作了准备、而在18世纪大踏步走向成熟的‘市民社会’的预感”②。至19世纪，近代西方启蒙思想家们曾以理性话语不断论证阐发的“市民社会”及其话语体系，更是在他们的心心念念中野蛮生长为弥漫全球的资产阶级社会。马克思和恩格斯则鲜明地指出，“资产阶级社会是最发达的和最多样性的历史的生产组织。”③“资本和劳动的关系，是我们全部现代社会体系所围绕旋转的轴心”。④恩格斯还在评价《政治经济

①《马克思恩格斯〈资本论〉书信集》，人民出版社1976年版，第74页。
②《马克思恩格斯文集》第八卷，人民出版社2009年版，第5页。
③《马克思恩格斯文集》第八卷，人民出版社2009年版，第29页。
④《马克思恩格斯全集》第二十一卷，人民出版社2003年版，第362页。

学批判（第一分册）》时指出："政治经济学是现代资产阶级社会的理论分析，因此它以发达的资产阶级关系为前提。"[①]

马克思除了把市民社会直接特称为资产阶级社会、资本主义社会外，还用与"亚洲式的社会"相对应的"西方式的社会"[②]，与"封建主的社会"相对应的"工业资本家的社会"[③]，与未来共产主义"新社会"相对应的"现代社会"，等等，来特指资产阶级社会。马克思在《哥达纲领批判》中更加明确指出，"'现代社会'就是存在于一切文明国度中的资本主义社会"，不同文明国度中的形式纷繁的现代国家"都建立在现代资产阶级社会的基础上"[④]。从泛指的市民社会到特指的资产阶级社会这种概念蕴涵的变化，反映出马克思的现代性社会批判日益走向深入具体。中央编译局的翻译家在马克思恩格斯著作的翻译过程中，就把作为狭义使用的"资产阶级社会的物质关系"的"市民社会"一词译为"资产阶级社会"。这种译法是符合马克思恩格斯原著本意的。但有论者把马克思1859年《政治经济学批判》序言中使用的市民社会概念理解为"资本主义生产方式"[⑤]，则是欠妥的。

然而，国外和国内也有一些学者否认市民社会概念的资产阶级社会蕴涵，否认这两个概念之间的内在关联与一致性。如法国学者阿尔都塞曾提出，马克思著作中现象学层面的"市民社会"概念"往往被不恰当地译为'资产阶级社会'"，并且作为个人的经济行为的世界及其意识形态根源的"市民社会"概念在成熟时期的马克思著作中"消失了"[⑥]。日本"市民社会派马克思主义"学者平田清明、望月清司等都非常重视市民社会概

①《马克思恩格斯文集》第二卷，人民出版社2009年版，第595页。
②《马克思恩格斯全集》第十二卷，人民出版社1998年版，第246页。
③《马克思恩格斯文集》第一卷，人民出版社2009年版，第602页。
④《马克思恩格斯文集》第三卷，人民出版社2009年版，第434页。
⑤雍桂良：《〈资本论〉的写作与传播》，求实出版社1982年版，第13页。
⑥[法]阿尔都塞：《保卫马克思》，顾良译，中央编译出版社2010年版，第98—99页。

念在唯物史观形成及其理论体系中的地位，建构起对唯物史观理解的“共同体—市民社会—社会主义”的逻辑理路。平田清明还结合近代日本及亚细亚历史，把市民社会概念理解为自由平等私人所有者的社会、市民日常生活领域所形成的社会、与资产阶级社会相对立的社会三重蕴涵，并因此也提出“市民社会”概念是一个在《资本论》中“消失了的范畴”[①]。沈越也曾提出，将马克思和恩格斯原著作中大量使用的“市民社会”（bürgerliche Gesellschaft）概念翻译为“资产阶级社会”几乎都是误译，马克思和恩格斯的概念体系中根本就没有“资产阶级社会”（Bourgeoisie Gesellschaft）这样的提法。

诚然，马克思在《资本论》中没有使用“市民社会”概念，而是直接使用“资本主义社会”“资产阶级社会”概念，对资本主义社会生产方式、上层建筑、精神文化等展开整体性的批判。但由此得出马克思的市民社会概念范畴“消失说”，则是没有看到马克思对市民社会概念蕴涵的更深层次、更具体化的揭示与发展；由此得出对马克思市民概念的“误译说”“根本没有资产阶级社会概念说”等，则是对马克思著作文本缺乏完整理解，从而得出的带有主观片面性的不可靠结论。正如有论者所指出，在马克思中后期文本中，将以“现代市民社会”/“现代资产阶级社会”为具体形象的“现代社会”概念，从一个描述性的实存性概念改造成了一个分析性的本质性概念和价值性概念，从而实现了市民社会概念的现代社会转型[②]。

（三）一般指构成社会关系基础的生产关系、经济基础

简言之，市民社会是指生产关系、经济基础这两个唯物史观的一般性

①[日]平田清明：《市民社会和社会主义》，岩波书店1969年版，第50页。

②刘荣军：《马克思市民社会概念的现代社会转型与重要意义》，《马克思主义研究》2017年第8期。

概念。对于马克思市民社会概念的这一蕴涵，马克思和恩格斯经典著作的翻译家、国内外的相关研究者都持较普遍一致的肯定看法，只不过在理解表述上有些许不同。生产关系、经济基础是马克思揭开人类社会政治历史发展之谜核心的基础性概念。从泛指、特指的市民社会概念到逐渐明晰的生产关系、经济基础概念的创造性转化和发展过程，是与唯物史观、人类解放政治哲学思想的创立发展紧密相连且内在一致的过程。

从关注现实社会生活中的物质利益问题，到批判纠正黑格尔在国家与市民社会关系问题上的唯心颠倒，马克思得出“市民社会的奴隶制”是现代国家的“天然基础”、经济决定政治的唯物史观初步结论。进而，马克思在《1844年经济学哲学手稿》中得出扬弃私有制、旧式社会分工、资本奴役劳动等异化社会关系的辩证否定观点。为进一步解决启蒙思想家们在“市民社会”概念使用上的抽象含混，马克思在《神圣家族》中指出物质财富的生产是社会发展的决定性因素，“接近生产的社会关系这个思想”[①]，“接近于得出生产关系即人们在生产过程中形成的社会关系这个概念”[②]。到1845年3月，在《评弗里德里希·李斯特的著作〈政治经济学的国民体系〉》一文中，马克思通过批判古典政治经济学、庸俗政治经济学及空想社会主义漠视人的劳动的生产力概念，初步批判考察现代社会生产力与社会组织的关系，为提出生产关系概念，阐述生产力与生产关系的辩证关系奠定了基础。1846年，马克思在唯物史观形成的标志性著作《德意志意识形态》中，从“一定的方式进行生产活动的”现实个人出发来揭示社会关系和政治关系，指出“社会结构和国家总是从一定的个人的生活过程中产生的”，把市民社会理解为交往形式、生产关系，明确提出“受到迄今为止一切历史阶段的生产力制约同时又反过来制约生产力的交往形

①《列宁全集》第五十五卷，人民出版社2017年版，第13页。

②[苏]费多谢耶夫等：《卡尔·马克思》，张家衡等译，生活·读书·新知三联书店1980年版，第80页。

式，就是市民社会”[①]。

1847年，马克思在《哲学的贫困》中进一步具体化、精确化“生产关系”概念，首次公开科学阐述生产力与生产关系的辩证运动基本原理。同年12月，马克思在《雇佣劳动与资本》的演讲中更是直接指出，“生产关系总合起来就构成所谓社会关系，构成所谓社会，并且是构成一个处于一定历史发展阶段上的社会，具有独特的特征的社会。古典古代社会、封建社会和资产阶级社会都是这样的生产关系的总和，而其中每一个生产关系的总和同时又标志着人类历史发展中的一个特殊阶段。资本也是一种社会生产关系。这是资产阶级的生产关系，是资产阶级社会的生产关系”。[②]1859年《政治经济学批判（第一分册）》及其序言中，马克思清晰地阐述了社会基本矛盾运动关系原理，成为“对历史唯物主义的实质所作的天才的表述”[③]。从而，马克思对市民社会概念的批判研究实现从泛指、特指到一般性的生产关系、经济基础概念的创造性转化与创新性发展，并在《资本论》中逐步实现对资本主义社会生产方式、政治上层建筑与意识形态全面彻底的科学批判。

“人体解剖对于猴体解剖是一把钥匙”。[④]通过对市民社会的解剖，对政治经济学的深入彻底批判研究，对当时世界上最发达最先进的英国资本主义社会关系、生产组织的解剖，马克思逐步揭示了生产关系、经济基础的科学概念，并使其成为批判性与建构性相统一的概念，从而科学揭开人类社会政治历史发展之谜，为无产阶级政党为人类解放赢得了彻底的科学上的胜利。对此，阿尔都塞曾从结构主义的视角充分肯定马克思对市民社会概念的创新性贡献，他认为，走向科学发展阶段的马克思已摒弃了抽

① 《马克思恩格斯文集》第一卷，人民出版社2009年版，第524、540页。

② 《马克思恩格斯文集》第一卷，人民出版社2009年版，第724页。

③ 《斯大林选集》下卷，人民出版社1979年版，第453页。

④ 《马克思恩格斯文集》第八卷，人民出版社2009年版，第29页。

象模糊的意识形态性质的市民社会概念，“市民社会并没有向马克思提供制造新概念的原料”。“生产力的发展程度，生产关系的状况，从此成为马克思的基本概念。”①

三、对市民社会概念批判揭示的当代价值

马克思通过对市民社会概念的批判揭示，赋予市民社会概念价值性与事实性、批判性与建构性等相统一的新内涵，从而彰显出新的理论与实践价值。总体来说，这一批判揭示，实现唯物史观与政治哲学的会通与发展，进而实现唯物史观、剩余价值理论、共产主义理论三者之间的内在整体性贯通与发展；为进一步批判性认识当代西方市民社会、现代性资本主义社会提供了基本的立场、观点与方法；对新时代中国特色社会主义的社会政治建设也具有现实启发与指导价值。

（一）实现唯物史观与政治哲学的内在会通与深化发展

通过对市民社会概念三重蕴涵的批判揭示，一方面，马克思发现人类社会生产力与生产关系、经济基础与上层建筑矛盾运动关系的原理，并以此揭示人类社会历史发展的规律，得出“两个必然”的科学社会主义结论；另一方面，马克思形成政治革命与社会革命、政治解放与人类解放关系的新判断，得出人类解放的全新政治哲学结论。在费尔巴哈宗教批判的理论地基上，马克思进一步清理挖掘，主要并关键通过对市民社会概念从“副本”到“原本”、再到现实的批判，使唯物史观与人类解放的政治哲学形成、确立起来，并且使二者内在互通，进而逐步使唯物史观、剩余价值理论、共产主义理论三者整体性地贯通起来。

通过《资本论》及其手稿的政治经济学批判研究与创作，马克思最终

①[法]阿尔都塞：《保卫马克思》，中央编译出版社2010年版，第99页。

实现政治经济学的革命性变革，进一步深化发展唯物史观与政治哲学，把共产主义奠定在更加牢固的科学基础之上。对此伟大革命性变革，恩格斯曾在《反杜林论》中高度概括性地指出，“政治经济学本质上是一门历史的科学”。①这告诉我们，《资本论》归根结底是关于人类社会历史发展的科学，其政治经济学与唯物史观、科学社会主义是内在统一的。这启示我们，对《资本论》可以从唯物史观、经济学、科学社会主义等视角去解读，还可以从不同学科、不同问题等众多视角去解读，但不能把研究视野局限于此，否则，就可能会“一叶障目，不见泰山”。因为，《资本论》及其手稿是马克思主义整体性的集大成之作。

自20世纪30年代以来，对于马克思的市民社会概念批判、政治经济学批判与唯物史观形成发展的内在关联问题，国内外的学者们展开了持续解说。美国学者胡克认为，马克思的历史唯物主义与经济学是一个双向建构过程②。民主德国经济学家图赫舍雷尔说，“马克思越是接近历史唯物主义，从而对政治经济学的研究越是深入”③。日本学者望月清司在《马克思历史理论研究》一书中特别重视马克思对市民社会的批判在唯物史观形成过程中的作用，还将马克思的历史理论称之为“市民社会的历史理论”。我国学者俞可平、阎孟伟、刘荣军、张一兵等也对此展开论证与解说，张一兵还特别指出“马克思历史唯物主义的理论来源主要不是费尔巴哈哲学，而是古典经济学”④。这些都有力证明马克思历史唯物主义的市民社会批判、政治经济学批判之源。进而，对于马克思市民社会概念批判在唯物史观与政治哲学会通中的作用问题，我国学者张文喜、王新生、李

①《马克思恩格斯全集》第二十六卷，人民出版社2014年版，第155页。

②[美]胡克：《对卡尔·马克思的理解》，徐崇温译，重庆出版社1989年版，第154页。

③[德]图赫舍雷尔：《马克思经济理论的形成和发展》，马经青译，人民出版社1981年版，第192页。

④张一兵：《回到马克思：经济学语境中的哲学话语》，江苏人民出版社2014年版，第262页。

佃来等也分别撰文阐释。张文喜认为，“经济学与政治哲学的紧密联系，构成了唯物史观研究社会经济现象的基本规范”。[①]王新生认为“唯物史观是整个马克思社会政治理论总的方法论”[②]。李佃来认为“市民社会概念将历史唯物主义与政治哲学融聚为一体”[③]。这些都有力证明市民社会概念是马克思历史唯物主义与政治哲学会通的枢纽。

总之，从对单子式现代市民社会的批判，到对资本主义社会、资本主导的现代生产关系及其生产方式的批判，进而批判资本主义社会政治上层建筑和意识形态，马克思将唯物史观与政治哲学一步步引向深入，将现代性社会政治的理论批判一步步引向深入，精准而牢固把握住资本与劳动矛盾运动的时代脉动，科学指出人类解放的光辉未来——共产主义社会与人的全面自由发展。

（二）有助于深化批判认识现代性西方资本主义社会

从自由竞争资本主义到垄断帝国主义，再到金融垄断新型帝国主义的发展；从近代西方启蒙思想家到现当代西方自由主义思想家对现代市民社会、资本主义社会的伦理实体性建构、永恒性论证及新改良论证，都是一脉相承的关系，也是一个不断庸俗化的理论过程。西方市民社会、资本主义社会在300多年的历史发展过程中，把它内在固有的危机与矛盾更加充分而全面地暴露出来，并以反复不断上演的历史事实充分证实，马克思对市民社会概念批判所揭示的现代性社会政治问题富有远见卓识。

正如马克思当年以英、法、德三国为典型所批判揭示的，作为私人生活关系领域属性的市民社会在当代西方并未改变，只是在其外延拓展的同时，将其内在“私人”属性充分展现出来、固化下来，将现代性社会人与

①张文喜：《历史唯物主义的政治哲学向度》，江苏人民出版社2008年版，第31页。
②王新生：《马克思政治哲学研究》，科学出版社2018年版，第84页。
③李佃来：《政治哲学视域中的马克思》，中央编译出版社2018年版，第148页。

人关系的分裂问题日益放大、尖锐化。近代西方政治解放在带来市民社会极少数成员自由、绝大多数成员形式自由的同时，也造成极少数人与绝大多数人的新对抗，尤其是整个市民社会成员日益利己、孤立、分离，而成为一个个任性封闭的单子。当代西方市民社会从个人主义到极端个人主义的蜕变，是对人的类存在物本性的极端自我贬低，是对人类社会共同体的反动，是人类解放过程中的一个否定性环节。当代西方市民社会发展的典型国家——美国更是把人与人之间关系日益疏离、分裂的现代性问题展现得淋漓尽致。当年托克维尔在《论美国的民主》一书中对美国市民社会中的个人主义隐忧成了现实，并愈益呈现出萨特《禁闭》中所描述的“他人即地狱”般的黑暗景象。

正如马克思所批判揭示的，资本的本质及殖民整个世界的野心未变，资本作为现代世界的主人在市民社会的中心地位未变，只不过是从工商业资本家为王转换成金融资本家为王，并开始日益脱实向虚、泡沫膨胀。西方资产阶级社会的资本与劳动、资产阶级与无产阶级之间的矛盾对抗未变，只不过是在新的历史条件下以反种族歧视、反社会不公正、保护生态、妇女解放等运动形式表现出来。在当代美国，从“占领华尔街”到蔓延全国的大规模持续抗议种族歧视和暴力执法运动等一道道“最美风景线”，都充分暴露以美国为代表的资产阶级社会的尖锐矛盾与危机。对此，就连曾以美国为样板、对资本主义社会进行庸俗辩护的日裔美国学者福山都慨叹并忧虑今日美国社会之严重撕裂。

归根结底，资本主义生产关系不适应生产力的发展，资本主义社会的私有制、生产方式已经越来越不适应社会化大生产了。正如列宁所理解的，马克思在《资本论》中从分析资产阶级社会最常见的商品及商品交换关系入手，深刻“揭示出现代社会的一切矛盾（或一切矛盾的萌芽）”[①]，从现代社会的经济的运动规律得出“资本主义社会必然要转变为社会主义社会”[②]的科学结论。今观之，资本主义生产关系越来越不适应并严重阻碍以互联网为标志的人类社会联合发展的时代必然要求了，更是无法应对人类共同的灾难，当代美国资本家政治集团更是成为时代历史发展的恶行者、逆行者。

马克思根据政治经济学的科学研究，提出通过阶级斗争与社会政治革命“消灭市民社会”“消灭资产阶级社会”的历史任务，明确指出“庸俗民主派把民主共和国看作千年王国，他们完全没有想到，正是在资产阶级社会的这个最后的国家形式里阶级斗争要进行最后的决战”[③]。这一科学结论，要求无产阶级政党要站在人类解放的立场观点上勇敢坚持伟大斗争，而不是改良现代资产阶级社会，像伯恩施坦修正主义所错误主张的“把劳动者从无产者的社会地位提高到市民的社会地位，使市民阶级或市民的地位普遍化”[④]。这一科学结论，要求把对资产阶级社会的理论批判和实践批判紧密结合起来，这也是西方马克思主义单纯文化批判的理论局限之所在。如马尔库塞等就基于当代西方工业社会极权主义的现实走向，把历史唯物主义原则解释为“揭露使人受物质生产盲目结构奴役的社会批判工具”[⑤]。而卢卡奇则很早就理解到，历史唯物主义是对现代社会、资本主义社会制度展开的理论与实践双重批判，“对无产阶级来说，如果在认识到历史唯物主义的科学特性时止步不前，把历史唯物主义仅仅看作是一种认识工具，这也同样是自杀”[⑥]。现时代，一方面我们要深入具体批

①《列宁专题文集·论辩证唯物主义和历史唯物主义》，人民出版社2009年版，第150页。

②《列宁专题文集·论马克思主义》，人民出版社2009年版，第29页。

③《马克思恩格斯全集》第二十五卷，人民出版社2001年版，第29页。

④[德]伯恩施坦：《社会主义的前提和社会民主党的任务》，舒贻上等译，生活·读书·新知三联书店1958年版，第90页。

⑤[美]马尔库塞：《理性与革命》，程志民等译，重庆出版社1993年版，第267页。

⑥[匈]卢卡奇：《历史与阶级意识》，杜章智等译，商务印书馆1999年版，第318页。

判研究资本主义社会经济理论与实践，另一方面在与西方资本主义展开经济合作、互利共赢的同时，还要与之展开科技、经济、政治、军事、外交、意识形态等伟大斗争。

（三）对新时代中国特色社会主义的社会政治建设具有指导价值

马克思对市民社会概念的深刻批判及创新发展，充分展现出其社会政治哲学是批判性与建设性、理论性与实践性等相统一的科学理论，对新时代中国特色社会主义的社会政治建设具有重要的理论与实践指导意义。首先，要遵循马克思市民社会概念批判及唯物史观伟大发现所指出的人类社会历史发展规律与方向，继续实践探索当代人类解放、自由人联合体美好社会理想的实现路径。市民社会概念蕴涵从公民社会到经济社会、私人生活领域、生产关系的革命性变革，再到文化社会的演变，体现着思想家们对人类社会联合发展的不同构想与热望，表征着社会发展历史的变迁和人类解放的进程。当代中国倡导的“构建人类命运共同体”理念被写入联合国决议，既体现了中国共产党和中国人民推动人类进步事业的现实性追求，也体现了世界各国人民推动人类社会联合发展的现实性追求。“天下之行，大道为公”。新时代不断理论探索与实践推动“构建人类命运共同体”，就是一条通达自由人联合体的光明大道。

其次，要站在新时代新的历史起点上，思考中国特色社会主义的社会政治建设的主要矛盾解决问题。当代中国正行进在新时代中国特色社会主义现代化强国、中华民族伟大复兴的新征程上，“我国社会主要矛盾已经转化为人民日益增长的美好生活需要和不平衡不充分发展之间的矛盾”①。这要求我们既要紧紧围绕这一社会的主要矛盾和矛盾主要方面，还要从“五位一体”总体布局、“四个全面”战略布局的整体性角度，来

①习近平：《决胜全面建成小康社会　夺取新时代中国特色社会主义伟大胜利——在中国共产党第十九次全国代表大会上的报告》，人民出版社2017年版，第11—12页。

思考解决和谐社会、民主政治与人类文明新形态的建设问题。在这一伟大世界历史发展进程中，尽管“现代市民社会”“现代社会”“资产阶级社会”的某些属性还不可避免地作用于我国社会政治关系等诸领域，但绝不可将社会主义社会、新时代中国特色社会主义社会等同于马克思曾批判过的“现代市民社会”“现代社会”。有论者就错误地认为，“马克思所说的‘现代社会’（‘现代市民社会’）在现实层面上无疑包括了现代资本主义和现代社会主义这样两种不同的社会形态和社会制度”[①]。这种看似自然无疑的形式逻辑推理，实则是对马克思“现代社会”“现代市民社会”概念蕴涵模糊理解的结果。诚然，资本主义社会是现代的，社会主义社会也是现代的，但马克思所批判的“现代市民社会”“现代社会”特指的是资产阶级社会，而不是社会主义社会。这就像历史唯物主义被马克思、恩格斯称为“现代唯物主义”一样，马克思、恩格斯也称他们理想中的共产主义为“现代科学社会主义”“科学社会主义”[②]，并强调“现代社会主义，就其内容来说，首先是对现代社会中普遍存在的有财产者和无财产者之间、资本家和雇佣工人之间的阶级对立以及生产中普遍存在的无政府状态这两个方面进行考察的结果”[③]。

第三，要站在以人民为中心的立场观点上，思考新时代中国特色社会主义的社会政治建设问题。马克思站在人类解放的立场上批判市民社会的政治解放，站在劳动解放的立场上批判资本主义社会的新型奴隶制，就是从工人阶级、无产阶级和广大人民的立场出发，批判现代性社会政治所造成的社会分裂与人类异化问题，进而构想自由人联合体的美好前景。可以说，全部马克思主义经典著作就是大写的工人阶级、无产阶级——人民的

---

①刘荣军：《马克思市民社会概念的现代社会转型与重要意义》，《马克思主义研究》2017年第8期。

②《马克思恩格斯全集》第二十五卷，人民出版社2001年版，第139、441页。

③《马克思恩格斯文集》第三卷，人民出版社2009年版，第523页。

立场观点。有论者曾指出，马克思提出了国家和社会最终统一的历史性方向及其深刻内涵，从而奠定了社会本位的方法论[①]。说到底，社会本位的方法论，就是人民本位的方法论及历史观、价值观的统一。社会主义新中国是人民当家作主的新型国家政权、崭新社会；新时代中国特色社会主义坚持以人民为中心的发展理念，是既合历史规律性又合目的性的马克思主义立场观点。只有以人民为中心来思考当代中国社会政治建设，才能不断推进新时代的伟大事业，不断实现人民的自由全面发展，从而唤起广大人民群众同心共筑中国梦的磅礴力量。正如有论者所理解，“人民社会”是“中国梦”的最大动力[②]。

第四，要在全面深化改革、不断推进国家治理现代化的伟大实践创造中，实现更大社会政治进步发展。马克思对市民社会概念的批判揭示与唯物史观既为变革现代资本主义社会提供了思想武器，也为建设社会主义新社会提供了行动指南。马克思当年号召国际工人联合起来开展推翻资本奴役劳动的旧社会政治制度，建立新社会政治制度，即“自由平等的生产者联合的造福人民的共和制度”，“为了把社会生产变为一个由合作的自由劳动构成的和谐的大整体，必须进行全面的社会变革，也就是社会的全面状况的变革”[③]。新中国社会主义基本政治经济制度的确立成为我国社会全面进步发展的基石；改革开放是决定当代中国命运的关键一招，是唯物史观的伟大生动实践创造。改革开放40多年来，由生产关系到上层建筑等各领域的改革逐步全面深化，中国社会政治生活等各领域的面貌焕然一新。不断推进国家治理体系和治理能力的现代化，成为有效、稳步加速新时代中国特色社会主义伟大事业的调节器与助推器，是对唯物史观的创新发展。国家治理现代化的关键、核心在于调节和理顺全部社会关系的基

①荣剑：《马克思的国家和社会理论》，《中国社会科学》2001年第3期。
②胡鞍钢：《人民社会是“中国梦”最大动力》，《人民论坛》2013年7月（上）。
③《马克思恩格斯全集》第二十一卷，人民出版社2003年版，第271页。

石——生产关系、劳动关系，进而调节和规范权力与权利的运行，充分调动并尊重劳动创造的积极性与主动性，最大限度解放与发展生产力，以实现高度社会和谐、高度政治民主及美好生活图景，充分彰显社会主义制度的巨大优越性。

最后，要继续批判借鉴国外现代市民社会理论文化转向的思想资源，但不能拿来主义。马克思对市民社会概念的批判揭示与唯物史观的伟大发现开创了政治社会学之先河，成为“经典社会理论”①，影响了现代西方社会批判理论的文化转向。在马克思之后，葛兰西提出“文化领导权”的思想，开启市民社会概念的文化社会内涵转向。从帕森斯到哈贝马斯，再到柯亨和阿拉托的市民社会概念的现代流变，呈现出西方社会理论的文化批判转向及其式微，也反映出身处西方资本主义社会的知识分子由激进变革到保守改良的生存策略，折射出垄断资本及其国家政权对社会日益加强的重压及更深层次的社会矛盾问题。

同时，这些思想资源也为新全球化、现代化、市场化发展过程中的中国社会政治哲学理论建构提供了一些理论借鉴。一方面，立足中国特色社会主义社会政治建设的实际，遵循马克思主义社会政治哲学理想，中国学界批判借鉴现代西方社会批判理论，在观照并阐释当代中国社会转型发展问题上有积极进展，如王南湜的《从领域合一到领域分离》、王新生的《市民社会论》、杨仁忠的《公共领域论》等著作。另一方面，中国学界在观照并阐释当代中国社会转型发展问题上也出现拿来主义现象，即简单照搬照抄现代西方市民社会理论及其话语体系的思想倾向，为中国社会政治建设错误地开出现代西方“市民社会”“公民社会”“宪政民主”等理论话语方案。如有学者按照所谓市场经济、公民社会的原生法则提出，“因为市场经济原本就是与市民—公民一体的社会形态，更明白地

①邹诗鹏：《马克思对现代性社会的发现、批判与重构》，《中国社会科学》2009年第4期。

说，普遍的公民资籍倘若得不到落实，完善的市场经济秩序就无法建立起来。”“公民和公民社会在中国是一个迫切的现实问题”。这种社会政治建设想法背离马克思市民社会概念批判的理论宗旨及唯物史观，对现代西方市民社会及理论本质认识不清，混淆两种性质不同的社会——资本主义与中国特色社会主义的社会政治建设问题。

“社会，即联合起来的单个人”[①]。自由联合起来的单个人、整个人类社会才能有机构成自由人联合体，也才能实现人类解放，即每个人的自由全面发展。以此科学美好人类社会理想为远大目标，新时代中国特色社会主义坚持以人民为中心，统筹推进经济、政治、文化、社会、生态五大文明建设，必将持续书写中国式现代化、人类文明形态的辉煌新篇章。新时代中国特色社会主义坚持以人类命运共同体的理念，成为世界联合发展的践行者、推动者、贡献者，代表人类社会历史的正确前行方向，必将有力推动人类世界的和平、进步与发展。

①《马克思恩格斯全集》第三十卷，人民出版社1995年版，第526页。

第七章　《资本论》对无产阶级革命的科学阐发及启示

阶级斗争与社会革命是唯物史观的重要内容，阶级性、革命性是马克思主义政治哲学鲜明的理论品格。不同于书斋中静观世界、解释世界的学者，转变成为唯物主义者与共产主义者的马克思一直致力于人类解放的崇高事业，一直致力于推动无产阶级革命的伟大实践变革运动，并始终注重把其理论研究与无产阶级革命实践的密切结合。因此，国际工人运动活动家、工人政论家埃卡留斯在1852年就曾高度评价马克思为“工人阶级运动革命理论的代表，欧洲民主派中最先进的派别的著述舵手”。[①]马克思逝世后，恩格斯更是高度评价马克思首先是革命家，其次是理论家。就马克思关于阶级斗争与社会革命的唯物史观结论来说，它与马克思对政治经济学的批判研究内在相连，《资本论》更是成为无产阶级革命的科学理论基石。因此，柯尔施说，“马克思在进行政治经济学批判时，是从革命的立场出发的”。[②]

一、无产阶级革命观与政治经济学批判在互动中创立

通过对德法资本主义发展状况的观察，以及对法国革命史、黑格尔法哲学、政治经济学的初步批判研究，尤其是通过阅读恩格斯的《国民经济学批判大纲》，马克思开始认识到现代社会资本与劳动、资产阶级与无产阶级的矛盾斗争已成为时代历史发展的焦点问题。德国的犹太人问题、现代工人阶级的囚徒状况等已经证明政治革命与政治解放是无法实现人类解

①《马克思恩格斯全集》第十一卷，人民出版社1997年版，第760页。

②[德]柯尔施：《卡尔・马克思》，熊子云、翁廷真译，重庆出版社1993年版，第67页。

放的乌托邦，唯有彻底的社会革命才能真正实现人类解放，由此，马克思初步提出通过无产阶级革命实现人类解放的社会政治哲学思想。在首个政治经济学批判研究的成果——《1844年经济学哲学手稿》中，马克思指出整个现代社会已经分裂为“有产者阶级和没有财产的工人阶级”两个阶级，而且“劳动和资本的这种对立一达到极端，就必然是整个关系的顶点、最高阶段和灭亡”。[①]进而，他提出只有通过共产主义运动，才能消灭私有制和旧的社会分工、消除异化劳动，以实现人的类本质复归的革命性主张。

据此，马克思还撰文批判卢格关于工人起义偶然、革命领导权应归资产阶级的错误政治思想观点，指出无产阶级的社会革命是对资产阶级政治革命的超越。在马克思看来，作为资产阶级政治革命胜利果实的现代国家这个虚假、抽象的共同体，只不过是“在社会中组织起一个统治阶层”，以新的统治阶层代替了旧的统治阶层，造成人类社会新的分裂对抗。只有在政治革命的基础上继续进行无产阶级有组织的、以人的解放为灵魂的、彻底抛弃政治外壳的社会革命，才能建立起真正的共同体——社会主义，而“社会主义不通过革命是不可能实现的”[②]。

立足人类社会的唯物主义新世界观，马克思和恩格斯从物质生产实践出发、而不是从思想观念出发，在《神圣家族》中进一步阐发了现代社会的阶级斗争与社会革命理论，以及人民群众在历史发展中的决定性作用。他们指出，无产阶级的生存状态在现代社会已达到了非人性生存的顶点，已经到了无产阶级必须肩负起“自己解放自己”的历史使命的时刻，这已经在无产阶级的“生活状况和现代资产阶级社会的整个组织中明显地、无可更改地预示出来了”。[③]为此，无产阶级、广大人民群众就要扬弃私有

① 《马克思恩格斯全集》第三卷，人民出版社2002年版，第283页。
② 《马克思恩格斯全集》第三卷，人民出版社2002年版，第395页。
③ 《马克思恩格斯文集》第一卷，人民出版社2009年版，第262页。

财产，以革命实践活动彻底变革自身的“生活条件”。这样才能彻底摆脱资产阶级套在无产阶级、广大人民群众头上的“现实的、感性的枷锁”，让自己不仅在思想上真正站起来，而且在现实中真正站起来。

恩格斯对19世纪40年代英国工人阶级悲惨生存状况的调研批判，为马克思提供了政治经济学批判研究与无产阶级革命观的第一手思想材料。恩格斯调研发现，与旧式公开的奴隶制不同，资本主义新式奴隶制的秘密“仅仅在于现代的工人似乎是自由的，……他不是某一个人的奴隶，而是整个有产阶级的奴隶”。“工厂是地狱的真正入口。”[①]在为改变这种生存状况、与资本家的斗争中，工人们已感觉到自己是一个阶级的整体，已经意识到“联合起来就是一种力量”，大城市的工人运动也开始以有组织的社会性运动形式出现。恩格斯指出，资产阶级与无产阶级的矛盾对立，以及现代社会机体病症的解决，“唯一可能的出路就是暴力革命，毫无疑问，这个革命是不会让人们长久等待的”。[②]比对恩格斯批判调研的材料思想与马克思政治经济学批判成果，我们可以发现，恩格斯不仅与马克思携手同行在唯物史观与政治经济学批判的科学探索发现之路上，而且他们在阶级斗争与社会革命的思想上是相辅相成、内在一致的。

伴随政治经济学批判的深入与唯物史观的成熟，马克思的阶级斗争与社会革命观也走向成熟。在《德意志意识形态》中，马克思和恩格斯指出，为使从阶级斗争中产生的无产阶级“彻底革命的意识”即“共产主义的意识”普遍化，实现人类解放与共产主义的伟大事业，就需要通过革命实践活动来使人们发生普遍的变化。而且，只有通过无产阶级革命实践这个唯一的方式，才能彻底“推翻统治阶级”；也只有通过革命实践这个能动的大熔炉，才能使无产阶级淬火成金、“抛掉自己身上的一切陈旧的肮

①《马克思恩格斯全集》第二卷，人民出版社1957年版，第364、435页。
②《马克思恩格斯全集》第二卷，人民出版社1957年版，第548页。

脏东西，才能胜任重建社会的工作”。[①]在《哲学的贫困》中，马克思从经济学与辩证方法论两方面入手，批判蒲鲁东杜撰的庸俗政治经济学及其形而上学方法，击退了蒲鲁东对共产主义的理论攻击及其小资产阶级抽象社会政治改良幻想，进一步公开阐述了唯物史观中的无产阶级革命理论。其一，被压迫阶级的存在是阶级对抗的旧社会存在的必要条件，“因此，被压迫阶级的解放必然意味着新社会的建立”；其二，在一切生产工具中“最强大的一种生产力是革命阶级本身”，消灭一切阶级是劳动阶级解放的必要条件；其三，只有消除建立在阶级和阶级对抗之上的旧市民社会及其国家政权，才能建立新社会“联合体”，这是无产阶级的历史使命；其四，唯有通过暴力革命，才能推翻阶级压迫，彻底实现社会变革与劳动阶级解放，这即是“社会科学的结论”[②]。

进而，在对雇佣劳动与资本的尖锐对立以及工资问题的批判研究基础上，马克思和恩格斯在为共产主义者同盟制定的政治纲领性文献——《共产党宣言》中，更是系统公开阐明了共产主义基本原理，指出共产主义“原理不过是现存的阶级斗争、我们眼前的历史运动的真实关系的一般表述。……共产党人可以把自己的理论概括为一句话：消灭私有制”。[③]其中，以唯物史观阐述了人类社会阶级斗争的历史，分析了现代社会资产阶级与无产阶级两大敌对阶级的对抗性矛盾及其“两个必然”结果，系统公开阐发了无产阶级革命运动的组织领导、策略原则、国际联合、路径方式、发展目标等思想内容。马克思和恩格斯强调代表无产阶级利益的共产党人要在革命理论和革命实践两方面都发挥先锋模范作用，以科学性的革命理论武装无产阶级头脑，同资产阶级旧观念意识形态实行最彻底的决裂，带领无产阶级以暴力革命推翻资产阶级的政治与经济枷锁；他们号召

①《马克思恩格斯文集》第一卷，人民出版社2009年版，第543页。
②《马克思恩格斯文集》第一卷，人民出版社2009年版，第655页。
③《马克思恩格斯文集》第二卷，人民出版社2009年版，第45页。

现代各文明国家无产阶级政党组织采取联合的革命行动，号召全世界无产者联合起来革命，打碎旧世界的锁链，建立无产阶级的政治统治，“一步一步地夺取资产阶级的全部资本……并且尽可能快地增加生产力的总量”①，去建设一个崭新社会形态，即由自由全面发展的个人所组成的真正联合体。

二、无产阶级革命理论在革命实践中进一步丰富发展

1847年席卷欧洲的经济危机、政治危机及社会危机，导致1848年欧洲普遍爆发政治革命及社会革命。1848年革命高潮过后，共产主义者同盟于1851年11月解体，国际工人运动在曲折中前行，并伴随1864年国际工人协会的成立而发展起来。在宣传、组织领导无产阶级革命实践过程中，马克思不断深化对政治经济学的批判研究，并把理论研究与革命事业紧密结合起来，使其阶级斗争与社会革命理论在实践中得到进一步检验、丰富发展，进而使社会主义成为科学性与革命性内在一体的现实性理论。

至1852年3月5日，马克思曾在致魏德迈的信中总结过自己对阶级和阶级斗争理论的贡献。他指出，发现阶级和阶级斗争的存在、历史发展，以及率先对各阶级所作出的经济分析等，分别是资产阶级的历史编纂学家和经济学家的功劳，“我所加上的新内容就是证明了下列几点：（1）阶级的存在仅仅同生产发展的一定历史阶段相联系；（2）阶级斗争必然要导致无产阶级专政；（3）这个专政不过是达到消灭一切阶级和进入无阶级社会的过渡”。②对这三点新内容的理论“证明”，马克思是通过政治经济学批判、唯物史观的创立完成的，即从社会基本矛盾的历史运动来看阶级斗争及其最高表现形式社会革命。具体来说，马克思无产阶级革命理论在19世纪50—60年代的丰富发展，可以概括为以下5个方面。

①《马克思恩格斯文集》第二卷，人民出版社2009年版，第52页。

②《马克思恩格斯全集》第四十九卷，人民出版社2016年版，第79页。

第一，明确提出不断革命的思想。在《1848年至1850年的法兰西阶级斗争》一文中，马克思明确提出无产阶级要在资产阶级政治革命的基础上继续革命的不断革命思想。马克思高度评价1848年法国巴黎工人的“六月起义”，称其为“分裂现代社会的两个阶级之间的第一次大规模的战斗”，指出资产阶级“革命死了！”无产阶级“革命万岁！”[①]马克思还高度肯定阶级斗争与社会革命在人类社会历史发展中的直接重要作用，指出“革命是历史的火车头”。[②]进而，马克思明确指出，无产阶级要摆脱乌托邦、空想的社会主义，团结在“革命的社会主义”旗帜下，“这种社会主义就是宣布不断革命”[③]。在《路易·波拿巴的雾月十八日》一文中，马克思也表达了不断革命思想，即资产阶级已完成其政治革命的历史使命，无产阶级要沿着从政治革命到社会革命的“上升路线”继续前进。马克思和恩格斯还在《共产主义者同盟中央委员会告同盟书》中宣告，共产主义者同盟的“战斗口号应该是：不断革命”。[④]由此，是坚持改良，还是不断革命，就成为区分自由主义、民主社会主义、空想社会主义与科学社会主义的原则界限。换句话说，不革命的社会主义就是一种空想，就不是科学社会主义。

第二，明确提出无产阶级专政思想。在提出不断革命思想的同时，马克思还首次明确提出无产阶级专政概念。为彻底消灭雇佣劳动、消灭私有制、消灭阶级，推翻资产阶级旧社会，建立新社会，就需要彻底打碎资产阶级国家机器，因此，马克思提出了一个无产阶级革命的大胆而响亮的战斗口号：“推翻资产阶级！工人阶级专政！”[⑤]“革命的社会主义”即科学的社会主义在推翻资产阶级统治，首先采取的现实统治方式“就是无

①《马克思恩格斯文集》第二卷，人民出版社2009年版，第101、105页。
②《马克思恩格斯文集》第二卷，人民出版社2009年版，第161页。
③《马克思恩格斯文集》第二卷，人民出版社2009年版，第166页。
④《马克思恩格斯全集》第十卷，人民出版社1998年版，第396页。
⑤《马克思恩格斯文集》第二卷，人民出版社2009年版，第104页。

产阶级的阶级专政，这种专政是达到消灭一切阶级差别，达到消灭这些差别所由产生的一切生产关系，达到消灭和这些生产关系相适应的一切社会关系，达到改变由这些社会关系产生出来的一切观念的必然的过渡阶段”。[①]为建设新社会，消灭一切阶级差别，即消灭一切经济的、政治的、社会的不平等，无产阶级专政的新型国家政权组织形式要实行真正的民主，要全面肩负起经济、政治和思想文化等各方面建设任务。

第三，明确提出无产阶级政党只有在革命斗争中才能成长为一个真正的革命党。《共产党宣言》对共产党组织的革命性质，以及推动无产阶级革命与世界革命的历史使命已作出了公开的声明。《1848年至1850年的法兰西阶级斗争》一文更是明确提出，“通过和这个敌对势力的斗争，主张变革的党才走向成熟，成为一个真正革命的党”。[②]马克思、恩格斯在《共产主义者同盟中央委员会告同盟书》中还指出，无产阶级政党为达到最终胜利，首先还必须靠自己努力，认清自己的阶级利益，尽快采取自己独立政党的立场，“一时一刻也不能因为听信民主派小资产者的花言巧语而动摇对无产阶级政党的独立组织的信念”。[③]在马克思加了标记和文字的《共产主义者同盟章程》中，明确规定了共产主义者同盟组织的革命目的，即“以一切宣传和政治斗争的手段破坏旧社会——推翻资产阶级，在精神上，政治上和经济上解放无产阶级和实现共产主义革命”。[④]由此可见，革命是无产阶级政党的本质属性与历史使命，无产阶级政党是真正的革命政党，只有在无产阶级革命斗争中，无产阶级政党才能走向成熟，忘记革命意味着真正的背叛。换句话说，如果无产阶级政党丧失了革命斗争性、不领导革命了，那它就不是革命党了，也不是无产阶级政党了；或者

①《马克思恩格斯文集》第二卷，人民出版社2009年版，第166页。

②《马克思恩格斯文集》第二卷，人民出版社2009年版，第79页。

③《马克思恩格斯全集》第十卷，人民出版社1998年版，第396页。

④《马克思恩格斯全集》第十卷，人民出版社1998年版，第744页。

说，无产阶级政党已完成了自己革命斗争的历史使命，随着政治国家的终结而退出了历史舞台。

第四，进一步号召无产阶级发挥社会革命的能动性。现代社会资本对雇佣劳动残酷剥削压迫已造成尖锐的阶级对抗，现代工人阶级已处于“不是饿死，就是斗争”的生死边缘，已到了社会革命与无产阶级解放的历史时刻。因此，马克思号召工人阶级不要在“临近一个伟大的开端、开辟一个新时代的时候”沉溺于对过去的幻想、犹豫不决，而要勇敢肩负起创造历史的新使命。即工人阶级要充分发挥其彻底革命性，展开“消灭资产阶级制度的斗争”[①]，并通过社会革命斗争消灭一切阶级统治，以实现工人阶级自己解放自己的历史使命。这也是马克思从1864年到1871年在为国际工人协会制定的临时章程、共同章程中始终强调的重要原则。为完成这一历史使命，就需要工人阶级在实践和理论上展开国际合作，更需要“在全国范围内把工人阶级组织起来”[②]，还需要城市无产阶级与农民的联盟。马克思认为，农民会把“负有推翻资产阶级制度使命的城市无产阶级看做自己的天然同盟者和领导者”，有了农民的支持，“无产阶级革命就会形成一种合唱，若没有这种合唱，它在一切农民国度中的独唱是不免要变成孤鸿哀鸣的”。[③]通过对英国大工业发展状况与工人阶级运动状况的深入研究，马克思认为，英国是资本专横和劳动被奴役达到了顶点的国家，英国工人阶级应该成为无产阶级革命的先头部队。他说：“不列颠的工人阶级最先具有足够能力并且最先负有使命来领导最终必然使劳动得到彻底解放的伟大运动。”[④]总之，周期性发作的资本主义经济危机，工厂主与工人之间不断进行着的经济、政治斗争等，铸就了工人阶级的阶级意识与社

①《马克思恩格斯文集》第二卷，人民出版社2009年版，第101页。
②《马克思恩格斯全集》第十三卷，人民出版社1998年版，第134页。
③《马克思恩格斯文集》第二卷，人民出版社2009年版，第570、573页。
④《马克思恩格斯全集》第十三卷，人民出版社1998年版，第136页。

会革命精神。马克思强调，具有阶级意识与社会革命精神对无产阶级革命与工人阶级解放具有特别重要的意义，否则，“工人阶级就会成为精神萎靡、意志薄弱、内心空虚、任人宰割的群众，这样的群众，正如古希腊罗马的奴隶一样，是不可能自我解放的”。[①]1865年2月13日，马克思在致施韦泽的信中再次强调社会革命对工人阶级解放的至关重要意义，他说，“工人阶级要不是革命的，就什么也不是”。[②]因为，丧失革命斗争性的工人阶级整体上将始终处于资本的奴役之下，而且其生命会在机械般的劳动、动物般的生存状态中走向悲惨的终结。

第五，进一步阐述了无产阶级革命的客观历史条件。无产阶级革命既需要主观能动性条件，更需要客观历史性条件。“革命的社会主义”之所以是科学的社会主义，关键在于马克思从政治经济学批判和历史科学的逻辑出发，来阐述无产阶级革命的客观历史条件。1848年欧洲革命高潮过后，马克思在英国进一步深入开展严肃的经济科学研究，把“两个必然”与“两个决不会”结合起来，从资本主义的商业危机、工业危机、经济危机情况，来分析社会革命的可能性与现实性。正如他所指出，“在资产阶级社会的生产力正以在整个资产阶级关系范围内所能达到的速度蓬勃发展的时候，也就谈不到什么真正的革命。只有在现代生产力和资产阶级生产方式这两个要素互相矛盾的时候，这种革命才有可能。……新的革命，只有在新的危机之后才可能发生。但新的革命正如新的危机一样肯定会来临”。[③]从1848年至1859年，资本主义工商业在大陆上得到了空前的大发展，资产阶级政治统治的物质基础也随之加强了，新的革命不具有现实性。因此，马克思在1860年的《福格特先生》一文中重申：“新的革命，

①《马克思恩格斯全集》第十二卷，人民出版社1998年版，第185—186页。

②《马克思恩格斯〈资本论〉书信集》，人民出版社1976年版，第191页。

③《马克思恩格斯文集》第二卷，人民出版社2009年版，第176页。

只有在新的危机之后才可能发生。”[①]正如人们不能随心所欲地创造历史一样，革命也不是随心所欲地呼唤出来的，而是一定的物质经济条件的产物。工人阶级在现代工业生产中所创造的巨大生产力与物质财富，创造了实现劳动解放的“第一个条件”。同时，现代科技进步与工业化也造成生产力与生产关系、资产者与无产者更尖锐的新对抗，从而为社会革命孕育了新的经济与政治条件，“蒸汽、电力和自动走锭纺纱机甚至是比巴尔贝斯、拉斯拜尔和布朗基诸位公民更危险万分的革命家”。[②]

总之，无产阶级革命既是资产阶级社会经济政治矛盾尖锐化所孕育的历史必然，又是革命的无产阶级及其政党发挥主观能动性的结果，是客观规律性与主观能动性的统一。正如马克思所指出：“历史本身就是审判官，而无产阶级就是执刑者。”[③]马克思关于无产阶级革命的这一思想，也得到当时工人运动的活动家魏德迈与琼斯的回应与认同。1852年12月，魏德迈在《秘密协会和共产党人案件》一文中说：“革命不是通过密谋所能发动起来的，革命是社会危机，这种危机不是由个别人的势单力薄的努力，而是由一些主要状况的共同作用引起的。”[④]1853年2月，琼斯在《暴风雨的第一声响雷》一文中说：“革命从来不是订做的；革命是下层的长期苦难和抑郁的自发燃烧，遇到偶然事件而爆发，而且只有在勇气与良好机会兼备时才能取得胜利。”[⑤]

三、《资本论》对无产阶级革命的科学证明

无产阶级革命既不是神秘莫测的运动，也不是头脑中的空想、理论上的空谈与盲目的儿戏，而是无产阶级积极变革现代资产阶级社会、实现人

①《马克思恩格斯全集》第十九卷，人民出版社2006年版，第153页。
②《马克思恩格斯文集》第二卷，人民出版社2009年版，第579页。
③《马克思恩格斯文集》第二卷，人民出版社2009年版，第581页。
④《马克思恩格斯全集》第十一卷，人民出版社1997年版，第793页。
⑤《马克思恩格斯全集》第十一卷，人民出版社1997年版，第802页。

类解放的客观历史运动，它需要系统完整的科学证明。马克思关于无产阶级革命的思想主张最终在《资本论》中得到深刻全面的证明与阐释，或者说，无产阶级革命最终在马克思主义的经济科学、历史科学中找到了科学理论依据。正如作为科学的“英国古典政治经济学是属于阶级斗争不发展的时期的”①，但随着实践层面和理论层面的“资本和劳动之间的阶级斗争”的日益激烈、尖锐而鲜明，“科学的资产阶级经济学的丧钟”就敲响了②。《资本论》则是属于阶级斗争与社会革命充分发展时期的全新经济科学，也是为无产阶级革命解放事业而创作的全新历史科学，并因此成为无产阶级解放的真经，社会主义也因此变为科学。诚如恩格斯在《资本论》第一卷1886年英文版序言中所指出：“《资本论》在大陆上常常被称为‘工人阶级的圣经’。任何一个熟悉工人运动的人都不会否认：本书所作的结论日益成为伟大的工人阶级运动的基本原则。”③

百余年来，有些国外马克思主义学者也提出《资本论》是对于无产阶级革命的经济科学证明与阐释。如德国学者柯尔施认为，《资本论》不仅是古典政治经济学最后的伟大著作，“同时也是革命的无产阶级的社会科学的第一部伟大著作”。“《资本论》整个的、贯串于三卷中理论的论述与批判，以同样的方式最后归结为鼓动革命的阶级斗争。”④苏联学者卢森贝认为，马克思主义政治经济学的任务是从理论上说明资本主义社会的一切矛盾、无产阶级与资产阶级的矛盾对抗，“给它们以科学的表述并证明它们进一步的辩证的发展”。⑤日本学者柄谷行人认为，“正应该在

---

①《马克思恩格斯文集》第五卷，人民出版社2009年版，第16页。

②《马克思恩格斯文集》第五卷，人民出版社2009年版，第17页。

③《马克思恩格斯文集》第五卷，人民出版社2009年版，第34页。

④[德]柯尔施：《卡尔·马克思》，熊子云、翁廷真译，重庆出版社1993年版，第71、109页。

⑤[苏]卢森贝：《〈资本论〉注释》第一卷，赵木斋、朱培兴译，生活·读书·新知三联书店1963年版，第26页。

《资本论》中寻找其哲学和革命论”，“阅读《资本论》时，不是要在此发现对革命的浪漫主义预见，而是要看身处劳动运动亦被吞食的资本主义经济中马克思试图找到的与此对抗的逻辑”。[①]这些论述启示我们，深入具体研究《资本论》对无产阶级革命的经济科学证明与阐释，是深入理解《资本论》及其政治哲学的重要抓手。

从无产阶级革命的视角来看，《资本论》通过对资本的生产过程、流通过程以及资本主义生产总过程的科学分析，证明了无产阶级的历史使命就是以暴力革命推翻资本主义生产方式、彻底消灭阶级。总观三卷《资本论》对无产阶级革命的经济科学论说，其中，《资本论》第一卷最为明显具体、丰富精彩，《资本论》第二卷较为迂回隐蔽，《资本论》第三卷则是具体再现与最终完成。对此，恩格斯曾评论说，《资本论》第一卷对工人具有特别重要的意义，对“全部现代社会体系所围绕旋转的轴心”即“资本和劳动的关系”作出了透彻和精辟的科学说明[②]。柯尔施更是倾向认为，“这种革命意志在马克思著作的每一个句子之中都是潜在的——然而是存在的，潜在于每一决定性的章节中，尤其是在《资本论》第一卷中一再地喷发出来。人们只需想一下著名的第二十四章第七节关于资本积累的历史趋势的论述，就足以证明这一点”。[③]卢森贝认为，“马克思在《资本论》第一卷中开始阶级关系的研究”，《资本论》第二卷说明阶级关系被资本循环周转的具体形式所“歪曲了和被掩盖了”，“在《资本论》第三卷中，马克思又回到他开始研究时所持的出发点，……完成了这个研究”。[④]刘炯忠认为，《资本论》第三卷最后一章的标题是阶级，

---

①[日]柄谷行人：《跨越性批判——康德与马克思》，赵京华译，中央编译出版社2011年版，第148、250页。

②《马克思恩格斯文集》第三卷，人民出版社2009年版，第79页。

③[德]柯尔施：《马克思主义和哲学》，王南湜译，重庆出版社1989年版，第25页。

④[苏]卢森贝：《〈资本论〉注释》第三卷，李延栋等译，生活·读书·新知三联书店1963年版，第9—10页。

“表明它是以阶级作为终点范畴”。①

诚然，《资本论》蕴藏着、直接或间接论说着无产阶级革命的政治性内容，但不能因此把《资本论》的每部分内容、每一句话都泛化理解成对无产阶级革命的论说。但从总体来看，全部《资本论》及其手稿的一个伟大科学发现——剩余价值理论，证明了资本主义生产方式、私有制的不合理性及其灭亡的历史必然性，从而为无产阶级以暴力革命推翻资产阶级的经济政治统治提供了科学依据。这也是从资本主义经济发展、生产方式与交换方式的矛盾运动，来阐释无产阶级革命的历史必然性、合理性，即以历史唯物主义的方式证明了无产阶级的“历史使命是推翻资本主义生产方式和最后消灭阶级”。②正如奈格里所理解，正是通过剩余价值理论，马克思阐发了阶级斗争，“只有当剩余价值规律成为一种视阈，而不是一个自足性的理论范畴，它才构成了阶级斗争理论的一部分”。③福克斯也指出，“剩余价值理论是一个阶级理论，因此它对无产阶级社会提出了政治要求”。④郎咸平、杨瑞辉也认为，马克思从科学的剩余价值理论出发，“接着证明了资本主义生产过程必然导致社会矛盾的加剧，并最终孕育出自己的掘墓人——无产阶级”。⑤

具体来看，《资本论》第一卷第一篇从对商品和货币的分析开始，到第七篇对资本积累过程的批判分析结束，除关于“价值形式或交换价值”一节“革命的结论还表现得不很明显”⑥之外，其余部分都包含着非常明显甚至非常直接的无产阶级革命的政治性内容。正如恩格斯所指

①刘炯忠：《〈资本论〉方法论研究》，中国人民大学出版社1991年版，314页。

②《马克思恩格斯文集》第五卷，人民出版社2009年版，第18页。

③[意]奈格里：《〈大纲〉：超越马克思的马克思》，张梧、孟丹译，北京师范大学出版社2011年版，第63页。

④[英]福克斯：《数字劳动与卡尔·马克思》，周延云译，人民出版社2020年版，第133页。

⑤郎咸平、杨瑞辉：《资本主义精神和社会主义改革》，东方出版社2011年版，第3页。

⑥《马克思恩格斯〈资本论〉书信集》，人民出版社1976年版，第217页。

出，《资本论》第一卷“足够清楚地提出了社会革命的要求”。[①]可以说，《资本论》第一卷从第一篇开始对无产阶级革命的经济、历史前提铺垫，第二篇货币转为资本拉开了无产阶级革命斗争的序幕，再到第三至第六篇对绝对剩余价值生产、相对剩余价值生产、绝对剩余价值生产与相对剩余价值生产的关系、工资的分析进入到无产阶级革命必然性论说的高潮，第七篇宣告无产阶级革命进程的科学结论。其中，第八章工作日、第十三章机器和大工业、第二十四章所谓原始积累，更是写满了无产阶级革命的政治性内容。

在第八章工作日中，通过对绝对剩余价值生产方法的分析，马克思指出资本家和工人围绕工作日界限的斗争实质上“是全体资本家即资本家阶级和全体工人即工人阶级之间的斗争”。[②]充分确凿的事实材料有力证明，通过延长剩余劳动时间、延长工作日来获取更多的剩余价值，即绝对剩余价值的生产方法是资本主义生产诞生以来就一直普遍采用的方式。资本主义生产通过延长工作日对工人劳动进行无限度的压榨，使雇佣劳动制度成为无拘无束的奴隶制，是在社会、肉体、道德和智力方面对工人进行剥削压榨的新型奴隶制。资本主义制造业的这种残酷现实，已经远远超过但丁对最残酷地狱的想象。因此，马克思指出：“资本主义生产——实质上就是剩余价值的生产，就是剩余劳动的吮吸——通过延长工作日，不仅使人的劳动力由于被夺去了道德上和身体上正常的发展和活动的条件而处于萎缩状态，而且使劳动力本身未老先衰和过早死亡。它靠缩短工人的寿命，在一定期限内延长工人的生产时间。”[③]“资本主义生产几乎是昨天才诞生的，但是它已经多么迅速多么深刻地摧毁了人民的生命根源；……

①《马克思恩格斯全集》第二十一卷，人民出版社2003年版，第316页。

②《马克思恩格斯文集》第五卷，人民出版社2009年版，第272页。

③《马克思恩格斯文集》第五卷，人民出版社2009年版，第307页。

我死后哪怕洪水滔天！这就是每个资本家和每个资本家国家的口号。”[①]在工人与资本家围绕工作日界限的斗争中，作为资本家利益集团的一方，即统治阶级的一切派别都联合起来了，动用一切经济的、政治法律的、文化宗教与社会的力量，来镇压工人阶级的反抗，维护所谓“劳动自由”，即“工厂法的奴隶制”，导致“工厂视察员急切地警告政府说，阶级对抗已经达到难以置信的紧张程度”。[②]作为斗争另一方的工人阶级必须联合起来，才能形成一种强大力量，去争得自身自由的时间，“为了‘抵御’折磨他们的毒蛇，工人必须把他们的头聚在一起，作为一个阶级来强行争得一项国家法律，一个强有力的社会保障，使自己不致再通过自愿与资本缔结的契约而把自己和后代卖出去送死和受奴役”。[③]

在第十三章机器和大工业中，通过揭批机器与大工业生产条件下工人阶级悲催的生产劳动状况，向工人阶级指明要与资本专制的工厂制度展开斗争，要与机器的资本主义应用展开斗争。伴随资本主义手工工场发展为机器大工业生产，在资本工业的司令官——资本家的强制监督下，工人在总体上已彻底变成屈从于机器体系的局部工人、机器工人，畸形、过度的机器劳动严重伤害了工人的身体与精神，毫无自由活动可言。而且，资本工厂所创造的“兵营式的纪律”已发展成对工人全面专制的工厂制度，使工厂变成了傅立叶所称的“温和的监狱”。资本对工人的专制与资产阶级倡导的分权制、代议制一起构成了“一幅资本主义讽刺画。奴隶监督者的鞭子被监工的罚金簿代替了。自然，一切处罚都简化成罚款和扣工资”[④]。在与资本家的斗争中，工人要逐渐“学会把机器和机器的资本主义应用区别开来，从而学会把自己的攻击从物质生产资料本身转向物质生

①《马克思恩格斯文集》第五卷，人民出版社2009年版，第311页。

②《马克思恩格斯文集》第五卷，人民出版社2009年版，第337页。

③《马克思恩格斯文集》第五卷，人民出版社2009年版，第349页。

④《马克思恩格斯文集》第五卷，人民出版社2009年版，第488—489页。

产资料的社会使用形式”[①]。工人阶级更要认识到，只是在资本主义生产方式之下，“劳动资料扼杀工人”，“机器成了镇压工人反抗资本专制的周期性暴动和罢工等等的最强有力的武器”。[②]就是说，工人和机器的这种矛盾对抗并“不是从机器本身产生的，而是从机器的资本主义应用产生的！”[③]因为，机器在生产中能缩短劳动时间、减轻劳动、增加生产者的财富、体现人对自然的胜利，等等，但机器在资本主义生产方式之下却变成了资本吮吸压迫劳动的高效手段。因此，工人阶级要把斗争对象转向资本、资本主义生产方式及其雇佣劳动制度，把科技创造、机器大工业从资本主义应用中解放出来，让科技创造、机器大工业等造福劳动者及整个人类社会。马克思还指出，伴随资本的不断积聚，以及工厂专制制度的普遍加速发展，阶级斗争与社会革命的条件会日益成熟起来，“在使生产过程的物质条件和社会结合成熟的同时，也使生产过程的资本主义形式的矛盾和对抗成熟起来，因此也同时使新社会的形成要素和旧社会的变革要素成熟起来”。[④]

在第二十四章所谓原始积累中，通过对资本原始积累血腥历史的深刻批判，以及对资本积累历史趋势的科学揭示，马克思指明了无产阶级以暴力革命推翻资本主义私有制的必然历史进程。资本原始积累以及资本积累充满血腥罪恶的历史发展进程表明，资本主义生产方式战胜封建生产方式充分利用了国家权力、有组织的社会暴力，“暴力是每一个孕育着新社会的旧社会的助产婆。暴力本身就是一种经济力”。[⑤]在资本主义国家权力、私有制暴力的加持下，一方面，资本积累会在国内日益疯狂无耻地掠夺生产劳动者，把广大人民群众变成赤贫者，使资本与劳动的尖锐对立达

---

①《马克思恩格斯文集》第五卷，人民出版社2009年版，第493页。
②《马克思恩格斯文集》第五卷，人民出版社2009年版，第497、501页。
③《马克思恩格斯文集》第五卷，人民出版社2009年版，第508页。
④《马克思恩格斯文集》第五卷，人民出版社2009年版，第576—577页。
⑤《马克思恩格斯文集》第五卷，人民出版社2009年版，第861页。

到极端；另一方面，资本积累会在世界范围内日益疯狂无耻地奴役掠夺广大落后民族国家的广大人民群众，使资本与劳动的尖锐对立世界化，造成全世界劳动者、无产者的大联合。这个时候，“资本主义私有制的丧钟就要响了。剥夺者就要被剥夺了”。[①]也就是说，世界历史发展就客观必然地进入到广大无产阶级与人民群众联合起来剥夺少数剥夺者，以暴力革命推翻资产阶级的政治经济统治，创建公有制社会的崭新时代。

此外，《资本论》第二卷对资本流通过程的阐述，即对资本再生产、经济危机理论的阐述中，革命主体工人阶级在资本循环周转中变成了无生命物——可变资本，从表面看并没有关于无产阶级革命的直接论说。但是，其中却隐含着关于无产阶级革命的论说。因为，一旦资本循环周转的流通过程在时空上中断，意味着资本再生产无法顺利进行，就会爆发资本主义的经济危机，进而会爆发阶级斗争与社会革命。因此可以说，《资本论》第二卷隐含着对无产阶级革命客观经济条件的观测。

《资本论》第三卷通过对资本主义生产总过程的批判分析，揭示了产业资本家、商业资本家、借贷资本家与农业资本家等资本家集团是如何共同瓜分剩余价值这块大蛋糕，以及创造剩余价值的雇佣工人却只能得到维持其生存的可怜工资的，最终阐明阶级斗争这一必然结果。虽然《资本论》第三卷第七篇最后一章关于阶级的手稿只有一个开头，但其确实表明阶级斗争是整个《资本论》论说的收尾。正如恩格斯在编辑出版《资本论》第三卷第七篇第五十二章后所指出，“在这一章，同地租、利润、工资这三大收入形式相适应的发达资本主义社会的三大阶级，即土地所有者、资本家、雇佣工人，以及由他们的存在所必然产生的阶级斗争，应该当做资本主义时期的实际存在的结果加以论述”。[②]也正如马克思在《资本论》第三卷第五十二章所明确指出：“雇佣工人、资本家和土地所有

①《马克思恩格斯文集》第五卷，人民出版社2009年版，第874页。
②《马克思恩格斯文集》第七卷，人民出版社2009年版，第11页。

者，形成建立在资本主义生产方式基础上的现代社会的三大阶级。在英国，现代社会的经济结构无疑已经达到最高的、最典型的发展。”[①]在资本主义社会，资本家之间在相互竞争时以假兄弟相待，但各个资本家在对付工人阶级全体时，形成了一个真正的秘密共济团体。这就要求无产阶级在反对资本家集团的革命斗争中，也要联合起来。

四、《资本论》对无产阶级革命的指导意义

《资本论》对无产阶级革命的经济科学、历史科学论说，成为观察指导现代社会资本与劳动矛盾斗争、阶级斗争与社会革命的科学世界观方法论。马克思也以此来观察分析英、法、俄等国的阶级斗争与社会革命，得出了一些对无产阶级革命具有实践指导意义的观点方法。

首先，要从资本主义经济与无产阶级发展的客观实际出发来看无产阶级革命的可能性与现实性，也要积极发挥国际工人运动组织的组织领导作用，进而制定合理的革命策略和平与暴力手段；采取暴力革命的方式方法，或者采取和平合法革命的方式方法，也要从无产阶级革命的实际出发，不能教条化，但和平合法革命的前提一定要有无产阶级暴力革命这一终极权利与实力作为保障才有可能。根据当时英国资本主义经济及无产阶级发展的状况，马克思认为英国无产阶级革命的物质条件已成熟，国际工人协会应从组织领导和策略上进一步加速英国工人革命的步伐，并曾把英国作为进行工人革命最重要的国家。晚年的马克思还在一直关注俄国农村公社、俄国资本主义与无产阶级的发展情况，思考经济落后国家无产阶级革命与社会形态跨越发展的可能性与现实性问题。1886年，恩格斯还曾指出，从马克思《资本论》研究的结论来看，“至少在欧洲，英国是唯一可以完全通过和平的和合法的手段来实现不可避免的社会革命的国家”。[②]

①《马克思恩格斯文集》第七卷，人民出版社2009年版，第1001页。

②《马克思恩格斯文集》第五卷，人民出版社2009年版，第35页。

当然，马克思强调采取和平合法手段的革命是有前提的，即只有在与资产阶级的革命斗争中，无产阶级革命力量增长之后才有可能。正如列宁所指出，“无产阶级国家代替资产阶级国家，非通过暴力革命不可”。[①]

其次，无产阶级革命是彻底变革资本主义社会的伟大政治斗争、经济斗争、思想斗争的辩证统一。阶级首先是个经济范畴的概念，“所谓阶级，就是这样一些集团，由于它们在一定社会经济结构中所处的地位不同，其中一个集团能够占有另一个集团的劳动”。[②]阶级其次是一个政治概念，进而成为一个意识形态概念。因而，阶级斗争必然是经济斗争、政治斗争与思想斗争的辩证统一。无产阶级革命是从对资本主义社会的经济斗争成长发展而来的政治斗争以及思想斗争的辩证统一。马克思既强调无产阶级革命斗争是消除资产阶级政治、经济与思想统治的最后大决战，又强调一切阶级斗争就是政治斗争，“一切阶级运动本身必然是而且从来就是政治运动”[③]，无产阶级革命首先就要夺取国家政权。尤其是巴黎公社的经验已经证明，必须推翻现代资产阶级国家政权这个“资本压迫劳动”的政治统治工具，“工人阶级不能简单地掌握现成的国家机器，并运用它来达到自己的目的”。[④]巴黎公社打碎了资产阶级国家机器这个寄生在社会有机体之上并阻碍社会自由发展的“赘瘤”，创立了无产阶级专政的、真正民主制的国家政权组织形式——“工人阶级的政府”，“是终于发现的可以使劳动在经济上获得解放的政治形式”。[⑤]此外，马克思还强调培养工人阶级革命意识，以无产阶级革命的科学理论武装工人头脑，批判资产阶级以及各种改良主义、机会主义错误思想的重要性。1871年11月23日，马克思在致波尔特的信中说，“在工人阶级在组织上还没有发展到足

①《列宁专题文集·论马克思主义》，人民出版社2009年版，第194页。
②《列宁专题文集·论社会主义》，人民出版社2009年版，第145页。
③《马克思恩格斯〈资本论〉书信集》，人民出版社1976年版，第309页。
④《马克思恩格斯文集》第三卷，人民出版社2009年版，第151页。
⑤《马克思恩格斯文集》第三卷，人民出版社2009年版，第158页。

以对统治阶级的集体权力即政治权力进行决定性攻击的地方，工人阶级无论如何必须不断地进行反对统治阶级政策的鼓动（并对这种政策采取敌视态度），从而使自己在这方面受到训练。否则，工人阶级仍将是统治阶级手中的玩物”[①]。

再次，革命是人民群众创造历史的伟大运动，无产阶级革命纲领要在革命实践中丰富发展。马克思盛赞巴黎公社对无产阶级革命的首创精神，指出无产阶级首先要认识到自己所肩负的历史使命，不断积蓄增长革命的物质力量，充分发挥革命的首创精神。马克思还指出，革命不是头脑中幻想、订制的法律条文，“对未来的革命的行动纲领作纯学理的、必然是幻想的预测，只会转移对当前斗争的注意力。……真正的无产阶级革命一旦爆发，革命的直接的下一步的行动方式的种种条件（虽然绝不会是田园诗式的）也就具备了”。[②]马克思这些宝贵思想，为俄国十月革命的胜利、中国新民主主义革命的胜利提供了科学的根本的世界观与方法论指南。

最后，坚持《资本论》关于无产阶级革命的真经，创新思考解决现代资本与劳动的矛盾斗争问题。《资本论》对资本主义社会的革命性批判，成为无产阶级革命的强大科学思想武器，极大震惊了资产阶级思想意识。为“镇静资产阶级的意识”，站在资产阶级立场上的理论家们竭力以各种方式攻击《资本论》。其中，一些理论家们激烈反对《资本论》关于无产阶级革命的理论，有的说阶级斗争与社会革命是不存在的主观幻想，有的说阶级斗争理论分裂人类，还有的说无产阶级革命理论自相矛盾。如罗素错误地认为：“按照马克思的说法，既然一切人类的发展都是由阶级冲突所支配的，而且既然共产主义之下将只有一个阶级，由此可见，就不能有更进一步的发展，人类就必然永远都处于拜占

①《马克思恩格斯〈资本论〉书信集》，人民出版社1976年版，第320页。
②《马克思恩格斯〈资本论〉书信集》，人民出版社1976年版，第377页。

庭式的静止状态中。”[1]罗素这种对马克思阶级斗争理论的否定，没有理解马克思的阶级斗争与社会革命理论。因为马克思明确讲过阶级斗争与社会革命是阶级社会发展的直接重要推动力，共产主义社会是消灭了一切阶级的社会，并不是只剩下一个阶级，推动社会生产力与人的自由全面发展的动力将涌流。

很多西方马克思主义当中则比较盛行对《资本论》的单纯学术理解、非政治阅读，认为其无产阶级革命的论说过时了。对此，王亚南曾指出，“《资本论》是一部政治经济学典范，也是一部阶级学典范”，“抉去《资本论》的阶级学、阶级斗争学说的实质，仅把它看成是单纯经济理论，那是一切庸俗社会主义者玩弄的拿手好戏”[2]。哈维也指出，《资本论》中的阶级因素并非无关紧要，其阶级斗争观点并未过时，“只要认真阅读《资本论》，我们就会毫无争议地发现，如果我们不将‘阶级斗争’写在我们政治的大旗上，而且按照它的指示前进，那么我们就会失去方向”。[3]

皮凯蒂的《21世纪资本论》推测出未来世界主要国家的贫富差距将持续扩大，最终有可能回到甚至超过18—19世纪的历史最高水平。这说明，“21世纪的资本收入：不可遏制的上升态势”[4]，资本与劳动的矛盾斗争仍然是当代乃至未来无法回避、日趋尖锐的现代性问题。这呼唤我们，要按照《资本论》所指引的无产阶级革命与人类解放道路前行，继续创新思考解决资本与劳动矛盾斗争的新方案。对新时代中国特色社会主义来说，

①[英]罗素：《论历史》，何兆武、肖巍、张文杰译，生活·读书·新知三联书店1991年版，第167—168页。

②王亚南：《〈资本论〉研究》，上海人民出版社1973年版，第247、256页。

③[美]哈维：《跟大卫·哈维读〈资本论〉》第1卷，刘英译，上海译文出版社2013年版，第362页。

④李实、岳希明：《〈21世纪资本论〉到底发现了什么》，中国财政经济出版社2015年版，第89页。

就是要思考解决如何驾驭资本的问题，即如何不断发展壮大公有制、集体所有制经济，让劳动者共同占有生产资料。如此，才能不断提高、增强劳动权力与权利，也就是不断提高、增强劳动支配资本的权力，让劳动者真正成为主人，把尊重劳动、尊重创造、尊重知识、尊重人才落到实处。这才是所谓驾驭资本。

第八章 《资本论》中的自由人联合体思想新论

人类解放是马克思主义政治哲学矢志不渝的理论旨趣，自由人联合体即共产主义社会是实现人类解放即人的自由全面发展的科学、理想社会形式。自由人联合体这一概念并不是马克思首创的，而是以德国古典哲学为代表的近代西方启蒙运动首倡但未竟的抽象理念。作为德国古典哲学、英国古典政治经济学及英法空想社会主义的真正终结者、完成者与超越者，马克思对这一概念进行了唯物史观、经济科学的改造，摧毁了近代西方政治哲学、古典政治经济学与空想社会主义的乌托邦，使自由人联合体具有了全新历史科学的内涵。由此，自由人联合体就从抽象的理性仰望变成了现实性的理想追求，进而变成国际共产主义运动的奋斗目标，为无产阶级变革旧世界、创建新世界提供了科学指导。

一、走出近代西方自由人联合体的抽象围城

伴随宗教改革运动、启蒙运动以及英美法三大资产阶级“双元革命”的胜利，世界历史发展进入到资本主义的新时代。这个时代宣称资产阶级共和国将在世界范围内建成，在此理想的“千年王国”中，普遍自由、平等、博爱的人类联合发展将变为现实。正处于向现代社会转型发展中的经济政治落后的德国，以其先进的批判哲学回应着时代精神前行的步伐。

深受英法政治理论与实践影响的德国自由主义政治思想家洪堡首先提出自由人联合体的概念。1792年，洪堡在《论国家的作用》一书中颇具世界历史意味地指出：“在一个民族里，自由人联合体的产生会有更大的困

难。”[①]与洪堡同时代的康德，则进一步以其深邃的批判哲学浓缩着资本主义的时代精神，并以先验哲学特有的理性思辨方式，小心翼翼地论证着自由人联合体。在康德看来，这个自由王国、自由人联合体即资产阶级的理想世界图景是理性中的、应该有的，但它属于彼岸自在世界，要到达这个彼岸自在世界只能靠“天意”，因为这属于人所无法知道的“大自然的一项隐蔽计划”[②]。受到康德哲学影响的费希特则以主观能动的自我哲学呐喊实现那理想的自由世界，他还在法权概念的推演过程中提出了一个很宝贵思想，即“人的概念是类概念”[③]。“类概念”把人作为一个联合的整体，突出主体人的社会性与后天生成性。从中隐约可见，“在太空中飞舞”的康德与费希特，为马克思自由人联合体思想带去的信息。批判康德与费希特的构想太主观，黑格尔试图以“自由的定在”“理性的狡计和威力”实现资本主义自由国家、自由人联合体的精神追求，最终以主客观相统一的绝对精神的辩证运动完成了德国古典哲学的思想自由运动。“自由的定在”“理性的狡计和威力”是对理性与自由的时代精神追求的客观化、现实化，吸引了青年马克思并成为其理论追求的起点。

正是在黑格尔精神哲学定在中的自由思想影响或指引下，马克思完成了其博士论文的创作，也试图走出黑格尔“自由的定在”的精神自由围城。马克思认为，为使哲学理论走出阿门塞斯冥国并在定在之光中发光发亮，就必须使哲学理论面向现实生活世界，即实现哲学的世界化与世界的哲学化。刚步入现实生活世界的马克思，站在理性自由主义的界限内，最初把自由报刊视为实现其自由理想的舞台，把国家视为“相互教育的自由人的联合体”[④]。他还高度肯定黑格尔理性国家观、法哲学对以往国家

①[德]洪堡：《论国家的作用》，林荣远、冯兴元译，中国社会科学出版社1998年版，第57页。

②[德]康德：《历史理性批判文集》，何兆武译，商务印书馆1990年版，第16、122页。

③[德]费希特：《自然法权基础》，谢地坤、程志民译，商务印书馆2004年版，第40页。

④《马克思恩格斯全集》第一卷，人民出版社1995年版，第217页。

观、法哲学的超越，认为“现代哲学持有更加理想和更加深刻的观点，它是根据整体观念来构想国家的。它认为国家是一个庞大的机构，在这里，必须实现法律的、伦理的、政治的自由，同时，个别公民服从国家的法律也就是服从他自己的理性即人类理性的自然规律”。[①]此时，马克思仍把现代国家视为能够实现法律、伦理与政治自由的共同体。

同时，19世纪初就流行于西欧的空想社会主义对未来自由理想社会与人全面发展的构想也影响了马克思。刚到《莱茵报》工作，马克思就对当时流行的共产主义思潮发表了初步意见。他不认为“现有形式的共产主义思想具有理论上的现实性，因此，更不会期望在实际上去实现它，甚至根本不认为这种实现是可能的事情”。[②]因此，首先迫切需要做的，是从理论上对各种关于共产主义的抽象理论阐述进行认真批判研究。由此，马克思开始批判思考关于共产主义的理论问题，并认识到共产主义首先只有在理论上是正确的、现实的，才能在实践中行得通、有可能。

1843年4月1日，《莱茵报》被普鲁士内阁查封，这一事件促进了马克思政治觉悟与思想立场的转变，使他开始意识到依靠思想自由、理性的自由主义是无法实现人的自由联合发展理想的。但此时，马克思还处于近代西方政治哲学激进自由民主的思想界限内，认为“自由的人就是共和主义者”，还在思想中积极设想社会重新“结成的共同体，成为一个民主的国家”。[③]直至克罗茨纳赫时期，通过对黑格尔法哲学、国家学说的深入批判研究，马克思介入到对古典政治经济学的批判研究中去，把黑格尔国家决定市民社会的唯心观念翻转过来，才离开现代西方自由主义的虚幻共同体。他批判黑格尔把渐进实现的现代国家制度视为“自由的最高定在”的虚假观念，指出为使现代国家制度这一形式自由的“幻想的外观”不被暴

①《马克思恩格斯全集》第一卷，人民出版社1995年版，第228页。

②《马克思恩格斯全集》第一卷，人民出版社1995年版，第295页。

③《马克思恩格斯全集》第四十七卷，人民出版社2004年版，第57页。

力革命所推翻，就“必须使国家制度的实际承担者——人民成为国家制度的原则”。[①]

总之，马克思已认识到，现代代议制国家是建立在市民社会的奴隶制基础上的，并不是真正的共同体，而是虚幻的自由人联合体；现代社会即市民社会是一个私人利己主义的分裂社会，是一切人反对一切人的战争状态的敌对社会。至1844年初，马克思首次提出彻底革命、全人类解放的科学思想，指出犹太人问题的解决就是人的解放，“德国人的解放就是人的解放。这个解放的头脑是哲学，它的心脏是无产阶级”。[②]这表明马克思已在理论上走出近代西方政治哲学所构建的虚幻自由人联合体，已走出近代西方自由主义的思想围城，开始以无产阶级革命与人类解放的新唯物主义来思考人类真正自由联合发展的新世界。

二、批判确立自由人联合体的理想新世界观

从1844年到1848年，在对近代西方政治经济学的逐步深入批判研究过程中，马克思也逐步深化了对德意志意识形态以及空想社会主义的批判，确立起唯物史观、政治经济学与科学社会主义的基本观点。在此思想发展阶段，马克思通过批判资本主义旧世界的阶级对抗，发现共产主义新世界的人类联合，为人的自由全面发展找到了共产主义联合体的实现形式。也就是说，马克思把自由人联合体从虚假、空想的抽象理论革命性地变革成为合乎现实的理想新世界观。

在《1844年经济学哲学手稿》中，马克思联系资本主义经济发展的事实与广大工人阶级的悲惨生活状况，把批判旧世界和发现新世界紧密结合起来论说自由人联合体。一方面，《手稿》对近代西方政治经济学、黑格尔精神辩证法及当时流行的空想社会主义展开了批判，揭露了资本主义社

① 《马克思恩格斯全集》第三卷，人民出版社2002年版，第71—72页。
② 《马克思恩格斯全集》第三卷，人民出版社2002年版，第214页。

会虚假的自由人联合体以及空想社会主义对自由人联合体的空想。另一方面，《手稿》首次从经济学与哲学的结合上，唯物辩证历史地论说了共产主义与社会主义，成为马克思论说真正自由人联合体的开端。

其一，通过对资本主义经济理论与现实的双重批判分析，证明资本主义社会是一个两大阶级即资产阶级与无产阶级严重对立的社会。从当时的经济事实出发，马克思首次批判分析了近代西方政治经济学所涉及的基本范畴，从而深刻揭批资本主义私有制、不合理的社会分工造成劳动异化，以及人的类本质即人的自由自觉的生命活动全面丧失，自由人联合体根本不存在。马克思指出，资本对雇佣工人劳动的奴役浓缩了整个人类奴役制，达到了奴役关系的顶点，因此提出“工人的解放还包含普遍的人的解放”[①]。

其二，借助费尔巴哈人本学唯物主义的中介，把黑格尔否定之否定的精神异化辩证法批判改造成为扬弃私有财产与异化劳动的辩证法，首次把共产主义视为扬弃私有财产与异化劳动的运动，并把共产主义视为人的类本质复归的历史必然。从是否完成扬弃私有财产与异化劳动的标准，批判了空想共产主义的两种形式，一种是主张私有财产普遍化、平均化的粗陋共产主义；另一种是还带有民主的或专制的政治性质的空想共产主义，或者是废除了国家的、但未完成扬弃私有财产与异化的空想共产主义。即是说，不以彻底的革命消灭私有制，空想社会主义对自由人联合体的美好设想都是空想。而合理、现实的“共产主义是私有财产即人的自我异化的积极的扬弃，因而是通过人并且为了人而对人的本质的真正占有；因此，它是人向自身、向社会的即合乎人性的人的复归，这种复归是完全的，自觉的和在以往发展的全部财富的范围内生成的。这种共产主义，作为完成了的自然主义=人道主义，而作为完成了的人道主义=自然主义，它还是人和

①《马克思恩格斯全集》第三卷，人民出版社2002年版，第278页。

自然界之间、人和人之间的矛盾的真正解决，是存在和本质、对象化和自我确证、自由和必然、个体和类之间的斗争的真正解决。它是历史之谜的解答，而且知道自己就是这种解答”。[①]

《手稿》从理论与实践的结合上正面阐释了共产主义。这种形式的共产主义是对私有财产的否定之否定即扬弃运动，是实践的人道主义的生成运动，是实现人的解放的历史必然。即共产主义是实现人类解放的科学理论与现实运动，“它是人的解放和复原的一个现实的、对下一段历史发展来说是必然的环节。共产主义是最近将来的必然的形式和有效的原则。但是，共产主义本身并不是人的发展的目标，并不是人的社会的形式”。[②]而且，马克思还强调“要扬弃私有财产的思想，有思想上的共产主义就完全够了。而要扬弃现实的私有财产，则必须有现实的共产主义行动。历史将会带来这种共产主义行动”[③]。马克思尤其从当时共产主义的手工业者的交往、联合行动中发现了自由人联合体的崇高精神之光。需要注意的是，《手稿》在正面阐释共产主义与社会主义两个概念时并没有作出实质性的区分，既没有把共产主义视为社会形式，也没有把其所论及的社会主义视为社会形式。因此，不能说马克思在《手稿》中把共产主义之后的阶段，即人的社会形式的存在称为社会主义[④]。

从1844年到1845年春，恩格斯与马克思一样，都走上共产主义与人类解放的道路，合著了《神圣家族》。恩格斯还通过《英国工人阶级状况》一书，向工人阶级宣传社会主义、共产主义与人类解放的思想。恩格斯指出，“在原则上，共产主义是超越资产阶级和无产阶级之间的敌对的；共产主义只承认这种敌对在目前的历史意义，而不承认它在将来还有存在的

①《马克思恩格斯全集》第三卷，人民出版社2002年版，第297页。
②《马克思恩格斯全集》第三卷，人民出版社2002年版，第311页。
③《马克思恩格斯全集》第三卷，人民出版社2002年版，第347页。
④刘珍英：《辩证逻辑：资本批判的利器》，上海人民出版社2016年版，第138页。

必要；共产主义正是要消除这种敌对的。……它不仅仅是工人的事业，而且是全人类的事业”。[①]此时，马克思和恩格斯也逐渐走出了对费尔巴哈人本学唯物主义的“迷信”。费尔巴哈对宗教与黑格尔唯心主义哲学的批判，冲击了宗教虚幻的自由天堂，颠覆了唯心思辨的思想自由，但由于其对现实社会政治的漠不关心，导致其既没能彻底摆脱宗教批判的窠臼，也没能辩证历史地回答共产主义与人类解放问题，最终还是坠入试图以爱的宗教来实现和谐世界与自由人联合体的浪漫幻想中。

从《德意志意识形态》《哲学的贫困》到《共产党宣言》，马克思及恩格斯在深化政治经济学批判与唯物史观确立过程中，进一步具体系统阐释了共产主义、人类解放与自由人联合体。其一，开始明确使用共产主义社会概念，指出共产主义社会是人的自由全面发展的社会形式。马克思和恩格斯指出，“在共产主义社会里，任何人都没有特殊的活动范围，而是都可以在任何部门内发展，社会调节着整个生产，因而使我有可能随自己的兴趣今天干这事，明天干那事，上午打猎，下午捕鱼，傍晚从事畜牧，晚饭后从事批判，这样就不会使我老是一个猎人、渔夫、牧人或批判者”。[②]

其二，共产主义是世界历史性的人类解放事业。在马克思和恩格斯看来，生产力的巨大增长和高度发展，以及世界市场、世界交往与世界历史的形成发展是共产主义必需的前提条件。因为物质财富的匮乏乃至极端的贫困不仅会使人类社会重新回到争夺必需品的斗争中去，而且会使旧社会一切陈腐污浊的东西又死灰复燃。而且，共产主义只有作为占统治地位的各民族“一下子”同时发生的行动，它在经验上才是可能的。因为，地域性的共产主义笼罩着迷信气氛，世界的普遍交往也会消灭地域性的共产主义。他们指出：“无产阶级只有在世界历史意义上才能存在，就像共产

①《马克思恩格斯文集》第一卷，人民出版社2009年版，第497页。

②《马克思恩格斯文集》第一卷，人民出版社2009年版，第537页。

主义——它的事业——只有作为‘世界历史性的’存在才有可能实现一样。”“每一个单个人的解放的程度是与历史完全转变为世界历史的程度一致的。”[①]

其三，共产主义既是现实运动又是远大理想。即“共产主义对我们来说不是应当确立的状况，不是现实应当与之相适应的理想。我们所称为共产主义的是那种消灭现存状况的现实的运动”。[②]共产主义运动是现代社会生产力与生产关系之间矛盾运动、两大阶级之间的矛盾运动所必然引发的历史运动，是消灭私有制与阶级的社会革命运动；实现共产主义需要很长历史过程，并不是现在就能实现的，因此它是远大理想。

其四，共产主义是真正的共同体、自由人联合体。通过对共同体的历史考察，马克思和恩格斯发现，只有在“集体中”即在人类联合而成的真正共同体中，个人才能获得全面发展其才能的手段，也才可能有个人的自由发展。但是，以往的私有制社会、各种类型的国家不仅是“冒充的集体”“冒充的共同体”“虚假的共同体”，而且是束缚被统治阶级的枷锁。他们指出，“由于这种共同体是一个阶级反对另一个阶级的联合，因此对于被统治的阶级来说，它不仅是完全虚幻的共同体，而且是新的桎梏。在真正的共同体的条件下，各个人在自己的联合中并通过这种联合获得自己的自由”。[③]共产主义就是各个人为了每个人的自由全面发展联合而成的真正的共同体，“这种联合把个人的自由发展和运动的条件置于他们的控制之下”。[④]恩格斯还在《共产主义原理》中把共产主义社会称为“共产主义联合体”[⑤]。

其五，共产主义是关于无产阶级解放、建立自由人联合体的条件的科

---

①《马克思恩格斯文集》第一卷，人民出版社2009年版，第539、541页。

②《马克思恩格斯文集》第一卷，人民出版社2009年版，第539页。

③《马克思恩格斯文集》第一卷，人民出版社2009年版，第571页。

④《马克思恩格斯文集》第一卷，人民出版社2009年版，第573页。

⑤《马克思恩格斯文集》第一卷，人民出版社2009年版，第689页。

学理论学说。从唯物史观的新视野出发，马克思指出，任何形式的人类联合体都是建立在一定生产力和交往形式之上的偶然与必然统一的联合体，决不是《社会契约论》所虚构的那种随意的抽象联合体。建立共产主义的自由人联合体首先需要消灭私有制与旧的社会分工，更需要在发达的生产力、普遍的世界交往与坚实的物质基础之上建成。因此，共产主义社会“实质上具有经济的性质，这就是为这种联合创造各种物质条件，把现存的条件变成联合的条件”。[①]“在共产主义社会中，即在个人的独创的和自由的发展不再是一句空话的唯一的社会中，这种发展正是取决于个人间的联系，而这种个人间的联系则表现在下列三个方面，即经济前提，一切人的自由发展的必要的团结一致以及在现有生产力基础上的个人的共同活动方式。”[②]

共产主义社会的自由人联合体不是教义教条，也不是抽象的政治哲学原则与道德说教，更不是浪漫主义爱的呓语，而是合乎现实的理想新世界观。通过对政治经济学的批判研究，马克思在《哲学的贫困》中指出，“工人阶级在发展进程中将创造一个消除阶级和阶级对立的联合体来代替旧的资产阶级社会；从此再不会有任何原来意义上的政权了”。[③]而且，马克思和恩格斯在《共产党宣言》中公开宣布了共产党人建立自由人联合体的理想新世界观，即“当阶级差别在发展进程中已经消失而全部生产集中在联合起来的个人的手里的时候，公共权力就失去政治性质。……代替那存在着阶级和阶级对立的资产阶级旧社会的，将是这样一个联合体，在那里，每个人的自由发展是一切人的自由发展的条件”。[④]

①《马克思恩格斯文集》第一卷，人民出版社2009年版，第574页。
②《马克思恩格斯全集》第三卷，人民出版社1960年版，第516页。
③《马克思恩格斯全集》第四卷，人民出版社1958年版，第197页。
④《马克思恩格斯文集》第二卷，人民出版社2009年版，第53页。

三、科学证成自由人联合体的辩证历史进程

共产主义自由人联合体的理想新世界观，需要系统的科学证明才能成为科学的新世界观，才能成为指导无产阶级进行共产主义运动与人类解放事业的强大思想武器。从19世纪50年代开始，马克思在伦敦对政治经济学展开了深入系统的批判研究，创作了政治经济学批判的系列手稿以及《资本论》等著作。在这些手稿和著作中，马克思以经济科学、历史科学系统证明了联合是个人全面自由发展与人类社会发展进步的历史必然，资本主义社会抽象自由人联合体的历史过程性，以及向共产主义社会自由人联合体发展的历史必然性。

首先，联合是个人全面自由发展与人类社会发展进步的历史必然。不同于亚里士多德把人视为天生的“政治动物”，也不同于富兰克林把人视为天生的“制造工具的动物”，马克思把人视为天生的“社会动物”[①]，即把人作为类存在物、社会存在物，还把劳动视为人类的自然必然性活动、自我创造实现活动。就是说，大自然孕育了人的生物生命体，物质生产劳动创造了人本身与人类社会有机体。进而，马克思从现实的个人的物质生产劳动出发，来思考个人全面自由发展与人类社会发展进步的一体化历史进程问题。

在《1857—1858年经济学手稿》中，马克思从人的能力与自由个性的历史发展视角出发，依次考察了“人的依赖关系”“以物的依赖性为基础的人的独立性”与人的全面自由发展三个阶段、三种社会形式的人类联合体[②]，指出了个人全面自由发展与人类社会共同体发展进步之间的唯物辩证关系。马克思关于人类社会历史发展的三形态说进一步丰富了与之前所阐述的五形态说，完备地揭示了人的自由全面发展与人类社会共同体发展

①《马克思恩格斯文集》第五卷，人民出版社2009年版，第379页。

②《马克思恩格斯文集》第八卷，人民出版社2009年版，第52页。

进步之间是内在统一的历史进程。

人为了生命的生存繁衍，首先必须进行物质生活资料的生产劳动活动，同时能力有限的单个人也必须联合结成一定的群体组织，由此自然产生了原始氏族社会、原始部落，即人类自然形成的最初共同体形式。通过最初形式的共同体，人的生产能力、社会分工、交往、需要以及联合等不断扩大与增长，也逐渐推动人类社会走出蒙昧状态、进入文明状态。奴隶社会与封建社会虽然走出原始自然的共同体形式，但依旧属于人的依赖关系的共同体，它是以军事、政治、法律等强制手段联合成的规模更大的存在着阶级对抗的共同体，推动人的能力与社会文明在整体上不断增长。资产阶级社会以商品、货币、资本等无形强制力及其国家政权建立起物的依赖关系的新共同体，它高举自由人联合体的虚幻旗帜，却是使阶级对抗达到顶点的抽象共同体。正是在资产阶级社会抽象共同体中，生产力获得了巨大发展，积累了庞大的社会财富，开启了生产交往活动的世界历史进程，使人的能力与形式自由有了大发展，为人的自由全面发展与真正的自由人联合体——共产主义社会创造了条件。

因此说，大自然是人类生存发展的前提，但是，自由个性、能力全面发展的个人却“不是自然的产物，而是历史的产物”[①]。更确切地说，只有在人类社会生产力以及生产、交换、分配、消费关系不断矛盾运动的历史发展基础上，在物质财富不断丰富发展的条件下，才会产生个人能力的普遍性、全面性以及人的自由全面发展。历史的发展证明，人类联合才能促进社会进步，只有在联合体中才有个人能力的发展与自由个性。在马克思看来，从柏拉图《理想国》的城邦[②]共同体，到黑格尔《法哲学原理》的现代市民社会共同体，都是由需要与强制而形成的联合体，都属于阶级对抗的虚假共同体。人的自由全面发展的历史进程，就是从自然形成的原

①《马克思恩格斯全集》第三十卷，人民出版社1995年版，第112页。

②参见《马克思恩格斯全集》第三十二卷，人民出版社1998年版，第322页。

始共同体，到奴隶社会、封建社会与资产阶级社会的阶级对抗共同体，再到共产主义社会真正自由人联合体的必然历史进程。资产阶级社会的终结标志着“人类社会的史前时期”[①]的告终，共产主义社会标志着人类社会历史发展的新起点。

其次，资本主义社会抽象自由人联合体的历史过程性。联合是人类社会历史发展的必然过程与趋势，资本主义时代从客观上开启了人类联合发展的世界历史进程，同时也造成人类世界历史发展进程中极其尖锐的对抗。因此说，现代资产阶级社会既展现了其推动人类文明进步的一面，也充分暴露了其极端野蛮凶残的一面，是一个充满矛盾的阶级对抗的共同体。资本主义的内心深处藏着“两个灵魂”，“一个要和另一个分离”；它是最好的时代，也是最坏的时代；它一方面积累了庞大的物质财富，另一方面造成绝大多数人赤贫。虽然它以精致的理性、华美的诺言包装起来的“自由人联合体”取代了基督教虔诚信仰的自由天国，但无论如何，它绝不是真正的自由人联合体，而是现实生活世界中广大无产阶级的人间炼狱，资本家的真正天堂。

《资本论》及其手稿客观阐释了资本主义社会产生发展的必然性及其历史作用。《资本论》通过对资本的生产与流通过程及其总过程的系统客观分析，阐明了资本主义社会的经济运动规律，揭示了资本主义社会经济形态产生发展的自然历史过程。随着生产力与商品交换的历史发展，现代手工工厂及机器大工业逐渐取代传统手工工场，劳动力成为商品，货币转化为资本，资本主义生产方式取代了封建生产方式，由此确立起资本主义社会的经济、政治与观念文化的新统治、新联合体。

资本主义社会对人类文明进步起过积极的历史作用。疯狂追逐剩余价值、利润的资本主义生产方式在世界历史的更广阔时空中不断为扩大再生

①《马克思恩格斯文集》第二卷，人民出版社2009年版，第592页。

产而奔跑，加速并拓展了人类在各领域的交往联合，同时创造了巨大的生产力、物质财富，展现了“资本的伟大的文明作用”的一面，即“把生产力提高到极限”[①]。资本对相对剩余价值、超额剩余价值的贪欲，驱使资本不断把先进科技工艺用于生产过程，以提高劳动生产率，从而也在客观上促进了科技创新进步，从而创造出更多自由时间，即“从整个社会来说，创造可以自由支配的时间，也就是创造产生科学、艺术等等的时间”。[②]资本家疯狂致富欲主导下的“为生产而生产”，为未来更高级自由人联合体的社会形式奠定了物质条件。马克思指出，资本家“作为价值增殖的狂热追求者，他肆无忌惮地迫使人类去为生产而生产，从而去发展社会生产力，去创造生产的物质条件；而只有这样的条件，才能为一个更高级的、以每一个个人的全面而自由的发展为基本原则的社会形式建立现实基础。……资本家不过是这个社会机制中的一个主动轮罢了”。[③]此外，资本主义社会带来了人的形式自由、平等与民主即政治解放，这也是一大历史进步。

《资本论》及其手稿也科学证明了资本主义社会的必然灭亡。《资本论》从分析商品所蕴含的资本主义社会矛盾入手，深刻剖析了资本主义社会生产社会化与私人占有的基本矛盾以及无产阶级与资产阶级的对抗性矛盾，指出“现在的社会不是坚实的结晶体，而是一个能够变化并且经常处于变化过程中的有机体。”[④]“生产资料的集中和劳动的社会化，达到了同它们的资本主义外壳不能相容的地步。这个外壳就要炸毁了。资本主义私有制的丧钟就要响了。剥夺者就要被剥夺了”。[⑤]即现代资本主义社会是一个过程性存在的、必然灭亡的有机体。

①《马克思恩格斯全集》第三十卷，人民出版社1995年版，第390、406页。

②《马克思恩格斯文集》第八卷，人民出版社2009年版，第86页。

③《马克思恩格斯文集》第五卷，人民出版社2009年版，第683页。

④《马克思恩格斯文集》第五卷，人民出版社2009年版，第10—13页。

⑤《马克思恩格斯文集》第五卷，人民出版社2009年版，第874页。

资本主义私有制条件下的社会化大生产，造成所有权与劳动的彻底分离，成为“生产条件的所有制转化为社会所有制的必要的经过点”[①]。私有制条件下的物质生产、剩余价值生产完全颠倒了以人的需要为目的的生产，“靠牺牲多数来强制创造财富”，使工人阶级没有了自由时间、丧失了自由发展的空间，甚至不如一头载重的牲畜，完全变成了一架为资本家生产财富的机器。马克思批判指出：“现代工业的全部历史还表明，如果不对资本加以限制，它就会不顾一切和毫不留情地把整个工人阶级投入这种极端退化的境地。”[②]因此，同奴隶劳动、农奴劳动一样，资本主义社会的雇佣劳动在本质上也是一种暂时的低级的强迫的形式，并不是“自愿进行的联合劳动”。资本主义生产方式不仅使物质财富生产与人的自由全面发展相对立，而且还必然造成相对过剩的经济危机，浪费、破坏社会劳动生产力。资本与劳动的严重对立，生产社会化与私人占有矛盾极端化必然导致经济、政治与社会革命，“这个革命又为一个新生产方式，即扬弃资本主义生产方式这个对立形式的新生产方式创造出现实条件，这样，就为一种新形成的社会生活过程，从而为新的社会形态创造出物质基础”。[③]

从世界历史发展的视野来看，由资本主义社会生产方式造成的经济政治联合体，都是外在的、强制的联合体，并不是内在、自愿的联合体，即不是真正的联合体。因为，它并不能使人团结起来形成创造历史的巨大合力，也不能使人得到全面的能力发展以及自由个性。资本主义社会把人变成了维纳所说的蚂蚁社会，其中每个成员都只执行自己特定的职能，很像一部执行指令的计算机、一只蚂蚁，这等于“宣判了人类只该拿出远低于一半的动力前进。他们把人的可能性差不多全部抛弃掉了……也就毁掉了

①《马克思恩格斯文集》第八卷，人民出版社2009年版，第386页。
②《马克思恩格斯全集》第二十一卷，人民出版社2003年版，第204页。
③《马克思恩格斯文集》第八卷，人民出版社2009年版，第547页。

我们在这个地球上可以相当长期地生存下去的机会”。[①]资本主宰下的单一现代性社会人的单向度发展，正面临着从人的社会到“蚂蚁社会”、从人到“工蚁”的高度发展危机[②]，更好似一部悲惨的《雪国列车》。

最后，向共产主义社会自由人联合体发展的历史必然性。马克思把取代资本主义社会虚假共同体的共产主义社会视为真正的共同体，即一个由自由全面发展的个人组成的联合体。在《资本论》第一卷第一章商品中，马克思就从劳动者共同占有生产资料而展开的生产劳动视角出发，“设想有一个自由人联合体”[③]。在此自由人联合体中，社会化大生产与生产资料公有制紧密结合的生产劳动形式就克服了内在于资本主义社会商品生产的一系列矛盾，使私人劳动与社会劳动、具体劳动与抽象劳动、使用价值与价值等矛盾得以解决，从而使劳动关系、生产关系、分配关系等都简单明了而不再抽象，达到了人与整个社会关系和谐发展的状态。而且，人们在生产过程有计划地一起协同劳动即协作，不仅“提高了个人生产力，而且是创造了一种生产力，这种生产力本身必然是集体力”。[④]马克思还指出，“在共产主义社会，机器的使用范围将和在资产阶级社会完全不同”。[⑤]就是说，在共产主义社会自由人联合体中，将彻底改变科技、机器等资本主义生产使用的性质，机器不再是资本统治奴役人的工具，而是变成了造福于人的自由全面发展的工具。

资本主义社会抽象的自由人联合体为向共产主义社会真正的自由人联合体发展，创造了社会化大生产、联合生产交往与物质财富等物质技术条

①[美]维纳：《人有人的用处：控制论和社会》，陈步译，商务印书馆1978年版，第37—38页。

②鲁品越：《鲜活的资本论——从〈资本论〉到中国道路》，上海人民出版社2016年版，第329页。

③《马克思恩格斯文集》第五卷，人民出版社2009年版，第96页。

④《马克思恩格斯文集》第五卷，人民出版社2009年版，第378页。

⑤《马克思恩格斯文集》第五卷，人民出版社2009年版，第451页。

件，锻造了以工人阶级为代表的无产阶级这个肩负社会革命与人类解放新使命的强大主体。正如马克思所指出：“无产阶级解放所必需的物质条件是在资本主义生产发展过程中自发地产生的。……《资本论》的唯物主义基础。”[①]资本主义社会以私有制逐渐消灭了生产资料的劳动者个体占有形式，为生产资料的集体公共占有形式“创造了物质的和精神的因素”，“集体所有制只有通过组成为独立政党的生产阶级或无产阶级的革命活动才能实现”[②]。就是说，只有通过革命性地变革资本主义私有制并建立社会集体所有制，才能把资本主义的虚假自由人联合体变革成为共产主义的真正自由人联合体，才能实现工人阶级的解放，即不分性别、种族、地域的全人类解放。马克思把变革资本主义私有制、建立社会集体所有制即“重新建立个人所有制”[③]，视为一个否定之否定的历史过程，即从以单个人的劳动为基础的私有制即个人所有制，到以雇佣劳动为基础的资本主义私有制，再到以劳动者共同占有生产资料为基础的个人所有制的一个必然历史过程。

在《资本论》第三卷中，马克思关于“必然王国”与“自由王国”[④]的界说，对辩证历史理解共产主义社会自由人联合体具有重要理论指导意义。按照马克思对“必然王国”与“自由王国”的时空双重维度的界说，物质生产领域属于“必然王国”、但也有限定的自由，作为目的本身的人的能力的发挥的领域属于“自由王国”；随着生产力水平的提高，必要劳动时间逐步缩短，自由时间逐步延长，建立在“必然王国”基础上的“自由王国”也随之不断拓展繁荣。由此，工作日缩短对作为目的本身的人的自由全面发展具有根本、决定性的意义，时间成为人类发展的空间。由此

①《马克思恩格斯〈资本论〉书信集》，人民出版社1976年版，第365页。

②《马克思恩格斯全集》第二十五卷，人民出版社2001年版，第442页。

③《马克思恩格斯文集》第五卷，人民出版社2009年版，第874页。

④《马克思恩格斯文集》第七卷，人民出版社2009年版，第929页。

说来，共产主义社会自由人联合体作为人类社会历史发展的新起点，是从必然王国朝向自由王国实践迈进的一个永无止境的过程。正如恩格斯所阐发的，在社会公共占有生产资料之后，才进入真正人的生存条件，人才真正成为自然界、社会和自身的主人，“人们才完全自觉地自己创造自己的历史”，“这是人类从必然王国进入自由王国的飞跃”。①

自由人联合体的共产主义社会绝不意味着完美的国家、完美的社会。正如恩格斯在《路德维希·费尔巴哈和德国古典哲学的终结》一文中所指出，完美的社会、完美的国家只有在幻想中存在，人类社会事实上是一个由低级到高级的发展过程。进入共产主义社会、自由人联合体意味着国家的消亡，所以以完美国家来解说共产主义社会、自由人联合体不符合马克思主义的理论逻辑。共产主义社会、自由人联合体是一个人的自由全面发展与社会发展进步的辩证历史统一体，也是真正的联合体、以人为目的的王国与美的王国的辩证统一体，一个人类美好生活的王国。因此，不能把自由人联合体理解为单纯的生产共同体，如有学者认为“自由人联合体主要是一种生产关系，生产在其中得以进行的社会关系。或者说是组织生产的社会集团、社会关系甚至是社会本身”。②同时，更不能把共产主义社会自由人联合体错误地理解为乌托邦、宗教理想，如有国外学者就把马克思主义的现实影响力错误地归结为“是从基督教和柏拉图主义所代表的思想史系谱中产生出来的”③。

《资本论》并没有具体描绘共产主义社会自由人联合体的样貌，谁要是想在《资本论》中“得知共产主义的千年王国到底是什么样子。谁

①《马克思恩格斯全集》第二十五卷，人民出版社2001年版，第412页。

②郭继海：《〈资本论〉的社会存在理论研究》，中国社会科学出版社2016年版，第238页。

③[日]柄谷行人：《马克思，其可能性的中心》，中田友美译，中央编译出版社2006年版，第8页。

指望得到这种乐趣，谁就大错特错了”。[①]《资本论》通过批判资本主义社会，来论证共产主义社会、自由人的联合体。正如劳洛在《马克思主义哲学和共产主义》一文中所指出，《资本论》不是为社会主义制度下的经济描绘的乌托邦蓝图，“它是对资本主义的潜在动态变化的系统研究。”“与唯心主义和空想家的虚无主义途径相反，理解共产主义的唯一科学道路，就是辩证地理解资本主义，把它理解成一个在其‘母体’中孕育着共产主义的发展过程”[②]。还可以说，马克思关于共产主义自由人联合体的论证，“一方面是通过发现资本主义运动规律导致和迫使的发展趋势和方向进行的，另一方面是通过直接论述共产主义社会形态的各个基本标志和特征进行的”。[③]

自由人联合体的共产主义社会既不是一种教条的观念，也不是预设的现成制度。从现实性上来看，自由人的联合体是一种不断生成的伟大实践运动。借用鲍曼《共同体》一书中思想的积极方面来说，自由人联合体并不是我们现实中拥有的世界，而是我们热切希望栖息的世界。同时，联合作为人类共有的热望与文化追求，它需要各民族国家的人们以平等互利、合作共赢的态度与行动去共同编织。由此，当代世界的人类社会才能在共建共享、现实兼容中逐渐实现安全幸福的美好生活。新时代中国特色社会主义胸怀实现中华民族伟大复兴的中国梦，海纳“为人类谋进步、为世界谋大同”的世界梦，积极推动构建人类命运共同体，就是为人类世界更安全更幸福更美好，也就是通达自由人联合体的正道。

---

①《马克思恩格斯全集》第二十一卷，人民出版社2003年版，第316页。

②欧阳康主编：《当代英美哲学地图》，人民出版社2005年版，第644页。

③聂锦芳、彭宏伟：《马克思〈资本论〉研究读本》，中央编译出版社2013年版，第314页。

第九章　《资本论》的空间经济思想与构建新发展格局

《资本论》中的空间经济思想从现代社会生产生活实践出发，分析资本运动的内在规律与作用趋势，阐释了资本对空间的驾驭与支配。通过对资本主义空间生产及其失范现象的批判分析，《资本论》及其手稿不仅完成了对资本主义全球野蛮拓展的现代化发展样态的批判，而且还建设性地阐发了未来新社会的空间生产、空间经济规划、空间经济治理、空间均衡发展、空间经济正义等空间经济思想。这些建设性思想，与新时代构建新发展格局中的空间经济思想内在逻辑相通，进一步说，构建新发展格局中空间经济思想是对马克思空间经济思想的坚持运用和创新发展。基于此，我们从马克思空间经济思想的视角出发，即从空间生产、空间经济规划、空间经济治理、空间均衡发展、空间经济正义5个维度出发，研究构建新发展格局战略，以期为推进中国式现代化建设提供些许理论参考。

一、空间生产思想与构建新发展格局中的空间生产

通过对人类生产实践在空间范围内运动过程的分析考察，《资本论》及其手稿阐明了“空间中的生产”与“空间的生产”之间的关系，深刻揭示了二者在生产过程中必然会实现同频共振、共生共存的内在统一性。一般来说，作为生产要素参与生产活动的空间，属于几何、物理范畴的概念，是外部世界、感性的自然界，此时的生产是空间中的生产，即人类基于外部世界、感性自然界的空间活动。“没有自然界，没有感性的外部世

界，工人什么也不能创造。”[①]空间中的生产不仅使人类生产实践与生存发展得以延续，同时又影响制约着人类的生产实践形式与生产力水平。但在资本主义生产方式所主导的特定时代，空间沦为资本逻辑的统摄工具，生产也变成资本逻辑主宰下空间的生产。

马克思从空间生产的维度深刻批判了现代资本主义生产方式，同时也为现代社会主义的空间经济生产实践提供了理论基础，为构建新发展格局奠定了理论基石。构建新发展格局就是要畅通经济循环，形成以内促外的双循环良性互动。习近平总书记指出：“我国基于国内大市场形成的强大生产能力，能够促进全球要素资源整合创新，使规模效应和集聚效应最大化发挥。”[②]构建新发展格局依靠国内空间中的生产来主导我国的经济发展双循环，让国内循环的强大空间生产能力推动全球要素资源的重新整合，进而推动国际循环空间的生产。同时构建新发展格局能够发挥各地比较优势，促进生产力布局优化，实现我国内外双循环在产业与空间层面的有效拟合，完善双循环新发展格局的空间经济生产布局。构建新发展格局国际循环中的“空间的生产”，不同于资本的空间扩张，而是经济全球化历史进程中各国谋求发展的逻辑必然，是建立在开放、包容、普惠、平衡、共赢的基础上的全球发展新模式。以习近平同志为核心的党中央坚持发展马克思空间生产思想，从以下三方面入手构建国内国际双循环的空间生产格局。

第一，要夯实国内大循环空间生产基础，筑牢国内空间经济根基。习近平总书记指出：“构建新发展格局，实行高水平对外开放，必须具备强大的国内经济循环体系和稳固的基本盘。”[③]“构建新发展格局的关键在

---

①《马克思恩格斯文集》第一卷，人民出版社2009年版，第158页。
②《习近平谈治国理政》第四卷，外文出版社2022年版，第155页。
③《习近平谈治国理政》第四卷，外文出版社2022年版，第177页。

于经济循环的畅通无阻”[①]，然而当前国内大循环空间中的生产存在着不平衡不充分的问题，表现为有效供给不足、低端与无效供给过剩以及要素市场的资源配置效率低等问题，即社会总供给无法满足社会总需求，这也就是国内经济循环出现堵点的症结所在。所以要“提升供给体系对国内需求的适配性，形成需求牵引供给、供给创造需求的更高水平动态平衡”[②]。构建新发展格局在国内空间生产过程中尤其要注重深化供给侧结构性改革与扩大内需战略的有机结合，着力提升供给体系与国内需求的适配性，要以需求牵引国内空间中的生产导向；要不断提高产业基础能力和产业链现代化水平，从而提升国内空间中的生产能力；要畅通要素流动网络，以提高国内空间生产的效率。

第二，要形成国内大循环空间生产轴心，推动国内国际双循环的空间联动生产。习近平总书记指出：“依托我国超大规模市场优势，以国内大循环吸引全球资源要素，增强国内国际两个市场两种资源联动效应，提升贸易投资合作质量和水平。”[③]当今世界百年未有之大变局加速演进，加之新冠疫情的全球蔓延，使我国发展的内外经济环境正在变得严峻和复杂，挑战明显加大。面对经济下行的压力和挑战，构建新发展格局只有立足自身，打通国民经济发展堵点，提高国内强大市场和生产能力的世界吸引力，才能形成国内大循环的空间生产轴心，进而在全球资源要素参与国内大循环的过程中，逐步推进国际间产业合作，延长产业链供应链，实现以内促外的双循环空间生产格局。我国在构建新发展格局过程中，依托与东南亚十国的地缘优势与较强的经济文化联系，构建以国内生产为中心的产业链体系，形成良性东亚经济循环圈；在对话协商的基础上，加强与日

---

①《习近平谈治国理政》第四卷，外文出版社2022年版，第176页。

②习近平：《在经济社会领域专家座谈会上的讲话》，《人民日报》2020年8月25日。

③习近平：《高举中国特色社会主义伟大旗帜　为全面建设社会主义现代化国家而团结奋斗——在中国共产党第二十次全国代表大会上的报告》，人民出版社2022年版，第32页。

本、韩国的经贸合作，推动亚洲经贸合作；建立“一带一路”国家金融联盟、货币互换基金等国际金融业态，形成“一带一路”金融贸易循环体系；推动人民币在东南亚及“一带一路”沿线国家的区域循环，培养惯性更强的人民币境外使用用户①，逐步形成以内循环空间中的生产为轴心，不断向外延伸的空间生产格局。

第三，要实现科技高水平自立自强，解放和发展双循环的空间生产力。“构建新发展格局最本质的特征是实现高水平的自立自强。”②努力实现高水平科技自立自强是全面建设社会主义现代化强国、增强国际竞争优势、促进经济高质量发展的根本路径，也是提升我国整体实力，实现和平崛起的根本保障。习近平总书记在党的二十大报告中指出：“未来五年是全面建设社会主义现代化国家开局起步的关键时期，主要目标任务是：经济高质量发展取得新突破，科技自立自强能力显著提升，构建新发展格局和建设现代化经济体系取得重大进展。”③他强调，要“加快实现高水平科技自立自强”④。当前我国技术对外依存度高，制造业产业结构常常被锁定在全球价值链的低端，在国际竞争中缺乏主动权。从世界经济发展进程来看，科技创新作为撬动产业结构升级的杠杆，总是通过科技革命实现产业的变革。构建新发展格局针对创新技术的应用性、产业协同的带动性以及消费需求的引领性，部署促进高质量发展的新引擎，推进新兴科技与新兴产业的深度融合，提升国家产业整体布局的核心竞争力，为我国经济转向高质量发展注入新鲜血液。同时，构建新发展格局还应加快实现高

①陆江源、杨荣：《“双循环”新发展格局下如何推进国际循环？》，《经济体制改革》2021年第2期。

②《习近平谈治国理政》第四卷，外文出版社2022年版，第177页。

③习近平：《高举中国特色社会主义伟大旗帜　为全面建设社会主义现代化国家而团结奋斗——在中国共产党第二十次全国代表大会上的报告》，人民出版社2022年版，第29页。

④习近平：《高举中国特色社会主义伟大旗帜　为全面建设社会主义现代化国家而团结奋斗——在中国共产党第二十次全国代表大会上的报告》，人民出版社2022年版，第35页。

水平科技自立自强，通过科技创新推动传统产业组织结构的转型，实现新旧动能转换，巩固壮大实体经济根基，注重提升传统产业的发展质量和效率，推进产业基础高级化、产业链现代化，提高经济效益和核心竞争力，推动实体经济向信息化、智能化、低碳化、节能化方向发展。因此，构建新发展格局的空间生产要以努力实现高水平科技自立自强，提升整体产业结构竞争力，以更高效的空间资源配置和不断完备的产业结构重塑我国的经济发展空间。

构建新发展格局中的空间生产思想，是从生产维度视角出发，以合理的空间生产布局和生产力布局来调整国内外两大经济生产空间。构建新发展格局坚持马克思空间生产思想，统筹内循环空间优势发挥和外循环空间科学部署，实现生产空间与空间生产的有机结合，同时以加快实现高水平科技自立自强、优化生产结构、助力提升空间生产力水平的理论与实践，创新性发展了马克思的空间生产思想。

二、空间经济规划思想与构建新发展格局中的空间经济规划

空间经济规划思想是《资本论》及其手稿空间经济思想中的重要组成部分。《资本论》及其手稿的空间经济思想清晰地呈现出空间合理规划对社会再生产过程的积极影响，并把流通效率提升到与生产效率同等重要的位置。《资本论》及其手稿的空间规划思想是在空间与时间相互转化中得以具体体现的，并在空间与时间的相互作用中整体展开，体现了二者在现代空间生产和流通过程中的辩证统一关系。马克思认为，通过对既有空间的结构整合、交通条件的优化，可以充分发挥提升企业生产效率、降低交通运输成本、获得更多市场需求等空间生产的区位优势，进而提高全社会的生产力水平。一方面，空间可以消除时间的界限。从分工协作、工场手工业到机器大工业的演变过程中，时间与空间的协同转换对生产的结合方式进行了改变，合理的空间规划能够一定程度上缩短必要劳动时间，实现

相对剩余价值的生产。正如马克思所指出，“空间是一切生产和一切人类活动的要素”[①]。另一方面，时间可以消灭空间。马克思指出资本的“流通时间越等于零或近于零，资本的职能就越大，资本的生产效率就越高，它的自行增殖就越大”。[②]因此，尽可能缩短流通时间，加快实现产品到商品再到货币的转化，提高资本循环效率，是资本主义生产的根本目的。马克思指出：“资本一方面要力求摧毁交往即交换的一切地方限制，征服整个地球作为它的市场，另一方面，它又力求用时间去消灭空间。”[③]资本越发展，越是需要更大的空间去容纳其巨大的生产力，生产地点与销售市场范围就会不断扩大，进而催生出不断扩大的流通范围和不断提高的流通成本。由于空间距离也可归结为时间，因此提高产品的运输速度，进而缩短流通时间等同于缩小空间距离，降低流通成本。

马克思空间经济思想中的空间经济规划以提高空间的区位优势为根本目标，以合理的空间布局提高运输与流通效率，打破了生产与流通的空间范围对经济循环效率的制约，对构建新发展格局背景下推进现代流通体系建设、畅通经济循环具有重要启示。习近平总书记指出，“流通体系在国民经济中发挥着基础性作用，构建新发展格局必须把建设现代流通体系作为一项重要战略任务来抓”[④]。构建新发展格局，建设现代化流通体系旨在挖掘空间生产的区位优势，使空间流通网络、交通基础设施、运输承载能力、统一大市场等流通条件更好地发挥连接双循环生产和消费的纽带作用。习近平总书记指出：“构建新发展格局，迫切需要加快建设高效规范、公平竞争、充分开放的全国统一大市场，建立全国统一的市场制度规

---

①《马克思恩格斯文集》第七卷，人民出版社2009年版，第875页。

②《马克思恩格斯文集》第六卷，人民出版社2009年版，第142页。

③《马克思恩格斯文集》第八卷，人民出版社2009年版，第169页。

④习近平：《统筹推进现代流通体系建设　为构建新发展格局提供有力支撑》，《人民日报》2020年9月1日。

则，促进商品要素资源在更大范围内畅通流动[①]。”《“十四五”现代流通体系建设规划》中强调指出，要统筹提高流通效率与降低流通成本，为构建以国内大循环为主体、国内国际双循环相互促进的新发展格局提供有力支撑。构建新发展格局以马克思空间经济规划思想中空间与时间的转化为理论基础，推进现代流通体系建设、畅通经济循环，应着力从以下4个方面入手。

第一，提质增效优化流通体系。流通体系的现代化建设要求提高流通的数字化、组织化、绿色化与国际化发展水平。数字化是利用数字技术赋能流通各环节，创新流通业态新模式。《中共中央国务院关于加快建设全国统一大市场的意见》（以下简称《意见》）指出，要“优化商贸流通基础设施布局，加快数字化建设，推动线上线下融合发展，形成更多商贸流通新平台新业态新模式”；[②]组织化是发挥流通对商品和资源要素的组织功能，推动产业链供应链健康有序运行；绿色化是加快推进流通设施绿色化改造，降低流通环节的资源消耗和污染排放；国际化是加强国际循环的资源要素配置能力，深度融入全球产业链供应链。只有提升流通体系的数字化、组织化、绿色化与国际化水平，才能打通经济循环堵点，畅通经济循环。

第二，统筹内外畅通的流通网络。畅通的流通网络可以实现商品和资源要素的跨区域、大规模自由流动，所以打造东西互济、南北协作、内外联通的现代流通骨干网络，对双循环新发展格局的战略实施至关重要。《意见》指出，要“完善国家综合立体交通网，推进多层次一体化综合交通枢纽建设，推动交通运输设施跨区域一体化发展”[③]。构建新发展格局

①《加快建设全国统一大市场提高政府监管效能　深入推进世界一流大学和一流学科建设》，《人民日报》2021年12月18日。

②《中共中央　国务院关于加快建设全国统一大市场的意见》，《人民日报》2022年4月11日。

③《中共中央　国务院关于加快建设全国统一大市场的意见》，《人民日报》2022年4月11日。

要依托国内优势资源地、产业和消费集聚地，布局建设现代流通战略支点城市，并由此推动建设高效连通、产销深度衔接、分工密切协作的骨干流通走廊；同时还要串接现代流通战略支点城市，实现覆盖国内循环与国际循环的流通网络。

第三，鼓励培育做强流通企业。流通企业是现代流通体系建设的主体，鼓励流通企业创新发展，提升核心竞争力，才能更好统筹内外循环资源要素，提升对内商贸和物流网络水平，增强对外全球流通运营优势。《意见》指出，要“培育一批有全球影响力的数字化平台企业和供应链企业，促进全社会物流降本增效”[①]。所以，构建新发展格局要鼓励现代流通企业融合发展，推动实现生产与流通的一体化新业态。同时引导各流通企业深度对接，形成基于流通供应链、数据链、价值链的资源共享、协同发展的流通新生态。

第四，完善流通市场，促进商品要素资源在更大范围内畅通流动。《意见》指出，要“加快建立全国统一的市场制度规则，打破地方保护和市场分割，打通制约经济循环的关键堵点，促进商品要素资源在更大范围内畅通流动”[②]。流通市场是商品和资源要素自由流动的主要途径，只有加快建立类型丰富、统一开放、公平有序、配套完善的全国统一的大市场，推动形成强大国内市场，才能确保商品和资源要素高效率、低成本自由流动。所以，构建新发展格局要建立健全统一市场的规则和制度体系，协同商贸市场、物流市场与交通市场，形成各类市场合力，畅通大循环、利好双循环，才能推进流通市场的高效运行，给中国经济和世界经济带来更多活力。

---

①《中共中央　国务院关于加快建设全国统一大市场的意见》，《人民日报》2022年4月11日。

②《中共中央　国务院关于加快建设全国统一大市场的意见》，《人民日报》2022年4月11日。

空间经济规划思想，是从交换维度出发，以完善的空间经济规划来推进构建新发展格局的现代流通体系建设。构建新发展格局加快推进现代化流通体系建设、畅通经济循环，以空间结构优化提升空间区位优势，实现空间生产力的提升，并从现代化、流通化、一体化和市场化的角度全方位规划流通体系建设，是对我国经济空间流通网络的全局性覆盖。这丰富了马克思空间与时间转化中的空间经济规划战略实践，是对马克思空间经济规划思想的坚持运用与创新发展。

三、驾驭资本空间运行思想与构建新发展格局中的空间治理

在《资本论》及其手稿的空间经济思想中，空间与资本的关系问题是一个元问题，从根本上说是资本逻辑驾驭空间布局的运行所产生的问题。马克思认为，资本空间化运行展现出资本逻辑对社会关系生产与再生产运行的主宰，并形成机器大工业时代资本无止境追求剩余价值和整个世界臣服于资本统治的空间结构。资本空间化在本质上就是资本根据自身的需要对新的空间结构和社会关系形态的生产，即空间的生产与社会关系的生产。空间资本化是资本空间化的必然结果，空间成为商品，成为资本生产的手段并不断演化为一种特殊形态的资本。在《资本论》关于地租的篇章中，马克思深刻阐释了空间作为商品所表现的资本逻辑与社会关系属性，“在购买者看来，地租不过表现为他用以购买土地以及地租索取权的那个资本的利息……总之，创造这种权利的，是生产关系”。[①]空间的这种所有权形式是把握空间成为商品和空间作为资本实现价值增殖的关键，是空间资本化的具体体现。资本主义社会的资本空间化与空间资本化是资本统摄全局的必然结果，它导致了阶级分化、空间对抗、环境恶化、经济危机等无法调和的矛盾，究其本质是资本主义社会制度的矛盾。

---

①《马克思恩格斯文集》第七卷，人民出版社2009年版，第877页。

因此，有效驾驭资本的空间运行就成为马克思解析资本主义生产过程中空间剥夺与空间侵略的关键所在，也为构建新发展格局的空间治理提供了重要启示。构建新发展格局创造性运用马克思空间治理思想指导我国的空间生产实践，有效解决了空间中物质资料的生产、新的空间产品的生产以及一定社会关系空间的生产。与此同时，构建新发展格局的社会主义属性，决定了其空间生产中资本空间化与空间资本化的过程必然伴随着空间的治理问题。习近平总书记指出："在社会主义市场经济条件下规范和引导资本发展，既是一个重大经济问题，也是一个重大政治问题，既是一个重大实践问题，也是一个重大理论问题"[①]，要"继续在社会主义基本制度与市场经济的结合上下功夫，把两方面优势都发挥好，既要'有效的市场'，也要'有为的政府'"[②]。规范和引导资本发展，正确处理好政府和市场的关系问题，就要充分发挥市场在资源配置中的决定性作用，更好发挥政府作用，加快清理废除妨碍统一市场和公平竞争的各种规定和做法，破除各种封闭小市场、自我小循环[③]。构建新发展格局以马克思空间治理思想为理论基础，指导并规范我国的空间生产实践，强化了社会主义的空间治理，有利于提升治理效能。

第一，构建新发展格局要进一步深化改革，推进中国特色社会主义的空间经济发展与空间制度完善。在构建新发展格局战略实践的过程中，资本逐利的本性在创造物质财富的同时也带来一些弊端，如生态环境恶化、贫富差距加大、区域不平衡等。这表明在资本与空间的关系处理中，还需要进一步深化改革，以解决如何更好驾驭资本的问题。习近平总书记强调，"要推进深层次改革和强化政策引导，着力打通制约经济循环的关键

①《习近平谈治国理政》第四卷，外文出版社2022年版，第217页。

②习近平：《论把握新发展阶段、贯彻新发展理念、构建新发展格局》，中央文献出版社2021年版，第64页。

③《中共中央　国务院关于加快建设全国统一大市场的意见》，《人民日报》2022年4月11日。

堵点。”[①]构建新发展格局坚持以人民为中心，在不断深化改革的过程中充分利用资本发展空间生产力，同时规范资本的无序扩张，解决空间矛盾问题。党的十八大以来，以习近平同志为核心的党中央坚持全面深化改革，把遵循资本逻辑的市场经济与社会主义制度的优越性结合起来，实现市场在资源配置中起决定性作用与更好发挥政府宏观调控作用的有机结合，不断扎实推进中国特色社会主义的空间经济发展与空间制度完善，生成了中国特色的资本空间化与空间资本化形态。中国特色的资本空间化与空间资本化是指社会主义市场经济条件下资本与空间的创造性耦合统一，使空间作为生产要素时以资本形式灵活、高效参与资源配置；作为空间产品时合理调节供求平衡。这种空间生产和生产关系生产的中国式新形态，使资本在解放与发展我国空间生产力过程中发挥出积极效应，在中国特色城市化的空间建设、社会主义新农村建设、区域协调发展、数字化信息化建设以及生态文明建设诸多方面取得一系列显著成效。

第二，构建新发展格局中的空间治理要做到发展市场、规范资本两手抓。党的二十大报告指出，要“坚持和完善社会主义基本经济制度……充分发挥市场在资源配置中的决定性作用，更好发挥政府作用”，要“健全资本市场功能，提高直接融资比重。加强反垄断和反不正当竞争，破除地方保护和行政性垄断，依法规范和引导资本健康发展”[②]。构建新发展格局中的空间治理体现为相互依存的两方面，两者统一于中国特色社会主义的空间生产实践中。一是发展市场，利用资本的自然属性合理引导资源配置，使作为生产性力量的资本带动新发展格局中的空间生产力的充分发展。资本生产过程是以剩余价值的生产为其绝对规律的，但是这一生产过

①《习近平谈治国理政》第四卷，外文出版社2022年版，第157页。

②习近平：《高举中国特色社会主义伟大旗帜　为全面建设社会主义现代化国家而团结奋斗——在中国共产党第二十次全国代表大会上的报告》，人民出版社2022年版，第29—30页。

程总是以推进劳动过程的发展为基础的，是对劳动过程的资本生产方式和生产过程的应用。因此，构建新发展格局要坚持市场在资源配置中的决定性作用，使资本在社会主义市场经济中呈现出活力，尤其在调整产业结构、促进实体经济发展、引导民间资本投资、优化投资布局等方面发挥出积极作用。二是规范资本，利用社会主义制度优势引导资本良性运营，避免资本的无序扩张。规范资本是社会主义市场经济体制下引导资本服务于我国社会主义现代化强国建设的必然要求，是更好发挥政府作用的具体体现。资本主义社会的资本与社会主义社会的资本虽然形式上相同，但是其根本目的不同。中国社会主义市场经济是重视并利用资本的自然属性，通过社会主义制度优势使资本合法运作弥补市场失灵，来激活双循环的市场竞争活力，实现双循环新发展格局的畅通与我国经济长期稳定的发展。所以，构建新发展格局要统筹发展市场与规范资本，继续改革市场监管体制，制约资本的野蛮生长和无序扩张，并在公平竞争的国内统一大市场环境中，使资本与市场服从于经济社会发展大局。

空间治理思想，是从宏观调控维度出发，以“有效市场”和“有为政府”的两手抓来实现有效引导资本、畅通经济循环的空间经济治理。构建新发展格局在马克思空间治理思想指导下推进中国特色社会主义的空间经济发展与空间制度完善，以社会主义市场经济体制激活资本与空间的正向运动活力，同时弥补并规范资本与空间结合的消极影响，形成了统筹发展市场与规范资本的新格局，创新了中国特色社会主义空间治理理论。这是对马克思空间治理思想的补充完善与创新发展。

四、空间均衡发展思想与构建新发展格局中的空间均衡发展

空间不均衡发展是资产阶级空间剥夺的结果，具体表现为区域内的城市—乡村对立以及全球化的中心—边缘对抗。马克思在《共产党宣言》中对资本主义的空间矛盾作出过精辟的概括，“资产阶级使农村屈服于城市

的统治。它创立了巨大的城市，使城市人口比农村人口大大增加起来，因而使很大一部分居民脱离了农村生活的愚昧状态。正像它使农村从属于城市一样，它使未开化和半开化的国家从属于文明的国家，使农民的民族从属于资产阶级的民族，使东方从属于西方”。[①]城市—乡村的矛盾，是以分工和生产为基础的资产阶级与无产阶级的对立，其根源就在于工业与农业的分离。全球化的中心—边缘对抗，是资本主义发展到一定阶段的必然结果。资本主义社会的基本矛盾必然导致生产过剩，因此全球性的空间殖民拓展与霸权掠夺便成为其缓解危机、促进资本循环和发展的必由之路。全球化的空间生产建立了全球性的生产关系，形成了资本主导下的全球空间生产形态，由此造成资产阶级与无产阶级的全球化空间对立以及国家间的不平衡发展。资本的自私、野蛮与侵略行径将不发达民族国家统统卷进这个资本的世界市场，成为世界市场的边缘，造成全球化的中心—边缘对抗。马克思对资本主义社会空间矛盾、不均衡发展的批判，旨在呼唤实现人类社会不分地域地均衡发展。

在全球化深度发展与生态危机日益加剧的现时代，构建新发展格局在空间战略部署中需要准确把握当代资本主义空间剥夺的变化形式，统筹国际循环与国内循环，致力于和平稳定的国际经济秩序与协调均衡的国内发展环境，对国际空间格局、区域空间格局、城乡空间格局进行系统性战略规划。习近平总书记指出：“要顺应我国经济深度融入世界经济的趋势，发展更高层次的开放型经济，积极参与全球经济治理，促进国际经济秩序朝着平等公正、合作共赢的方向发展。”[②]可以说，构建新发展格局是主动引领国际经济治理、积极解决国内发展不平衡矛盾的中国智慧与中国方案。构建新发展格局从宏观、中观、微观3个层面，提出打造国际、区

①《马克思恩格斯文集》第二卷，人民出版社2009年版，第36页。

②习近平：《论把握新发展阶段、贯彻新发展理念、构建新发展格局》，中央文献出版社2012年版，第64页。

域、城乡的空间均衡发展的新观点。

第一，宏观层面上以新的全球价值链构建全球空间格局、促进国际大循环。习近平总书记指出："以国内大循环为主体，绝不是关起门来封闭运行，而是通过发挥内需潜力，使国内市场和国际市场更好联通，更好利用国际国内两个市场、两种资源，实现更加强劲可持续的发展[①]。"构建新发展格局中的国际循环注重对外合作发展的战略主动，依托我国大市场优势促进国际合作，以实现互利共赢的全球空间拓展计划。不同于发达资本主义国家以最大化榨取剩余价值、谋取更多利益为目的的资本掠夺性空间扩张，构建新发展格局中国际循环的资本运行机制始终置于社会主义制度之中，"坚持协同联动，打造开放共赢的合作模式"[②]。习近平总书记这一论述表明，构建新发展格局要摒弃单向的资本扩张，以互利共赢为基础，实现参与国际循环的国家间资本的运行流通，提高资本利用率，激活全球范围内的新型经贸合作关系，从而以新的全球价值链带动我国与其他发展中国家的产业升级，构建崭新的全球空间发展格局。实现这一目标主要着力点包括3个方面：一是继续推动"一带一路"高质量发展；二是推进更高水平对外开放；三是推动完善更加公平合理的全球经济治理体系，打破传统发达国家对全球价值链的垄断。

第二，中观层面上以优化国土空间布局改善区域空间格局、畅通区域循环。构建新发展格局中的国内区域空间格局要以优化国土空间布局为根本遵循，"深入实施区域协调发展战略、区域重大战略、主体功能区战略、新型城镇化战略，优化重大生产力布局，构建优势互补、高质量发

①《激发市场主体活力弘扬企业家精神　推动企业发挥更大作用实现更大发展》，《人民日报》2020年7月22日。

②习近平：《论把握新发展阶段、贯彻新发展理念、构建新发展格局》，中央文献出版社2012年版，第157页。

展的区域经济布局和国土空间体系”[①]。一方面，优化国土空间布局在宏观上表现为推进区域协调发展。构建新发展格局不仅要注重区域发展的协调性，以缩小区域间经济发展差距为根本目标，更要注重区域间按比较优势形成分工协作格局、生产要素跨区域自由有序流动与市场一体化、跨区域人与自然的和谐共生[②]。同时，构建新发展格局还要以中心城市和城市群为主要载体，实现区域发展的带动链条。另一方面，优化国土空间布局在微观上表现为构建以人为核心的新型城镇化。目前我国城镇化发展主要表现为土地城镇化与人口城镇化的矛盾。解决这一矛盾就要推进以人为核心的新型城镇化，努力实现农村人口市民化、大中小城市和小城镇协调发展、城市规划建设与治理以及基本公共服务均等化。构建新发展格局在区域协调发展和新型城镇化的实践中，实现以协调区域空间拓展经济增长空间的空间战略布局。

第三，微观层面上以乡村振兴战略协调城乡空间格局、畅通城乡循环。习近平总书记指出：“城乡经济循环是国内大循环的重要方面，也是确保国内国际两个循环比例关系健康的关键因素。”[③]构建新发展格局在微观层面上实施乡村振兴战略，主要表现为协调城乡空间格局和畅通城乡循环。协调城乡空间格局在缩小国内生产总值总量和增长速度的基础之上，更加注重缩小居民收入水平、基础设施通达水平、基本公共服务均等化水平、人民生活水平等方面的差距。畅通城乡循环要稳抓深化农村改革，激活乡村振兴的内生动力，培育壮大优势的特色产业，建立城乡统一的大市场，形成城乡经济循环的新模式。同时，畅通城乡循环还要走中国

①习近平：《高举中国特色社会主义伟大旗帜　为全面建设社会主义现代化国家而团结奋斗——在中国共产党第二十次全国代表大会上的报告》，人民出版社2022年版，第31—32页。

②陈耀：《我国国土空间布局优化的重大问题思考》，《河北经贸大学学报》2021年第2期。

③《习近平谈治国理政》第四卷，外文出版社2022年版，第158页。

特色的城乡融合新路，把推进“三农”现代化作为根本着力点，以推动农村产业结构转型、优化农业生产区域布局、深入推进农业供给侧结构性改革为抓手，全面实施乡村振兴战略，解决制约农村发展不平衡不充分的问题，畅通城乡经济循环。

空间均衡发展思想，是从策略维度出发，以系统思维和全局视野改善国际、区域、城乡的发展不均衡问题，来畅通构建新发展格局中的国际循环、区域循环、城乡循环。构建新发展格局精准把握马克思的空间均衡发展思想，针对城市—乡村差距和全球化的中心—边缘对抗矛盾给出了新时代中国式解读和方案，破解了资本主义生产方式下空间矛盾对立的历史性难题。同时，结合时代发展进程与我国发展实际，构建新发展格局提出国际—区域—城乡的空间均衡发展战略实践。这是对马克思空间均衡发展思想的中国化解读与创新性发展。

五、空间经济正义思想与构建新发展格局中的空间经济正义

马克思认为，资本主义社会的经济空间是资本逻辑主导的、人格化的社会空间，是人与自然、人与人之间不平衡发展的异化空间。一方面，资本主义的空间异化体现在自然生态系统的失衡即生态空间异化。资本主义的工业化生产以牺牲生态环境为代价掠夺式开发自然，造成了环境污染和生态破坏。另一方面，资本主义的空间异化体现在无产阶级恶劣的生活境遇即生存空间异化。以追求剩余价值和资本快速积累为根本目的与动力的资本生产，在空间上最大程度地集中生产资料和工人，导致了工人悲惨的居住状况。工人们居住的房子“大都是些阴暗、潮湿、污秽、发臭的洞穴，根本不适合人住”①，资本家甚至觉得工人吃饭的时间会让他们“丧失利润”，于是“像给蒸汽机添煤加水，给羊毛加肥皂水，给机轮上油等

①《马克思恩格斯文集》第五卷，人民出版社2009年版，第764页。

等那样，把午饭仅仅当做劳动资料的辅助材料在生产过程进行中加给他们”。[①]恶劣的居住环境加上被肆意占用的必要劳动时间以外的时间，严重制约了工人作为人的发展空间。因此，为克服空间异化，就要变革资本主义社会空间生产形态、实现空间正义，进而实现人与自然、人与人之间的协调发展。这为社会主义社会合理解决人与人、人与自然的空间经济矛盾问题提供了宝贵思想资源，成为构建新发展格局的重要思想依据。

马克思的空间经济正义思想分别从人与自然、人与社会的关系入手，致力于实现人与自然、人与社会关系的和谐统一，在此过程中不断促进生态环境的改善，推动全社会的公平正义，从而提高人民的生活品质。习近平总书记指出：“要提高人民生活品质。这是畅通国内大循环的出发点和落脚点，也是国内国际双循环相互促进的关键联结点[②]。”构建新发展格局的价值旨归是提高人民生活品质，这其中既包含了改善人民居住的生态环境的生态空间正义，也包含了优化人民生活的社会环境的社会空间正义。也就是说构建新发展格局必须推动经济、社会与环境的协调发展，以实现人与自然、人与社会的和谐发展。

第一，构建新发展格局要科学规划生产、生活、生态空间，推进人与自然和谐共生的生态空间正义。马克思的空间经济正义思想批判资本主义生产方式的生态掠夺及其对自然界的野蛮行径，强调构建未来理想社会人与自然的和谐发展空间。构建新发展格局坚持马克思空间经济正义思想，努力建设人与自然和谐共生的现代化，致力于推进人与自然和谐共生的生态空间正义。习近平总书记指出：“建设人与自然和谐共生的现代化，必须把保护城市生态环境摆在更加突出的位置，科学合理规划城市的生产空间、生活空间、生态空间，处理好城市生产生活和生态环境保护的关系，

---

①《马克思恩格斯文集》第五卷，人民出版社2009年版，第287页。

②《习近平谈治国理政》第四卷，外文出版社2022年版，第159页。

既提高经济发展质量，又提高人民生活品质[1]。”构建新发展格局坚持绿色发展理念，统筹环境保护与经济发展，以优化国土空间布局形成土地资源功能区保护的空间格局、以创新绿色科技打造绿色循环低碳的生产方式，走产业生态化与生态产业化协同发展之路，“协调好经济增长、民生保障、节能减排，在经济发展中促进绿色转型、在绿色转型中实现更大发展”[2]。构建新发展格局要求加强环境治理与生态修复，致力于人民群众对天蓝、地绿、水净的生态空间正义愿景，倡导绿色消费模式，倡导社会成员购买绿色企业生产的绿色产品，少使用甚至不使用非绿色企业生产的污染环境的产品[3]，让全社会成为生态文明与美丽中国建设的践行者，坚持和完善生态文明制度体系，在环境法律制度和绿色经济发展制度的双重监管下实现人与自然相和谐的生态空间正义。

第二，构建新发展格局要推动社会空间资源的公平分配，促进人与社会全面发展的社会空间正义。社会空间正义是指在经济社会发展中兼顾资源配置效率与个体空间权利，实现资源占有、利益分配的公平对待，致力于创造公平的自由发展机会。坚持人民至上，顺应人民群众需求变化，满足人民群众美好生活需要，是马克思主义政党的基本立场，是中国共产党的根本宗旨，也是社会主义生产的根本目的。中国共产党在成立之初，就把坚持人民立场、坚持人民至上鲜明地写在了旗帜上，并围绕人民群众利益来提出和推进新思想新战略[4]。构建新发展格局将提高人民生活品质、实现共同富裕作为畅通国内大循环的出发点和落脚点，不断改进与完善民

①《贯彻新发展理念构建新发展格局　推动经济社会高质量发展可持续发展》，《人民日报》2020年11月15日。

②习近平：《坚持可持续发展　共建亚太命运共同体》，《人民日报》2021年11月12日。

③秦书生：《中国共产党生态文明思想的历史演进》，中国社会科学出版社2019年版，第204页。

④秦书生、李瑞芳：《新时代中国共产党人以人民为中心思想的逻辑理路》，《湖南大学学报》（社会科学版）2021年第4期。

生政策和社会治理制度。从战略高度、全局高度、政治高度坚持人民群众是历史的主体不断改善其生产生活条件[①]，既尽力而为又量力而行实现社会空间资源的公平分配，增强人民群众获得感、幸福感、安全感，在收入分配、教育医疗、社会保障、健康养老、社会治理等领域不断完善制度设计，推进人与社会全面进步的社会空间正义。

空间经济正义思想，是从价值维度出发，把人与自然和谐共生以及人与社会的全面发展作为构建新发展格局的落脚点，来实现空间经济正义。构建新发展格局坚持马克思空间经济正义思想，在推动生态空间正义和社会空间正义的过程中实现自然、人与社会的空间协调发展。这既顺应了生态文明建设的客观要求，又是提升人民群众对美好生活需要的现实要求。因此，构建新发展格局丰富了马克思空间经济正义的内涵，是对马克思空间经济正义思想的坚持运用与创新发展。

总之，构建新发展格局立足新发展阶段，贯彻新发展理念，以马克思空间经济思想为指导建立与完善我国空间经济结构的系统性布局，把空间结构的合理规划和空间生产力的充分发掘融入国内与国际双循环中，探索出了中国特色空间现代化发展道路，是对马克思空间经济思想的坚持运用与创新发展。同时，构建新发展格局对我国供给侧结构性改革战略、扩大内需战略、区域协调发展战略、对外开放战略等方面进行了一系列空间规划，生成了构建新发展格局的空间经济理论，丰富了我国国内大循环和国际大循环的空间顶层设计，为全面建设社会主义现代化强国、实现中华民族伟大复兴谱写了新时代中国特色社会主义更加绚丽的华章。（此章内容参见李福岩、李月男：《构建新发展格局中的空间经济思想探论——基于马克思空间经济思想视角》，《理论探索》2023年第1期）

①姚亚平、王磊峰：《论中国特色社会主义推动共同富裕的五大优势》，《南昌大学学报》（人文社会科学版）2022年第5期。

参考文献

一、中文著作

[1]马克思恩格斯文集:第1—10卷[M].北京:人民出版社,2009.

[2]马克思恩格斯全集:第1卷[M].北京:人民出版社,1995.

[3]马克思恩格斯全集:第3卷[M].北京:人民出版社,2002.

[4]马克思恩格斯全集:第10卷[M].北京:人民出版社,1998.

[5]马克思恩格斯全集:第11卷[M].北京:人民出版社,1997.

[6]马克思恩格斯全集:第12卷[M].北京:人民出版社,1998.

[7]马克思恩格斯全集:第13卷[M].北京:人民出版社,1998.

[8]马克思恩格斯全集:第19卷[M].北京:人民出版社,2006.

[9]马克思恩格斯全集:第21卷[M].北京:人民出版社,2003.

[10]马克思恩格斯全集:第25卷[M].北京:人民出版社,2001.

[11]马克思恩格斯全集:第26卷[M].北京:人民出版社,2014.

[12]马克思恩格斯全集:第30卷[M].北京:人民出版社,1995.

[13]马克思恩格斯全集:第31卷[M].北京:人民出版社,1998.

[14]马克思恩格斯全集:第32卷[M].北京:人民出版社,1998.

[15]马克思恩格斯全集:第33卷[M].北京:人民出版社,2004.

[16]马克思恩格斯全集:第34卷[M].北京:人民出版社,2008.

[17]马克思恩格斯全集:第35卷[M].北京:人民出版社,2013.

[18]马克思恩格斯全集:第36卷[M].北京:人民出版社,2015.

[19]马克思恩格斯全集:第37卷[M].北京:人民出版社,2019.

[20]马克思恩格斯全集:第38卷[M].北京:人民出版社,2019.

[21]马克思恩格斯全集:第47卷[M].北京:人民出版社,2004.
[22]马克思恩格斯全集:第49卷[M].北京:人民出版社,2016.
[23]马克思恩格斯选集:第1卷[M].北京:人民出版社,1972.
[24]马克思恩格斯选集:第3卷[M].北京:人民出版社,1995.
[25]马克思恩格斯全集:第2卷[M].北京:人民出版社,1957.
[26]马克思恩格斯全集:第3卷[M].北京:人民出版社,1960.
[27]马克思恩格斯全集:第4卷[M].北京:人民出版社,1958.
[28]马克思恩格斯全集:第26卷第1册[M].北京:人民出版社,1972.
[29]马克思恩格斯全集:第42卷[M].北京:人民出版社,1979.
[30]马克思恩格斯《资本论》书信集[M].郭大力,译.北京:人民出版社,1976.
[31][德]马克思.剩余价值学说史:第2卷[M].郭大力,译.上海:上海三联书店,2009.
[32]列宁专题文集:论马克思主义[M].北京:人民出版社,2009.
[33]列宁专题文集:论社会主义[M].北京:人民出版社,2009.
[34]列宁专题文集:论辩证唯物主义和历史唯物主义[M].北京:人民出版社,2009.
[35]列宁专题文集:论资本主义[M].北京:人民出版社,2009.
[36]列宁全集:第55卷[M].北京:人民出版社,2017.
[37]列宁选集:第3卷[M].北京:人民出版社,1995.
[38]斯大林选集:下卷[M].北京:人民出版社,1979.
[39]毛泽东文集:第3卷[M].北京:人民出版社,1996.
[40]毛泽东文集:第7卷[M].北京:人民出版社,1999.
[41]邓小平文选:第2卷[M].北京:人民出版社,1994.
[42]中共中央文献研究室.三中全会以来重要文献选编:下[M].北京:人民出版社,1982.
[43]薄一波.若干重大决策与事件的回顾:上卷[M].北京:中共中央党校出版

社,1991.

[44]胡锦涛.高举中国特色社会主义伟大旗帜 为夺取全面建设小康社会新胜利而奋斗[M].北京:人民出版社,2007.

[45]胡锦涛.坚定不移沿着中国特色社会主义道路前进 为夺取全面建成小康社会而奋斗[M].北京:人民出版社,2012.

[46]习近平.决胜全面建成小康社会 夺取新时代中国特色社会主义伟大胜利[M].北京:人民出版社,2017.

[47]习近平.高举中国特色社会主义伟大旗帜 为全面建成社会主义现代化国家而团结奋斗[M].北京:人民出版社,2022.

[48]习近平谈治国理政:第4卷[M].北京:外文出版社,2022.

[49]习近平.论把握新发展阶段、贯彻新发展理念、构建新发展格局[M].北京:中央文献出版社,2012.

[50][英]配第.配第经济著作选集[M].陈冬野,等,译.北京:商务印书馆,1981.

[51][英]斯密.亚当·斯密全集:第2卷[M].郭大力,王亚南,译.北京:商务印书馆,2014.

[52][英]斯密.道德情操论[M].蒋自强,等,译.北京:商务印书馆,1997.

[53][英]洛克.政府论:下篇[M].叶启芳,瞿菊农,译.北京:商务印书馆,1964.

[54]潘恩选集[M].马清槐,等,译.北京:商务印书馆,1981.

[55][英]罗素.论历史[M].何兆武,肖巍,张文杰,译.北京:生活·读书·新知三联书店,1991.

[56][英]汤普森.英国工人阶级的形成:上[M].钱乘旦,等,译.上海:译林出版社,2013.

[57][英]柯亨.自我所有、自由和平等[M].李朝晖,译.北京:东方出版社,2008.

[58][英]伊格尔顿.马克思为什么是对的[M].李杨,等,译.北京:新星出版社,2011.

[59][英]福克斯.数字劳动与卡尔·马克思[M].周延云,译.北京:人民出版

社,2020.

[60][法]卢梭.论人类不平等的起源和基础[M].李常山,译.北京:商务印书馆,1962.

[61][法]卢梭.论政治经济学[M].王运成,译.北京:商务印书馆,1962.

[62][法]卢梭.社会契约论[M].何兆武,译.北京:商务印书馆,2003.

[63][法]魁奈.魁奈经济著作选集[M].吴斐丹,张草纫,选译.北京:商务印书馆,1979.

[64][法]蒲鲁东.贫困的哲学:上卷[M].余叔通,王雪华,译.北京:商务印书馆,2011.

[65][法]拉法格.宗教和资本[M].王子野,译.北京:生活·读书·新知三联书店,1963.

[66][法]列斐伏尔.日常生活批判[M].叶齐茂,倪晓晖,译.北京:社会科学文献出版社,2018.

[67][法]列斐伏尔.马克思主义的社会学[M].谢永康,毛林林,译.北京:北京师范大学出版社,2013.

[68][法]阿尔都塞.读《资本论》[M].李其庆,冯文光,译.北京:中央编译出版社,2017.

[69][法]阿尔都塞.保卫马克思[M].顾良,译.北京:中央编译出版社,2010.

[70][法]福柯.知识考古学[M].谢强,马月,译.北京:生活·读书·新知三联书店,2003.

[71][法]福柯.权力的眼睛——福柯访谈录[M].严锋,译.上海:上海人民出版社,1997.

[72][法]福柯.规训与惩罚[M].刘北成,杨远婴,译.北京:生活·读书·新知三联书店,2003.

[73][法]鲍德里亚.符号政治经济学批判[M].夏莹,译.南京:南京大学出版社,2009.

[74][法]鲍德里亚.生产之镜[M].仰海峰,译.北京:中央编译出版社,2005.

[75][法]阿隆.论自由[M].姜志辉,译.上海:上海译文出版社,2007.

[76][法]傅勒.思考法国大革命[M].孟明,译.北京:生活·读书·新知三联书店,2005.

[77][德]洪堡.论国家的作用[M].林荣远,冯兴元,译.北京:中国社会科学出版社,1998.

[78][德]康德.历史理性批判文集[M].何兆武,译.北京:商务印书馆,1990.

[79][德]康德.法的形而上学原理[M].沈叔平,译.北京:商务印书馆,1991.

[80][德]黑格尔.法哲学原理[M].范扬,张企泰,译.北京:商务印书馆,1961.

[81][德]费希特.自然法权基础[M].谢地坤,程志民,译.北京:商务印书馆,2004.

[82][德]考茨基.资本是如何操纵世界的[M].戴季陶,胡汉民,译.北京;新世界出版社,2014.

[83][德]伯恩施坦.社会主义的前提和社会民主党的任务[M].舒贻上,等,译.北京:生活·读书·新知三联书店,1958.

[84][德]韦伯.新教伦理与资本主义精神[M].于晓,等,译.西安:陕西师范大学出版社,2006.

[85][德]哈贝马斯.现代性的哲学话语[M].曹卫东,等,译.南京:译林出版社,2004.

[86][德]洛维特.从黑格尔到尼采[M].李秋零,译.北京:生活·读书·新知三联书店,2006.

[87][德]洛维特.世界历史与救赎历史:历史哲学的神学基础[M].李秋零,等,译.北京:生活·读书·新知三联书店,2002.

[88][德]图赫舍雷尔.马克思经济理论的形成和发展[M].马经青,译.人民出版社,1981.

[89][德]柯尔施.卡尔·马克思[M].熊子云,翁廷真,译.重庆:重庆出版社,1993.

[90][意]德拉-沃尔佩.卢梭与马克思[M].赵培杰译,重庆:重庆出版社,1993.

[91][意]奈格里.《大纲》：超越马克思的马克思[M].张梧,孟丹,译.北京:北京师范大学出版社,2011.
[92][俄]谢·卡拉-穆尔扎.论意识操纵:上[M].徐昌翰,等,译.北京:社会科学文献出版社,2004.
[93][苏]费多谢耶夫等.卡尔·马克思[M].张家衡,等,译,北京:生活·读书·新知三联书店，1980.
[94][苏]卢森贝.《资本论》注释:第1卷[M].赵木斋,朱培兴,译.北京:生活·读书·新知三联书店,1963.
[95][苏]卢森贝.《资本论》注释:第3卷[M].李延栋,等,译.北京:生活·读书·新知三联书店,1963.
[96][美]马尔库塞.现代文明与人的困境[M].李小兵,等,译.上海:上海三联书店,1989.
[97][美]马尔库塞.爱欲与文明[M].黄勇,薛民,译.上海:上海译文出版社,2008.
[98][美]马尔库塞.理性和革命[M].程志民,等,译.上海:上海人民出版社,2007.
[99][美]马尔库塞.理性和革命[M].程志民,等,译.上海:上海人民出版社,2007.
[100][美]阿伦特.人的境况[M].王寅丽,译.上海:上海人民出版社,2009.
[101][美]施特劳斯.自然权利与历史[M].彭刚,译.北京:生活·读书·新知三联书店,2003.
[102][美]海尔布隆纳.资本主义的本质与逻辑[M].马林梅,译.北京:东方出版社,2013.
[103][美]温迪·林恩·李.马克思[M].陈文庆,译.北京:中华书局,2002.
[104][美]萨缪尔森,诺德豪斯.经济学:第16版[M].肖琛,等,译.北京:华夏出版社,1999.
[105][美]斯蒂格利茨.经济学:上册[M].梁小民,等,译.北京:中国人民大学出版社,2000.
[106][美]乔姆斯基.遏制民主[M].汤大华,译.北京:商务印书馆,2013.

[107][美]布鲁德尼.罗尔斯与马克思：分配原则与人的观念[M].张祖辽,译.上海:上海人民出版社,2017.

[108][美]埃尔斯特.理解马克思[M].何怀远,译.北京:中国人民大学出版社,2008.

[109][美]罗尔斯.政治哲学史讲义[M].杨通进,等,译.北京:中国社会科学出版社,2011.

[110][美]诺奇克.无政府、国家和乌托邦[M].姚大志,译.北京:中国社会科学出版社,2008.

[111][美]麦卡锡.马克思与古人[M].王文扬,译.上海:华东师范大学出版社,2011.

[112][美]哈维.跟大卫·哈维读《资本论》:第1卷[M].刘英,译.上海:上海译文出版社,2013.

[113][美]哈维.跟大卫·哈维读《资本论》:第2卷[M].谢富胜,等,译.上海:上海译文出版社，2016.

[114][美]胡克.对卡尔·马克思的理解[M].徐崇温,译.重庆:重庆出版社,1989.

[115][美]佩弗.马克思主义、道德与社会正义[M].吕梁山,等,译.北京:高等教育出版社,2010.

[116][美]维纳.人有人的用处：控制论和社会[M].陈步,译.北京:商务印书馆,1978.

[117][加]金里卡.自由主义、社群与文化[M].应奇,葛水林,译.上海:上海译文出版社,2005.

[118][加]韦尔,尼尔森.分析马克思主义新论[M].鲁克俭,等,译.北京:中国人民大学出版社,2002.

[119][匈]卢卡奇.历史与阶级意识[M].杜章智,等,译.北京:商务印书馆,1999.

[120][比利时]曼德尔.权力与货币[M].孟婕,译.北京:中央编译出版社,2002.

[121][印度]阿玛蒂亚·森.正义的理念[M].王磊,李航,译.北京:中国人民大学

出版社,2012.
[122][日]广松涉.物象化论的构图[M].彭曦,庄倩,译.南京:南京大学出版社,2009.
[123][日]平田清明.市民社会和社会主义[M].岩波书店,1969.
[124][日]柄谷行人.跨越性批判——康德与马克思[M].赵京华,译.北京:中央编译出版社,2011.
[125][日]柄谷行人.马克思,其可能性的中心[M].中田友美,译.北京:中央编译出版社,2006.
[126]王旭东,姜海波.马克思《克罗茨纳赫笔记》研究读本[M].北京:中央编译出版社,2016.
[127]仰海峰.《资本论》的哲学[M].北京:北京师范大学出版社,2017.
[128]苗贵山,等.《资本论》手稿人权思想研究[M].北京:中央编译出版社,2017.
[129]李岁月.马克思劳动观及其当代价值研究[M].北京:社会科学文献出版社,2021.
[130]马军.马克思“劳动自由”思想的当代解读[M].北京:中国社会科学出版社,2021.
[131]陈其人.陈其人文集——政治科学卷[M].上海:复旦大学出版社,2003.
[132]高新军.揭开历史发展之谜:《资本论》历史唯物主义思想研究[M].北京:中央编译出版社,2002.
[133]段忠桥.马克思的分配正义观念[M].北京:中国人民大学出版社,2018.
[134]杜邦云.分配公平论[M].北京:人民出版社,2013.
[135]李佃来.政治哲学视域中的马克思[M].北京:中央编译出版社,2018.
[136]李惠斌,李义天.马克思与正义理论[M].北京:中国人民大学出版社,2010.
[137]邱海平.21世纪再读《资本论》[M].北京:人民邮电出版社,2016.
[138]孙伯鍨.探索者道路的探索[M].北京:北京师范大学出版社,2017.

[139]张一兵.回到马克思:经济学语境中的哲学话语[M].南京:江苏人民出版社,2014.

[140]王新生.马克思政治哲学研究[M].北京:科学出版社,2018.

[141]彭宏伟.资本社会的结构与逻辑:《资本论》议题再审视[M].北京:中国人民大学出版社，2018.

[142]邓正来.布莱克维尔政治学百科全书[M].北京:中国政法大学出版社,1992.

[143]马健行,郭继严.《资本论》创作史[M].济南:山东人民出版社,1983.

[144]蒋红.马克思市民社会理论研究[M].北京:人民出版社,2007.

[145]雍桂良.《资本论》的写作与传播[M].北京:求实出版社,1982.

[146]陈宝.资本・现代性・人[M].合肥:安徽人民出版社,2007.

[147]张文喜.历史唯物主义的政治哲学向度[M].南京:江苏人民出版社,2008.

[148]李佃来.政治哲学视域中的马克思[M].北京:中央编译出版社,2018.

[149]韩水法,黄燎宇.从市民社会到公民社会[M].北京:北京大学出版社,2011.

[150]刘炯忠.《资本论》方法论研究[M].北京:中国人民大学出版社,1991.

[151]郎咸平,杨瑞辉.资本主义精神和社会主义改革[M].北京:东方出版社,2011.

[152]王亚南.《资本论》研究[M].上海:上海人民出版社,1973.

[153]李实,岳希明.《21世纪资本论》到底发现了什么[M].北京:中国财政经济出版社,2015.

[154]刘珍英.辩证逻辑:资本批判的利器[M].上海:上海人民出版社,2016.

[155]鲁品越.鲜活的资本论——从《资本论》到中国道路[M].上海:上海人民出版社,2016.

[156]郭继海.《资本论》的社会存在理论研究[M].北京:中国社会科学出版社,2016.

[157]欧阳康.当代英美哲学地图[M].北京:人民出版社,2005.

[158]聂锦芳,彭宏伟.马克思《资本论》研究读本[M].北京:中央编译出版社,2013.

[159]秦书生.中国共产党生态文明思想的历史演进[M].北京:中国社会科学出版社,2019.

[160]李福岩,李艳.小康社会与民主[M].沈阳:辽宁大学出版社,2006.

[161]李福岩.法国大革命的政治哲学思索[M].北京:北京师范大学出版社,2011.

[162]李福岩.马克思政治哲学与后现代政治哲学的关系[M].北京:中国社会科学出版社,2012.

[163]李福岩.近代西方政治哲学思想中的法国革命[M].沈阳:辽宁人民出版社,2016.

二、期刊论文

[1]习近平.关于坚持和发展中国特色社会主义的几个问题[J].求是,2019(7).

[2]苏绍智,廖晓义.马克思主义与自由[J].马克思主义研究,1987(4).

[3]张曙光.个人经济自由权利与劳动力市场[J].江苏社会科学,1993(3).

[4]王国坛.理性自由与劳动自由[J].锦州医学院学报(社会科学版),2003(2).

[5]曹玉涛.论马克思的劳动自由观[J].郑州大学学报(哲学社会科学版),2006(1).

[6]姜勇.论马克思的劳动自由思想[J].东岳论丛,2016(7).

[7]高广旭,杨佳谨.论马克思劳动解放思想的政治哲学意蕴[J].长白学刊,2020(4).

[8]刘同舫.马克思唯物史观叙事中的劳动正义[J].中国社会科学,2020(9).

[9]李福岩.恩格斯对《资本论》的思想创见[J].政治经济学评论,2020(6).

[10]萧诗美,肖超.马克思论所有权的自由本质和自我异化[J].中国社会科学,2019(2).

[11]李福岩.从自由到平等——卢梭对英国政治哲学主题的转换[J].黑龙江社会科学,2012(4).
[12]李佃来.马克思平等思想辨析[J].山东社会科学,2016(11).
[13]王艳华,李迎春.《资本论》中的平等、独立、创造理性生成机制思想及其当代意义[J].理论探讨,2015(4).
[14]李福岩.马克思政治哲学发展的第二阶段[J].沈阳师范大学学报（社会科学版）,2010(6).
[15]徐东礼.马克思、恩格斯的民主观[J].山东社会科学,2003(5).
[16]侯衍社.论马克思民主观[J].中国特色社会主义研究,2015(4).
[17]丰子义.马克思现代性思想的当代解读[J].中国社会科学,2005(4).
[18]姜辉,赵培杰.树立科学的马克思主义民主观[J].政治学研究,2010(3).
[19]阎孟伟.社会主义民主是实质性民主[J].求是,2014(12).
[20]阎孟伟.政治解放与当代中国市场取向的改革——再论当代中国政治文明建设[J].教学与研究,2008(1).
[21]阎孟伟.马克思的解放理论及其对我们的启示——兼论当代中国政治文明建设[J].教学与研究,2006(12).
[22]刘同舫.马克思唯物史观叙事中的劳动正义[J].中国社会科学,2020(9).
[23]房广顺.论马克思恩格斯正义思想的深刻内涵[J].马克思主义研究,2019(2).
[24]李义天."塔克—伍德命题"的后半段[J].伦理学研究,2020(4).
[25]王南湜.马克思的正义理论：一种可能的建构[J].哲学研究,2018(5).
[26]冯彦利.唯物史观视域中的马克思正义思想[J].中国社会科学（英文版）,2020(1).
[27]李福岩.对政治哲学的三点认识[J].理论探讨,2007(4).
[28]孙正聿."现实的历史"：《资本论》的存在论[J].中国社会科学,2010(2).
[29]沈越."市民社会"辨析[J].哲学研究,1990(1).

[30]俞可平.马克思的市民社会理论及其历史地位[J].中国社会科学,1993(4).
[31]刘荣军.马克思市民社会概念的现代社会转型与重要意义[J].马克思主义研究,2017(8).
[32]荣剑.马克思的国家和社会理论[J].中国社会科学,2001(3).
[33]胡鞍钢.人民社会是“中国梦”最大动力[J].人民论坛,2013(7)(上).
[34]邹诗鹏.马克思对现代性社会的发现、批判与重构[J].中国社会科学,2009(4).
[35]李福岩,李月男.构建新发展格局中的空间经济思想探论——基于马克思空间经济思想视角[J].理论探索,2023(1).
[36]陆江源,杨荣.“双循环”新发展格局下如何推进国际循环?[J].经济体制改革,2021(2).
[37]陈耀.我国国土空间布局优化的重大问题思考[J].河北经贸大学学报,2021(2).
[38]秦书生,李瑞芳.新时代中国共产党人以人民为中心思想的逻辑理路[J].湖南大学学报(社会科学版),2021(4).
[39]姚亚平,王磊峰.论中国特色社会主义推动共同富裕的五大优势[J].南昌大学学报(人文社会科学版),2022(5).

三、报纸文章

[1]李林.依法治国是党领导人民治理国家的基本方略[N].人民日报,2016-9-6.
[2]习近平.在经济社会领域专家座谈会上的讲话[N].人民日报,2020-8-25.
[3]习近平.统筹推进现代流通体系建设　为构建新发展格局提供有力支撑[N].人民日报,2020-9-1.
[4]习近平.坚持可持续发展　共建亚太命运共同体[N].人民日报,2021-11-12.
[5]加快建设全国统一大市场提高政府监管效能　深入推进世界一流大学和

一流学科建设[N].人民日报,2021-12-18.

[6]中共中央　国务院关于加快建设全国统一大市场的意见[N].人民日报》,2022-4-11.

[7]激发市场主体活力弘扬企业家精神　推动企业发挥更大作用实现更大发展[N].人民日报,2020-7-22.

[8]贯彻新发展理念构建新发展格局　推动经济社会高质量发展可持续发展[N].人民日报,2020-11-15.

四、外文文献

[1]R.Tucker.Philosophy and Myth in Karl Marx[M].New Brunswick and London:Transaction Publishers,2001.

[2]A.Wood.Marx,Justice,and History[M].Princeton:Princeton University Press,1980.

[3]A.Wood.Karl Marx[M].London:Routledge and Kegan Paul,1981.

[4]Cohen.Self-Ownership,Freedom,and Equality[M].Cambridge,mass:Harvard University Press,1995.

后 记

《资本论》不仅是一部理论经典著作，更是一部深刻改变现代人类历史发展命运的划时代巨著。《资本论》问世150余年来，它在世界范围内日益广泛深入传播，有力推动了国际共产主义运动的蓬勃发展，成为全世界无产阶级实现自身解放的一部真经。150余年来，国内外无数学者对《资本论》展开了主题繁多的学术、思想、理论探索，充分展现了《资本论》穿越时空的理论价值及时代价值。其中，从政治哲学维度出发，对《资本论》展开理论探索，也是国内外学者阅读理解《资本论》以及马克思主义的一个重要方面。

本书就是从政治哲学维度出发，对《资本论》及其手稿中所蕴含的政治哲学思想及其当代价值进行探索的一种尝试。立足中国式现代化发展的实际，深入研读《资本论》及其相关经典著作，批判借鉴国内外相关研究成果，本书围绕财产所有权与自由、平等、民主、公平正义、意识形态、市民社会、阶级斗争与社会革命、自由人联合体、空间经济等9个方面的具体内容展开探讨。可以发现，马克思在《资本论》及其手稿中也以全新经济科学、历史科学即政治哲学的方式，对现代性资本主义生产方式及建筑在其上的政治上层建筑与观念文化展开过深刻而全面的批判，并为变革旧世界、创建新世界提供了科学的世界观与方法论。

本书是我主持的中央高校基本科研业务费项目“《资本论》政治哲学及其新时代价值研究”的结题成果，得到了东北大学“繁荣工程重点项目培育基金”科研经费的资助。在课题研究以及本书写作过程中，我指导的博士生李月男、杨青同学（其中关于马克思空间经济思想与构建新发展格局部分的内容，就有李月男博士的贡献），还有我指导的硕士生胡绍云、李晓菲、王孟捷、朱佳盈、赵筠怡、霍良玉、陈曼等同学也参与了相关研究工作。

本书从9个方面对《资本论》政治哲学及其新时代价值的主要内容展开了探讨，并不能涵盖《资本论》政治哲学及其新时代价值的全部，而且，所探讨的几方面内容也很可能存在一些疏漏与错讹之处，诚请读者批评指正。

最后，感谢辽宁人民出版社对本书的高质量出版所做的辛勤工作。